DIÁLOGOS SEMANALES CON JESÚS

Libro 4: Ciclo B

Tiempo Ordinario

HACIA UNA ESPIRITUALIDAD
Y FORMACIÓN EN LA FE
ENCARNADAS EN EL MUNDO ACTUAL
Y EN LA LITURGIA DOMINICAL

Libros de la serie
DIÁLOGOS SEMANALES CON JESÚS

Ciclo litúrgico A

LIBRO 1 Adviento, Navidad, Cuaresma y Pascua
25 sesiones para jóvenes, grupos y comunidades juveniles

LIBRO 2 Tiempo Ordinario
34 sesiones para jóvenes, grupos y comunidades juveniles

Ciclo litúrgico B

LIBRO 3 Adviento, Navidad, Cuaresma y Pascua
25 sesiones para jóvenes, grupos y comunidades juveniles

LIBRO 4 Tiempo Ordinario
34 sesiones para jóvenes, grupos y comunidades juveniles

Ciclo litúrgico C

LIBRO 5 Adviento, Navidad, Cuaresma y Pascua
25 sesiones para jóvenes, grupos y comunidades juveniles

LIBRO 6 Tiempo Ordinario
34 sesiones para jóvenes, grupos y comunidades juveniles

Manuales

LIBRO 7 Eucaristías dominicales animadas por Diálogos Semanales con Jesús
Guía para preparar misas juveniles

LIBRO 8 Diálogos Semanales con Jesús como proceso catecumenal
Guía para catequistas y agentes de pastoral juvenil

DIÁLOGOS SEMANALES CON JESÚS

Libro 4: Ciclo B

Tiempo Ordinario

HACIA UNA ESPIRITUALIDAD
Y FORMACIÓN EN LA FE
ENCARNADAS EN EL MUNDO ACTUAL
Y EN LA LITURGIA DOMINICAL

34 sesiones para:
Jóvenes
Grupos
Movimientos
Comunidades

José Antonio Medina Arellano
Carmen María Cervantes
y equipo de escritores

Nihil obstat: Jaime Bascuñán, D.Min, Cand.
Censor Librorum
5 de noviembre de 2008

Permiso eclesiástico: The Most Reverend Stephen E. Blaire, D.D.
Obispo de Stockton, California, EUA
15 de noviembre de 2008

El *nihil obstat* es la declaración oficial de que un libro o panfleto está libre de errores doctrinales y morales, según las enseñanzas de la Iglesia católica. El permiso eclesiástico es la aprobación que da la autoridad eclesiástica para publicar un escrito.

Las reflexiones y citas bíblicas están basadas en el texto de la *Biblia de América,* copyright © 1994, La Casa de la Biblia, España. Algunas oraciones y comentarios, la guía para manejar la Biblia, el leccionario del Ciclo B y el calendario litúrgico, están tomados de *La Biblia Católica para Jóvenes,* copyright © 2005, Instituto Fe y Vida, Stockton, California, EUA, y Editorial Verbo Divino, Estella, España. El "Círculo Pastoral", p. 13; las "Dimensiones de la Realidad", p. 17, y el "Liderazgo Compartido", p. 217, están tomados de *El Modelo Profetas de Esperanza,* copyright © 2005, Instituto Fe y Vida, Stockton, California, EUA.

Citas bibliográficas: (1) Mamerto Menapace, "La ranita del terraplén", en *Madera Verde*, Buenos Aires, Argentina: Editorial Patria Grande, 16ª edición, pp. 59-62. (2) Antonio Medina-Rivera, *Diario personal inédito*, copyright © 2008. (3) Mario Benedetti, en www.poemas-del-alma.com. (4) Jersy (George) Ciesielski, trabajo inédito, en *Saintly Men of Modern Times*, de Joan Carroll Cruz, EUA: *Our Sunday Visitor*, Indiana, 2003, p. 135. (5) *Catecismo de la Iglesia Católica* (CIC), 2ª edición, United States Catholic Conference, 1997, nos. 813-815. (6) *Ibídem*, no. 823. (7) *Ibídem*, no. 824. (8) *Ibídem*, no. 830. (9) *Ibídem*, nos. 832-834. (10) *Ibídem*, nos. 857-860. (11) *Ibídem*, no. 817. (12) "Unitatis redintegratio", en *Concilio Vaticano II, Documentos Conciliares: Constituciones, decretos y declaraciones*, Madrid, España: Biblioteca de Autores Cristianos, 1967, no. 1. (13) CIC, no. 821. (14) Benedicto XVI, *Discurso sobre el ecumenismo,* Librería Editrice Vaticana, 2008. (15) CIC, nos. 109-119. (16) *Ibídem*, no. 850. (17) Juan Pablo II, *Vocación y misión de los laicos en la Iglesia y en el mundo (Christifideles Laici),* México, DF: Librería Parroquial de Clavería, no. 16. (18) Hna. Cecilia Payawal, ppdm, adaptado de www.discipulasdm.org. (19) Enseñanzas de Josemaría Escrivá, adaptadas de www.es.josemariaescriva.info. (20) María de San José, en www.agustinasrecoletas.net/novenamm.doc. (21) CIC, no. 1513. (22) Adaptada de Michel Quoist, *Oraciones para rezar por la calle*, www.almasenline.org (23) *Ibídem*, nos. 654-658. (24) *Ibídem*, no. 671. (25) *Ibídem*, nos. 675-682. (26) Juan Pablo II, *Homilía, San Juan de los Lagos* (Misa para los jóvenes), México, 1990.

3ª reimpresión (año 2015)

Impresión: GraphyCems
Depósito legal: 2.706-2011
ISBN (obra completa): 978-84-8169-705-6
ISBN (este volumen): 978-84-8169-767-4

Printed in Spain – Impreso en España

DIÁLOGOS SEMANALES CON JESÚS

Queridos jóvenes,

Diálogos Semanales con Jesús ha sido preparado con gran cariño para ustedes, como una respuesta a muchos jóvenes que nos han pedido materiales que los ayuden a desarrollar su espiritualidad y den sentido a su vida. Con gran ilusión meditamos sobre las lecturas de los domingos y buscamos cómo acercarlas a su realidad juvenil para ayudarlos a conocer la Palabra de Dios y vivirla a lo largo del año.

Se han preguntado alguna vez, ¿quién era Jesús de Galilea? y ¿cómo sabemos que Jesús resucitó y está vivo? ¿Sienten curiosidad por saber cómo se relaciona la Sagrada Escritura con las tradiciones de la Iglesia católica y nuestras celebraciones litúrgicas? ¿Les gustaría conocer lo que dice Jesús sobre quiénes somos, nuestra sexualidad, la vida familiar, los amigos?

Todas estas son preguntas a las que pocas veces encontramos respuesta en el ámbito familiar, escolar, del trabajo e incluso de la iglesia. En estos libros de *Diálogos Semanales con Jesús*, él les platica sobre los ideales que tiene para ustedes y nosotros les ofrecemos preguntas y ejercicios para que conversen con él sobre sus planes, dudas e inquietudes.

De todo corazón deseamos que Dios los bendiga con la acción de su Espíritu en su diálogo con Jesús, y pedimos que María los acompañe en su jornada de fe y desarrollo espiritual.

José Antonio Medina Arellano
Carmen María Cervantes

Equipo editorial

Escritor principal
José Antonio Medina Arellano

Equipo de escritores
Carmen María Cervantes
María de los Ángeles de la Parra
Mariluz de la Parra
Amparo Leyman Pino
Alejandro López Cardinale
María de la Luz Martín del Campo
Antonio Medina Rivera

Consejo editorial
Eduardo Arnouil
María Pilar Cervantes Gutiérrez
Ken Johnson-Mondragón

Corrección de estilo
Aurora Macías Dewhirst
María Puy Ruiz de Larramendi

Editora general
Carmen María Cervantes

Apoyo financiero

PRINCIPAL FINANCIAL SPONSOR
SUBSIDIO PRINCIPAL FINANCIERO

KNIGHTS OF COLUMBUS
CABALLEROS DE COLÓN

Fundación SERTULL, A.C., México; Trust Funds, EUA

Diseño, ilustraciones y fotocomposición

Diseño
Alicia María Sánchez
Michäel Boudey

Ilustraciones
Martha Elena Sánchez
Gabriel Chávez de la Mora
Alicia María Sánchez

Equipo Asistente
Mónica de Anda
Romina Padilla
Irene Ruiz Velasco
Marco Sandoval

Fotocomposición
Aranza Ruiz

ÍNDICE

CARTA A LOS JÓVENES

INTRODUCCIÓN METODOLÓGICA

CICLO LITÚRGICO B: SESIONES PARA EL TIEMPO ORDINARIO

NOTA: El primer domingo del Tiempo Ordinario cierra el ciclo de Navidad; ver DSJ, Libro 3, p. 78.

ÍNDICE

APÉNDICE METODOLÓGICO

ÍNDICES DETALLADOS DEL CICLO B: LIBROS 3 Y 4...223

LECCIONARIO Y CALENDARIO LITÚRGICOS

ABREVIATURAS BÍBLICAS...259

INTRODUCCIÓN METODOLÓGICA

APORTES PARA DIALOGAR CON JESÚS Y ENRIQUECER LA FE Y LA VIDA

En la serie Diálogos Semanales con Jesús encontrarán variedad de oraciones, reflexiones, comentarios, actividades y celebraciones para su crecimiento espiritual y madurez en la fe. Todos ellos ayudan a penetrar y hacer vida la Palabra de Dios, según las lecturas dominicales de nuestra Iglesia católica.

Los seis primeros libros ofrecen una Lectio Divina o "lectura divina" con un método y estilo adecuado para la juventud. Diálogos Semanales con Jesús ayuda a los jóvenes a escuchar atentamente la Palabra del Maestro, recibirla con el corazón preparado para responderle y disponerse a ponerla en práctica como los discípulos suyos. Los aportes que ofrece esta serie de libros pueden usarlos como:

- Material para grupos de oración, movimientos apostólicos, grupos parroquiales y pequeñas comunidades juveniles.
- Lectura individual para enriquecimiento de la vida espiritual.
- Apoyos a la catequesis sacramental.
- Recurso para retiros y sesiones de reflexión.

Este libro de Diálogos Semanales con Jesús (DSJ) está diseñado para nutrir su vida en el Tiempo Ordinario del ciclo litúrgico B. Otro libro semejante, con contenidos diferentes, presenta sesiones para los Tiempos Fuertes de este mismo ciclo.

Al igual que La Biblia Católica para Jóvenes (BCJ), estos DSJ tienen como meta: conocer la Palabra de Dios orar con ella y vivirla desde el corazón. Además los ayudará a vivir con más sentido, profundidad e intensidad la liturgia de nuestra Iglesia católica, en particular la Eucaristía dominical, centro y cima de nuestra espiritualidad.

Para entrar en diálogo con Jesús, les ofrecemos: oraciones y meditaciones, pautas para conocer el mensaje de las lecturas dominicales, preguntas para reflexionar sobre su vida, aportes para comprender la liturgia, comentarios para enriquecer su fe y su vida. También encontrarán instrucciones para llevar a cabo actividades comunitarias que los ayuden a encarnar el evangelio en su vida y preparar celebraciones de fe que nutran su vida espiritual con la oración comunitaria.

La siguiente sección presenta los diferentes tipos de aportes para su diálogo con Jesús. Los primeros están presentes en todas las sesiones y dan continuidad a los diálogos. Los segundos se encuentran sólo en algunas sesiones y tienen por objeto enriquecer y dar variedad a la gran aventura de conversar con Jesús sobre diversos temas. Los terceros ofrecen un camino para fortalecer y vivir mejor nuestra fe. Todos juntos buscan una mayor integración entre la fe y la vida.

APORTES COMUNES A TODAS LAS SESIONES

MPIEZA TU DIÁLOGO CON JESÚS

Sitúa en ambiente de oración mediante un diálogo informal con Jesús sobre el tema de la sesión.

ONTINÚA ORANDO ESDE TU CORAZÓN

Prosigue el diálogo con Jesús, al pasar de un diálogo informal sobre el tema de la sesión a una oración más formal.

CONOCE LA PALABRA DE DIOS

Reflexiona sobre el evangelio del domingo, con una pregunta que ayuda a centrarse en su mensaje y un comentario para comprenderlo mejor.

PRESENTAMOS A...

Contiene la breve narración de una persona que vivió de manera extraordinaria el mensaje del evangelio. Puede ser un santo canonizado, alguien que está en proceso de canonización o una persona reconocida públicamente por su testimonio.

SIGAMOS LA OBRA DE JESÚS

Motiva a continuar la obra de Jesús al poner en práctica el mensaje del evangelio y ser animado por la vida del testigo recién presentado.

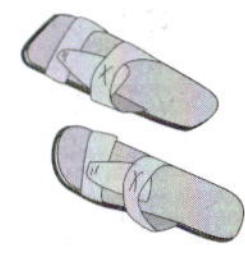

CTIVIDAD COMUNITARIA

Ofrece una actividad que lleva a profundizar en algún aspecto clave del mensaje dominical.

CELEBRAMOS NUESTRA FE

Presenta una celebración ritual para desarrollar la espiritualidad y hacer vida el mensaje del domingo, ayudados por el Espíritu Santo.

EXTO RESALTADO

Destaca un mensaje suministrado por alguna de las lecturas dominicales, para hacerlo vida de manera especial durante esa semana.

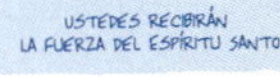

APORTES QUE VARÍAN DE SEMANA A SEMANA

¿SABÍAS QUE...?

Ayuda a entender el significado del texto al explicar hechos y conceptos propios de la época y la cultura en que se escribió la Biblia.

VIVE LA PALABRA

Señala qué debemos hacer para caminar con Jesús y ser profetas de esperanza.

ENRIQUECE TU FE Y TU VIDA

Ofrece pautas para profundizar en el mensaje de Jesús y encarnarlo en la vida diaria.

ENCARNEMOS EL MENSAJE DE...

Brinda pasos para actualizar el mensaje de la primera lectura del domingo a la vida de hoy.

ACTUALICEMOS EL SALMO

Da una guía de cómo actualizar el salmo del domingo a la vida de hoy.

HAGAMOS VIDA...

Proporciona pasos para actualizar el mensaje de la segunda lectura del domingo a la vida de hoy.

COMPRENDE ESTE SÍMBOLO

Da a conocer símbolos bíblicos de uso común en la liturgia o el arte católico, con una ilustración y una breve explicación del mismo.

REFLEXIONA

Presenta varias preguntas relacionadas con el tema o las lecturas del domingo.

ENTRA EN ORACIÓN

Ofrece una oración escrita por otras personas para ayudar en la vida espiritual.

EJERCICIOS PARA CONOCER Y VIVIR MEJOR NUESTRA FE

El proceso de cada sesión contiene todos los elementos del Círculo Pastoral según el modelo Profetas de Esperanza: ser-ver-juzgar-actuar-evaluar-celebrar. El Círculo se repite una y otra vez, en un proceso en espiral que genera una profundización de la vivencia de la fe, una expansión de horizontes y deseos de crecimiento y superación continuos.

En comparación con los libros para los Tiempos Fuertes, que presentan el Círculo de manera explícita, los correspondientes a los Tiempos Ordinarios lo hacen a lo largo del proceso de la sesión. La otra diferencia está en que, mientras en los Tiempos Fuertes los ejercicios se encuentran concentrados al final de la sesión, en los Tiempos Ordinarios los ejercicios escritos están insertados en los comentarios que se presentan a lo largo de ésta.

SER. Enfatiza la formación y fortalecimiento de nuestra identidad cristiana.

VER. Acercamiento a la realidad del joven en su ambiente inmediato; su entorno sociopolítico, económico y religioso, y/o su situación en la Iglesia y en el mundo.

JUZGAR. Iluminación a la vida con la Palabra de Dios, el testimonio de los santos y otros personajes que son ejemplo extraordinario del seguimiento de Jesús y algunas enseñanzas de la Iglesia, con un énfasis en aportes que sirven para llevar una vida diaria al estilo de Jesús.

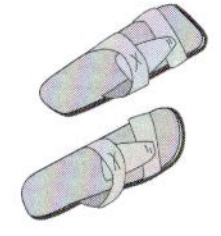

ACTUAR. Invitación de Jesús a seguirlo, al ser y actuar como él y con disposición personal para responderle.

EVALUAR. Oportunidad de revisar el recorrido de varias sesiones para evaluar los frutos que dieron y señalar dudas y reflexiones que quedaron para el futuro. El formato de evaluación se encuentra en la página 23 y se recomienda usarlo mensualmente.

CELEBRAR. Pistas para expresar la fe mediante la elaboración de una oración con un ritual que recoge la sesión entera.

LA LECTIO DIVINA Y SU IMPACTO EN NUESTRA VIDA

Lectio Divina significa "lectura divina", en latín. Su meta es orar con la Palabra de Dios, es escuchar con los oídos del corazón, para hacerla nuestra a nivel espiritual, en la vida diaria y en nuestra misión evangelizadora.

Existen distintos métodos y grados de profundidad al orar con la Palabra de Dios. Los primeros seis libros de la serie Diálogos Semanales con Jesús presentan un tipo de Lectio Divina adecuada para jóvenes, sea a nivel personal o comunitario.

Los objetivos de la Lectio Divina son:

+ LEER LA SAGRADA ESCRITURA (Lectio) para recibir la Palabra de Dios, conscientes de lo que dice y con el corazón dispuesto a acoger su mensaje.

+ MEDITAR (Meditatio) sobre situaciones propias de la vida personal y del entorno en que vivimos, a la luz de la Palabra de Dios.

+ ORAR CON LA PALABRA DE DIOS (Oratio) para tener un encuentro con Jesús y una relación con él cada vez más íntima y auténtica.

+ CONTEMPLAR (Contemplatio) es descansar en la presencia de Dios y dejarse transformar por su Palabra; cuando se hace en comunidad es guardar silencio por un tiempo; es estar en la presencia de Dios.

+ ACTUAR AL EXTENDER EL REINO DE DIOS (Actio) es el resultado de toda la Lectio Divina que se lleva a la vida y se realiza en la medida en que se encuentra con nuestra vocación personal.

De esta manera nos identificamos con los personajes y situaciones de la Biblia, con los patriarcas, profetas, evangelistas, primeros cristianos; así como con los pecadores, opresores, hipócritas..., todos con necesidad del amor liberador de Dios. Así tomamos conciencia, poco a poco, de que nuestra propia historia es también historia de salvación, con sus anhelos, esperanzas y frustraciones; sus éxitos, estancamientos y fracasos.

La Lectio Divina siempre es fuente de vida nueva. Nos hace sentir miembros privilegiados del pueblo de Dios, con el destino más bello y la misión más apasionante que podamos haber imaginado.

De esta nueva vida nace un conocimiento más profundo de la Palabra de Dios, de nosotros mismos y de nuestra vocación. De ahí es fácil exclamar desde el fondo del corazón: ¡Gracias, Padre, por tu bondad! ¡Ven, Señor Jesús, acompáñame siempre en la jornada de mi vida! ¡Espíritu Santo, lléname de tu amor, tu luz y tu fuerza! La Lectio Divina ha logrado su meta.

APORTES DE LOS DSJ A LOS CINCO OBJETIVOS DE LA LECTIO DIVINA

Para lograr los objetivos de la Lectio Divina necesitamos aprender a leer la Palabra de Dios, a meditar sobre la vida a la luz de ella y a orar con ella. Los aportes de los DSJ logran esto de la siguiente manera:

LECTURA DE LA PALABRA DE DIOS (Lectio)

+ Al principio de cada lectura hay una pregunta que ayuda al joven a leer el texto conscientemente, para que descubra por sí mismo/a uno de sus mensajes centrales.

+ Después de haber leído el texto el joven puede comprenderlo mejor gracias a un comentario que lo sitúa en su tiempo, señala la intención del autor y esclarece ideas o términos clave.

+ Los libros del Tiempo Ordinario, que sólo analizan con detalle el evangelio, ofrecen un ejercicio para leer y actualizar otra lectura o el salmo.

+ Ante mensajes muy ricos o textos complejos, se ofrecen comentarios adicionales para profundizarlos o explicarlos.

MEDITACIÓN SOBRE LA VIDA A LA LUZ DE LA PALABRA DE DIOS (Meditatio)

+ Al iniciar cada sesión hay una pregunta que evoca la experiencia personal sobre el mensaje principal de las lecturas, según el tema de cada domingo.

+ Al interior de la sesión aparecen comentarios con preguntas sobre la vida personal, familiar, comunitaria y social, encaminados a descubrir a Dios en esos ámbitos de la vida.

+ Las actividades comunitarias y celebraciones de fe ofrecen distintas formas de meditación; las primeras, de índole activa y metodología cognoscitiva; las siguientes, con enfoques de meditación espiritual.

+ Los libros del Tiempo Ordinario presentan pequeñas biografías de santos o testigos de Jesús, con el fin de ampliar el horizonte sobre la experiencia de Dios por diversas personas.

ORACIÓN CON LA PALABRA DE DIOS (Oratio)

+ La oración inicial predispone el espíritu del joven para recibir la Palabra de Dios, a través de los diversos aportes en la sesión.

+ La oración en la celebración de fe lleva a una conversación más profunda con Dios sobre su vida, a la luz del mensaje de cada sesión.

+ En los libros de los Tiempos Fuertes, la sección "Camino para conocer y vivir mejor nuestra fe" ayuda a hacer una síntesis del diálogo con Jesús en esa sesión, para articular el llamado de Jesús y coronar la experiencia con una oración espontánea.

CONTEMPLACIÓN (Contemplatio)

+ La oración individual puede tomar la calidad de contemplación si —después de una oración o lectura de un comentario— simplemente se pone uno delante de Dios y deja que se establezca una relación amorosa con él, en cualquier dirección que se dé en forma natural.

+ La contemplación de las imágenes, tanto las que tienen escenas bíblicas como las que actualizan la realidad juvenil, es una manera de familiarizarse con esta práctica. Un ejemplo de cómo hacer esto son todas las oraciones en las últimas páginas de algunos libros en La Biblia Católica para Jóvenes, como en las pp. 170, 308, 930, 1024.

+ La oración en la celebración de fe invita, en ocasiones, a hacer momentos de silencio para estar con Dios; cuanto más frecuentes y largos se hagan estos momentos, más se aprenderá a gozar de la presencia de Dios.

ACCIÓN (Actio)

+ Los comentarios "Vive la Palabra" y "Enriquece tu fe y tu vida" están centrados en la acción personal como fruto de la Lectio Divina recibida en la lectura de la Palabra de Dios.

+ Los comentarios para actualizar las lecturas o el salmo en los Tiempos Ordinarios se centran en llevar a la práctica personal o comunitaria el mensaje de los mismos.

+ La "Actividad comunitaria" y la "Celebración de fe" llevan a la acción personal y comunitaria; la primera, prácticamente todas las veces; la segunda, cuando termina en algún propósito de vida.

ENCARNACIÓN DE LA **LECTIO DIVINA** EN LAS CINCO DIMENSIONES DE LA REALIDAD

Para que la Lectio Divina dé los frutos que Dios desea al hablarnos a través de la Sagrada Escritura, nuestra lectura, meditación, oración, contemplación y acción deben encarnarse en nuestra vida. Esto quiere decir que la Palabra de Dios se hace carne en alguna, varias o todas las dimensiones de la vida, según sea el enfoque de cada Lectio Divina en particular.

La siguiente ilustración presenta las cinco dimensiones de la realidad. En el centro se encuentra la comunidad de fe que, centrada en Jesús, reflexiona sobre la vida a la luz de la Palabra de Dios. Las líneas punteadas indican que todos los aspectos de la vida son dinámicos, están íntimamente relacionados y se influyen mutuamente.

LECTURA ESPIRITUAL INDIVIDUAL

Estas meditaciones te ayudarán a acercarte a Jesús y gozar de su presencia en ti. Conforme te habitúes a la lectura de la Palabra de Dios, él hará su obra en ti y tú podrás responder de una manera profunda a su amor dador de vida.

Toda oración o meditación la hacemos por medio del Espíritu Santo, quien habita en cada uno de los cristianos desde el día de su bautismo. Por eso, conforme converses con Jesús, el amor, la bondad y la justicia misericordiosa de Dios llenarán tu vida.

Te recomendamos que empieces y termines cada sesión persignándote con mucha reverencia diciendo: "En el nombre del Padre, del Hijo y del Espíritu Santo". De esta manera empiezas poniéndote en la presencia de Dios para dialogar con Jesús, y terminas confesando que con la ayuda del Padre, el Hijo y el Espíritu Santo, llevarás a la vida lo que Jesús te indicó en el diálogo que tuviste con él.

¿Estás listo/a? ¡Manos a la obra! ¡Lánzate a la bella aventura de dialogar semanalmente con Jesús!

Este diálogo con Jesús lo puedes hacer de varias maneras:

+ ANTES DE LA EUCARISTÍA DOMINICAL, para que cuando participes en ella lo hagas plenamente y obtengas mayor fruto de la celebración dominical.

+ DESPUÉS DE LA EUCARISTÍA DOMINICAL, si por alguna razón no pudiste hacerlo antes de ella, para así profundizar en el mensaje que escuchaste.

+ SI NO PUEDES PARTICIPAR EN LA EUCARISTÍA DOMINICAL, ya sea que vivas en un lugar donde no hay misas a tu alcance o si te encuentras en una situación que te impide participar en ella.

+ CUALQUIER DÍA DE LA SEMANA, cuando desees acercarte y conocer mejor a Jesús y su Palabra.

Puedes aprovechar la sesión entera o elegir las partes que más te gusten. Lo vital es que hagas una oración sincera, leas por lo menos uno de los pasajes de la Escritura, de preferencia el evangelio, y respondas con sinceridad las preguntas que te ayudan a reflexionar sobre su mensaje. Esta conversación semanal con Jesús enriquecerá, dará sentido y llenará de esperanza tu vida.

Te recomendamos que lleves un diario espiritual, en el que escribas tus respuestas a las preguntas de reflexión, en particular a las que te llegan al fondo del corazón y las que son motivo de transformación y crecimiento para ti. Ocasionalmente vuelve a leer lo que escribiste y reflexiona sobre ello. Te ayudará a notar cómo va tu relación con Jesús y te servirá para dar sentido a tu vida.

SESIONES PARA GRUPOS Y COMUNIDADES

Cada sesión puede ser utilizada como temática de formación en la fe, desarrollo espiritual o reflexión teológico-pastoral en un grupo, movimiento apostólico o comunidad de fe juvenil. Se recomienda llevar a cabo las sesiones antes de la Eucaristía dominical o en lugar de ellas, en sitios donde no se celebra misa todos los domingos.

La variedad de comentarios y actividades permiten usar el material de distintas formas. Lo importante es usarlo bien, lo que significa:

+ Planificar la sesión con tiempo y leerla en su totalidad, para seleccionar los comentarios y las actividades para el grupo, según las metas y el tiempo que se tengan, y preparar los materiales que sean necesarios.

+ Tener una caja con los materiales que se usan con frecuencia: papel, papelógrafo (papel tamaño cartulina), tijeras, plumones, pegamento, etcétera, y los objetos para crear el altar en el salón de reuniones: mantel, velas, crucifijo, Biblia, etcétera. En las sesiones sólo se indican los materiales especiales para cada ocasión.

+ Llevar a cabo la sesión en ambiente de oración y reflexión personal, así como de conversación y celebración en comunidad.

+ Preparar la proclamación de la Palabra de Dios de manera clara y con la puntuación y la entonación adecuadas. Conviene que algún compañero/a escuche al lector, para que corrija su proclamación, si es necesario.

+ Alternar cantos populares con cantos relativamente nuevos. Se sugiere que los cantos nuevos sean usados a manera de meditación o que sean ensayados con anterioridad.

+ Se recomienda usar un enfoque y metodología de liderazgo compartido y corresponsable. El apéndice "Trabajando Diálogos Semanales con Jesús con un liderazgo compartido", pp. 216-221, presenta este enfoque y cómo implementarlo.

RECURSO PARA LA PASTORAL JUVENIL

Este material puede ser utilizado como recurso para una pastoral juvenil organizada con base en temas, retiros, programas de formación, procesos de Rito de Iniciación Cristiana de Adultos (RICA), coros parroquiales, catequesis, etcétera. Los sacerdotes pueden usarlo para preparar homilías encarnadas en la realidad juvenil.

Los libros del Tiempo Ordinario tienen un índice temático del ciclo entero que permite identificar su material por temas. Además, cuando la serie esté terminada, el Instituto Fe y Vida ofrecerá un índice global en su sitio www.bibliaparajovenes.org

LOS CICLOS LITÚRGICOS Y LA EUCARISTÍA DOMINICAL

La Iglesia proclama los cuatro evangelios durante las misas dominicales, en tres ciclos litúrgicos: Ciclo A, B y C. Si asistes a la misa dominical tres años consecutivos, recibirás una catequesis completa de la vida, obra y mensaje de Jesús para guiar tu vida.

En el Concilio Vaticano II (1962-1965), los padres conciliares aprobaron un leccionario litúrgico, conocido como "Libro de lecturas para la misa". Su objetivo es ayudarnos a conocer y amar a Jesús y su obra salvadora, a través de la Palabra de Dios.

LAS LECTURAS DOMINICALES

Para las misas dominicales, el leccionario presenta tres lecturas y un salmo responsorial cuya numeración litúrgica está entre paréntesis. Las lecturas están organizadas para acercarnos al misterio de Cristo y su obra de salvación, que tiene su pleno cumplimiento en él.

+ LA PRIMERA LECTURA está tomada del Antiguo Testamento, salvo durante el tiempo pascual (siete semanas después del Domingo de Pascua), en que pertenece al libro de los Hechos de los Apóstoles.

+ Respondemos a la primera lectura con un SALMO, generalmente del libro de los Salmos.

+ LA SEGUNDA LECTURA viene de las cartas de San Pablo y otras cartas del Nuevo Testamento. A estas cartas también se les llama epístolas.

+ La lectura del EVANGELIO varía según los ciclos:

  - En el Ciclo A se lee a Mateo.
  - En el Ciclo B se lee a Marcos.
  - En el Ciclo C se lee a Lucas.
  - El evangelio de Juan se lee en los tiempos especiales del año litúrgico: Adviento, Navidad, Cuaresma y Pascua.

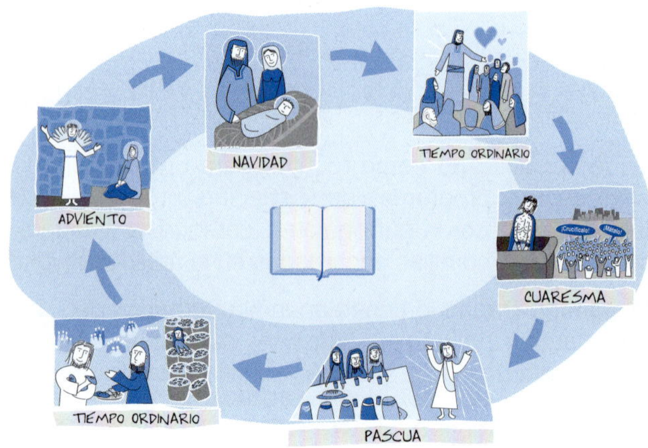

LOS TIEMPOS LITÚRGICOS

La liturgia eucarística siempre celebra el misterio de la vida, pasión, muerte y resurrección de nuestro Señor Jesucristo. De ahí que nos ofrezca lecturas del Antiguo Testamento durante el cual se prepara la llegada del Mesías y del Nuevo Testamento que nos centra en la etapa de Jesús y las primeras comunidades cristianas.

Si bien todo el año tenemos puesta nuestra atención en el misterio de la vida, pasión, muerte y resurrección de nuestro Señor Jesucristo, la liturgia nos invita a vivir cada uno de estos aspectos durante un tiempo especial. La Iglesia organiza los domingos del año alrededor de la Pascua. Divide el año litúrgico en Tiempos Fuertes y Tiempo Ordinario.

+ EN EL TIEMPO DE ADVIENTO nos centramos en la próxima venida de Jesús al final de los tiempos y en la preparación para la celebración de la Navidad, en la que termina este tiempo. El año litúrgico siempre se inicia con el Adviento.

+ EL TIEMPO DE NAVIDAD, también llamado de la manifestación del Señor, empieza el 24 de diciembre y termina con la fiesta del Bautismo del Señor. Este tiempo nos recuerda la venida histórica de Jesús dos milenios atrás, y fortalece nuestra fe y esperanza en la parusía o venida gloriosa de Jesús al final de los tiempos.

+ EL TIEMPO DE CUARESMA empieza el Miércoles de Ceniza y termina el Jueves Santo, antes de la misa de la Cena del Señor. En este tiempo, la Iglesia recuerda la entrega de Jesús por nuestra salvación, nos llama a la conversión y nos invita a renovar nuestra opción por Cristo y su Reino.

+ EN EL TRIDUO PASCUAL vivimos con gran solemnidad la muerte y resurrección de Jesús, según el espíritu del Nuevo Testamento y la tradición cristiana primitiva, que unían la pasión, muerte y resurrección de Jesús en una experiencia vital. Empieza con la misa de la Cena del Señor, alcanza su cima en la Vigilia Pascual y termina con la misa de Pascua.

+ EN EL TIEMPO DE PASCUA nos centramos en tener un encuentro con Cristo resucitado, como lo vivieron los primeros testigos de la resurrección. Empieza con la liturgia del Domingo de Pascua, dura cincuenta días y termina con la fiesta de Pentecostés, la gran celebración del Espíritu Santo.

+ EL TIEMPO ORDINARIO se celebra durante todos los otros domingos del año. Dura alrededor de treinta semanas en dos periodos. Empieza después del Bautismo del Señor; se interrumpe con los tiempos de Cuaresma y Pascua, y continúa después de Pentecostés para terminar con la fiesta de Cristo Rey.

EVALUACIÓN DE LOS DIÁLOGOS SEMANALES CON JESÚS

Evaluar es un paso indispensable en el Círculo Pastoral. Los libros dedicados al Tiempo Ordinario contienen un formato de evaluación más completo que los libros dedicados a los Tiempos Fuertes, cuyas sesiones son más amplias. Ambos tipos de evaluación pueden ser usados a lo largo del año, según se considere adecuado. Lo importante es acostumbrarse a evaluar para hacer una revisión de vida y mejorar la manera como se conducen las sesiones.

PROCESO EVALUATIVO

El formato de evaluación está diseñado de tal manera que puede ser fotocopiado y los títulos de las sesiones escritos en el espacio para ellos. Contiene tres partes:

Evaluación de una sesión. Su objetivo es ayudar a que cada joven reflexione sobre el fruto que obtuvo de su diálogo personal con Jesús y de su reflexión con la comunidad de fe. Esta evaluación es la misma que en los Tiempos Fuertes, la cual está integrada en las páginas tituladas "Caminos para conocer y vivir mejor nuestra fe". En el Tiempo Ordinario conviene hacer esta evaluación después de la celebración de fe, para poder incluirla.

Evaluación de un ciclo de sesiones. Su objetivo es revisar la vida de la comunidad de fe, con el fin de ver si los diálogos semanales con Jesús están dando frutos comunitarios además de personales.

Evaluación formativa. Su objetivo es revisar periódicamente la manera como se conducen las sesiones, con el fin de mejorar la facilitación de los distintos componentes de las sesiones. Se recomienda hacerla al terminar el Tiempo de Navidad, la primera parte del Tiempo Ordinario, el Tiempo Pascual y la segunda parte del Tiempo Ordinario.

DIARIO DE LA COMUNIDAD DE FE

Para ayudar a que el grupo o comunidad juvenil madure, se recomienda que las evaluaciones no se queden a nivel personal, sino que se analicen periódicamente como grupo y obtengan un resumen. Es importante que la comunidad guarde estos resúmenes, para formar una especie de "Diario de la comunidad de fe".

Este diario permite reflexionar sobre los tres tipos de evaluación anteriores y darse cuenta de cómo avanza la comunidad en su vida de fe, su organización comunitaria y su compromiso cristiano. También sirve para mantener la historia de la comunidad y su proceso de crecimiento, dándole un sentido de identidad propia, lo cual es muy útil para dialogar con nuevos miembros y ayudarlos a integrarse en su caminar.

FORMATO DE EVALUACIÓN

Evaluación de una sesión

Domingo ______________ **Tema de la sesión** ______________

Revisa el contenido de la sesión y tus notas, y dibuja:

Un ▲ en el mensaje que más me ayuda a estrechar mi relación con Dios.

Un ♥ en el mensaje que me ayuda a relacionarme mejor con mis semejantes.

Una ☺ en el mensaje que me cuestionó y desafió más.

Unos signos de ¿? en aquéllo que no entendí bien.

Unos ... en lo que dejé para reflexionar después.

Evaluación de un ciclo de sesiones

Ciclo que abarca del domingo ______________ **al domingo** ______________

Vida comunitaria [1 = pobre 2 = mediocre 3 = buena 4 = excelente]

• Corresponsabilidad de todos los miembros	1	2	3	4
• Estilo comunitario de liderazgo	1	2	3	4
• Oración y espiritualidad como comunidad	1	2	3	4
• Evangelización y esfuerzos misioneros	1	2	3	4
• Superación personal de los miembros	1	2	3	4
• Compromiso de vida cristiana en los miembros	1	2	3	4
• Espíritu comunitario fuera de las reuniones	1	2	3	4

Evaluación formativa

Periodo comprendido entre ______________ **y** ______________

1 Identifica los componentes de las reuniones que pueden ser mejorados y proporciona algunas recomendaciones:

+ Aspectos a mejorar: ______________

+ Recomendaciones: ______________

2 Señala áreas que necesitan algún taller formativo y sugiere quién puede facilitarlo:

+ Talleres necesarios: ______________

+ Facilitadores sugeridos: ______________

Para citar un texto de la Biblia se indica en forma abreviada de qué libro se trata (ver lista de abreviaturas en la página 258, el capítulo y versículo donde comienza y termina la cita, separados por un guión. Con el objeto de distinguir más fácilmente entre los capítulos y los versículos, en este libro los capítulos se separan de los versículos por una coma. Ejemplo:

Gn 12, 8-12

Cuando se citan capítulos enteros, no aparecen los versículos. Ejemplo:

Mt 5 – 7 = Mateo, capítulos del cinco al siete

Cuando la cita es del mismo libro, no se repite éste. Ejemplo:

Mt 5, 43-48; 7, 12-18 = Mateo, capítulo cinco, versículos del cuarenta y tres al cuarenta y ocho, ambos incluidos, y Mateo, capítulo siete, versículos del doce al dieciocho

Cuando se abarcan dos o más capítulos, se indica el capítulo y versículo en que comienza y el capítulo y versículo en el que termina, separados por un guión largo. Ejemplo:

Mt 6, 19 – 7, 12 = Mateo, desde el capítulo 6, versículo diecinueve, hasta el capítulo 7, versículo doce

Cuando se citan dos párrafos de un mismo capítulo, que no van seguidos, los versículos de ambos párrafos están separados por un punto. Lo mismo ocurre si, en lugar de ser un párrafo, son versículos sueltos. Ejemplo:

Mt 6, 1-4. 16-18 = Mateo, capítulo seis, del versículo uno al cuatro y del versículo dieciséis al dieciocho

Mt 6, 1-4. 16. 24 = Mateo, capítulo seis, versículos del uno al cuatro y versículos dieciséis y veinticuatro

Cuando se hacen varias citas de un mismo libro, aunque sean párrafos separados, no se repite el nombre o la abreviatura del libro, y si se trata del mismo capítulo, no se repite éste. Ejemplo:

> La primera parte del Salmo 19 alaba la armonía de la naturaleza con las leyes que le dio Dios... **(Sal 19, 1-7)**. Después menciona cómo la creación anima la vida de las personas **(vv. 8-11)**. Finalmente, señala nuestra actitud ante las obras de Dios **(vv. 12-15)**

Cuando se cita textualmente un pasaje, se escribe entre comillas, seguido de su cita. Ejemplo: "El Señor hace pública su victoria" (Sal 98, 2)

Cuando se hace referencia a un pasaje, sólo se escribe la cita. Ejemplo: Oseas profetiza contra la infidelidad del pueblo y los sacerdotes (Os 4, 1-10)

CICLO LITÚRGICO B

Sesiones para el Tiempo Ordinario

Segundo Domingo Ordinario

DESCUBRIMOS A JESÚS SALVADOR

1 Samuel 3, 3-10. 19 • Salmo 40 (39) • 1 Corintios 6, 13-15. 17-20 • Juan 1, 35-42

EMPIEZA TU DIÁLOGO CON JESÚS

—Jesús, escuché que tu vida entera es medio de salvación para la humanidad...

—Así es.

+ YO PENSABA QUE NOS SALVABAS A TRAVÉS DE

Y DE

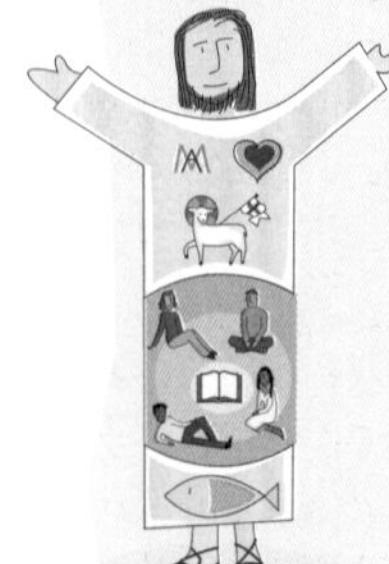

—Mira, desde la eternidad el Padre quiso que naciera en María por obra del Espíritu Santo. Desde que ella aceptó ser mi madre, toda mi vida es misterio de salvación, incluso hoy, pues sigo intercediendo por la humanidad, estoy vivo en la Eucaristía y encarnado en cada cristiano/a.

+ VER TU VIDA ASÍ ME LLENA DE Y

HACE QUE , PERO ME PREGUNTO

—¡Ven y verás! Te invito a vivir y gozar este Tiempo Ordinario, en que la Iglesia profundiza y vive de manera especial el misterio de mi ser y de la salvación.

CONTINÚA ORANDO DESDE TU CORAZÓN

Ayúdame a participar en tu vida

Señor Jesús,

Gracias por la invitación. Se me hace genial eso de participar en toda tu vida.

SOY FELIZ AL SABER QUE ____________________, PUES ____________

Quiero conocerte mejor y vivir más intensamente el misterio de salvación en este Tiempo Ordinario.

EN ESPECIAL, SIENTO QUE NECESITO ____________________

Ayúdame a recordar tus andanzas en Galilea, para que sepa darle sentido a mi vida contigo y con mis compañeros.

PARA NOSOTROS, LOS JÓVENES, ES MUY IMPORTANTE QUE ____________

____________ Y ____________________

Jesús, dame entendimiento para descubrir lo que quieres de mí y vivirlo en plenitud en esta temporada del año litúrgico. Amén.

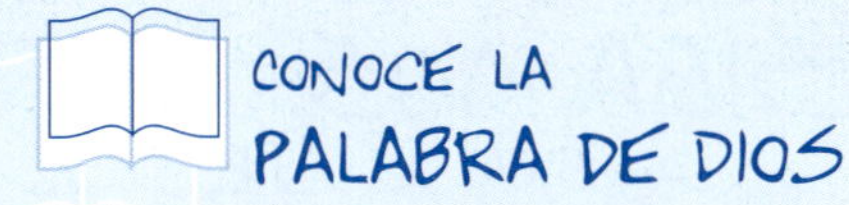

Leer Juan 1, 35-42

✝ ¿POR QUÉ SON IMPORTANTES LAS ACCIONES DE JUAN EL BAUTISTA Y DE ANDRÉS?

Juan el Bautista presenta a Jesús como el "Cordero de Dios" por segunda vez. La primera, fue justo después del Bautismo de Jesús, en el río Jordán.

Al darle este título, Juan señala la misión de Jesús como salvador de la humanidad, pues lo relaciona con dos imágenes del "cordero" en el Antiguo Testamento: el cordero llevado al matadero por los pecados del pueblo, en los cantos del Siervo del Señor (Is 52, 13 – 53, 12), y el cordero pascual —inmolado al salir de Egipto y símbolo de la liberación de la esclavitud— substituido por Jesús para siempre con su muerte, único sacrificio aceptable a Dios (1 Cor 5, 7).

El testimonio de Juan da fruto y dos de sus discípulos siguen a Jesús. Él los llama, ellos lo reconocen como Maestro y Mesías, e invitan a otros a reconocerlo. Entre ellos está Simón, a quien Jesús cambia de nombre, como era costumbre cuando Dios encargaba a una persona alguna misión que cumplir.

Escucha al Señor a través de sus profetas

¿Qué tan alerta estás para descubrir a Jesús? ¿Estás atento/a cuando otras personas te hablan de él?

A veces no distinguimos el llamado que Dios nos hace a través de personas enviadas por él. En ocasiones leemos su Palabra y oramos sin atención, contentándonos con seguir mediocremente a Jesús, sin valorarlo como el Maestro y el Mesías.

Estamos tan sumidos en el correr de la vida diaria, que somos insensibles a su Palabra. La televisión, la Internet, las canciones profanas, la violencia de los juegos electrónicos, la degradación de la sexualidad en los medios de comunicación..., nos distraen y nos cierran a la grandeza del llamado de Dios.

Abre tu mente y tu corazón para escuchar a los "profetas" que te señalan a Jesús. ¿Te invita Jesús a seguirlo a través de otra persona? ¿Se manifiesta en algún hecho o acontecimiento especial en tu vida?

¿Qué te dice? ¿Cómo le respondes?

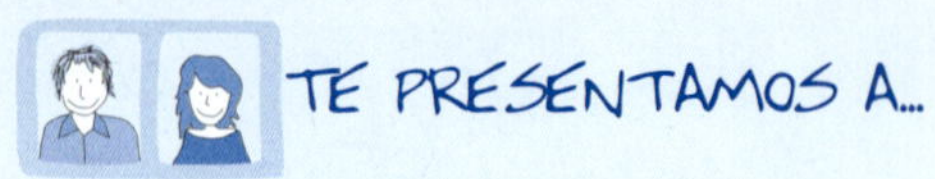

Arnoldo Janssen (1837-1909)

Fundador de la Congregación del Verbo Divino

Arnoldo nació en Alemania y se ordenó sacerdote en la diócesis de Münster, donde fue director del Apostolado de la Oración. Su ministerio lo hizo palpar las necesidades espirituales de la gente, llevándolo a preocuparse por la misión universal de la Iglesia y por despertar la conciencia misionera en la Iglesia alemana.

Como era una época difícil —marcada por leyes anticatólicas, la expulsión de sacerdotes y religiosos, y el encarcelamiento de obispos— sugirió que algunos de los sacerdotes expulsados fueran enviados a las misiones o ayudaran a preparar misioneros. Con el tiempo descubrió que Dios lo llamó a él para esta tarea.

Convencido de que "El Señor desafía nuestra fe a realizar algo nuevo, justo cuando tantas cosas se derrumban en la Iglesia", fundó la Congregación de los Misioneros del Verbo Divino, las Misioneras Siervas del Espíritu Santo y las Siervas del Espíritu Santo de la Adoración Perpetua. Su misión es doble: llevar la Palabra de Dios a lugares donde el evangelio no ha sido predicado o es insuficiente, en especial a personas que buscan a Dios, los pobres y marginados, personas de diferentes culturas y tradiciones religiosas e ideologías, y orar por las misiones y misioneros en el mundo entero.

Arnoldo fue canonizado por el Papa Juan Pablo II en 2003 debido a su dedicación a la misión de Jesús. Hoy, cerca de 10,000 misioneros sirven como sacerdotes, agentes de pastoral, expertos en comunicaciones, catequistas..., en todos los continentes.

SIGAMOS LA OBRA DE JESÚS

Llevando a otras personas al encuentro de Jesús

Juan el Bautista llevó a sus discípulos a Jesús y lo mismo hizo Arnoldo Janssen a través de sus propias acciones y la fundación de las congregaciones misioneras. Y a ti, ¿cómo te pide Dios que lleves a Jesús y su amor salvador a otras personas?

+ ¿CUÁLES SON LOS TRES HECHOS DE LA VIDA DE JESÚS QUE SON FUENTE ESPECIAL DE VIDA PARA TI? ______, ______ Y ______

+ ENTRE LOS JÓVENES QUE CONOCES, ¿QUÉ ASPECTOS DE LA PERSONA, LA VIDA O EL MENSAJE DE JESÚS TIENEN MÁS POSIBILIDAD DE LLEGAR A SU CORAZÓN Y CAMBIAR SU VIDA? ______, ______ Y ______

+ ¿QUÉ MEDIOS PUEDES USAR PARA TRANSMITIR A OTROS JÓVENES QUE CRISTO NOS COMUNICA SU SALVACIÓN A TRAVÉS DE SU VIDA? ______ Y ______

¿SABÍAS QUE...

Toda la vida de Cristo es redentora

La Iglesia católica sigue la tradición apostólica de celebrar el Misterio Pascual a través del ciclo litúrgico anual. Año tras año revivimos el misterio redentor de Cristo, desde su encarnación hasta la esperanza de su segunda venida, para experimentar y profundizar el amor liberador de Dios por la humanidad.

Todos los hechos y acciones de Jesús están iluminados por los misterios de Navidad y Pascua. Cuando Juan el Bautista presenta a Jesús como "el Cordero de Dios", señala que es el Siervo de Dios, anunciado por los profetas, que reemplaza al cordero pascual como ofrenda por la salvación de la humanidad.

El nacimiento de Jesús, sus palabras, silencios, oración, acciones de la vida diaria, sufrimientos, milagros... nos trasmitan el amor liberador de Dios, expresado en toda su plenitud con la pasión, muerte y resurrección de Jesús. Participar en su vida nos lleva a admirarlo, a enamorarnos de él y a desear tenerlo como modelo y maestro, ser discípulos fieles y hacer la voluntad del Padre como él. Cuando esto sucede, nuestra vida se va convirtiendo en auténtica historia de salvación.

¿En qué medida has vivido la jornada de tu vida como historia de salvación? ¿Cómo ha enriquecido tu vida espiritual tu participación en la Eucaristía dominical? ¿Qué tan dispuesto/a estás a aprovechar este Tiempo Ordinario para madurar en tu fe?

QUE SE ALEGREN Y SE REGOCIJEN CONTIGO TODOS LOS QUE TE BUSCAN

Sal 39 17

ENRIQUECE TU FE Y TU VIDA

Vive el Tiempo Ordinario de manera extraordinaria

Llamamos Tiempo Ordinario a las 33 o 34 semanas del año litúrgico en las cuales no se celebra algún aspecto especial del misterio de Cristo, en contraposición a los Tiempos Fuertes, que son el Adviento, Navidad, Cuaresma y la Pascua como el eje central. El color litúrgico del Tiempo Ordinario es el verde, como signo de la esperanza cristiana que se construye en la vida diaria. Entre su gran riqueza y valores, destacan cuatro:

1. Responde a la vida cotidiana. Después de toda fiesta necesitamos un tiempo sencillo para celebrar que somos la comunidad de Jesús y nuestra vida es continua historia de salvación.

2. Es tiempo de madurez. En él podemos ir asimilando el misterio de Cristo y dejando que la semilla fructifique tranquilidad. Favorece la vivencia del evangelio en la vida diaria, interiorizándolo y madurando como seguidores de Jesús.

3. Lleva a vivir el misterio total de Cristo. Las dos temporadas del Tiempo Ordinario —después de Navidad a la Cuaresma, y después de Pentecostés al Adviento—presentan pausadamente la vida, las palabras, los gestos, la persona de Cristo, iluminando nuestra existencia e interpelando nuestra vida cristiana.

4. Permite celebrar y disfrutar lo que es el domingo. Vivimos estos domingos como el día de la resurrección del Señor, la fiesta semanal de la comunidad, el día de la liberación... Lo principal es vivir la Eucaristía y salir de ella renovados para dar testimonio de Jesús, de palabra, pero sobre todo de obra.

ACTIVIDAD COMUNITARIA

Jesús continúa salvando hoy

1 Formar tres grupos y asignarles los siguientes textos:

Grupo 1

Lucas 4, 16-21: Jesús proclama la palabra que habla de él

Juan 9, 1-12: El ciego de nacimiento

Grupo 2

Juan 10, 11-18: El buen pastor

Mateo 15, 21-28: La mujer pagana

Grupo 3

Lucas 7, 36-50: Al que mucho se le perdona, mucho ama

2 Hacer la siguiente reflexión:

- En un papelógrafo, hacer cuatro columnas; titularlas: (1) Pasaje de la vida de Jesús; (2) Muchacho drogadicto; (3) Mamá con tres hijos pequeños a quienes educar; (4) Anciano jubilado, abandonado por sus hijos.
- Leer las citas y escribir en las columnas: según cada pasaje, cómo salva Jesús a esa persona en su situación de vida.

3 En sesión plenaria:

- Presentar el trabajo en común.
- Invitar a enriquecer la reflexión, identificando otras maneras como Jesús da vida nueva a personas en esa situación, a través de sus acciones.
- Comentar su experiencia de esta actividad.

CELEBRAMOS NUESTRA FE

Escuchando y respondiendo a Jesús

1 Crear ambiente de oración.

2 Proclamar 1 Samuel 3, 3-10. 19.

3 Hacer la siguiente meditación; hacer una pausa después de cada pregunta:

- ¿Qué tan alerta estás para reconocer la voz de Dios que te pide que seas su profeta y lleves su salvación a otras personas, en particular a quienes sufren y necesitan su amor, compasión y perdón?
- ¿Cuándo has sentido el poder de Dios para ser instrumento de vida nueva para otra persona?

4 Proclamar Juan 1, 35-42.

5 Continuar la meditación:

- ¿Quiénes te han llevado hacia Jesús y, de esa manera, te han dado el regalo más grande que puedes recibir en la vida?
- "¡Vengan y lo verán!", dijo Jesús. ¿Qué es lo que más te atrae de Jesús?
- ¿Cómo te encuentras con Jesús en las demás personas?
- ¿Has escuchado bien a Jesús últimamente? ¿Cómo le has respondido?

6 Invitar a hacer algunas oraciones espontáneas, que nazcan de las reflexiones de hoy. Todos responden: "¡Escucha nuestra oración!"

ESCUCHAR SIGNIFICA:

- Hacer silencio para poder oír
- Prestar atención para comprender
- Relacionar lo escuchado con lo que sabemos
- Preguntar lo que no se entiende
- Replantear lo que sabíamos a la luz de lo escuchado

Tercer Domingo Ordinario

INMEDIATAMENTE LO SIGUIERON

Jonás 3, 1-5. 10 • Salmo 24 (23) • 1 Corintios 7, 29-31 • Marcos 1, 14-20

EMPIEZA TU DIÁLOGO CON JESÚS

—Jesús, no veo lógico que tan pronto proclames tu evangelio invites a la gente a seguirte.

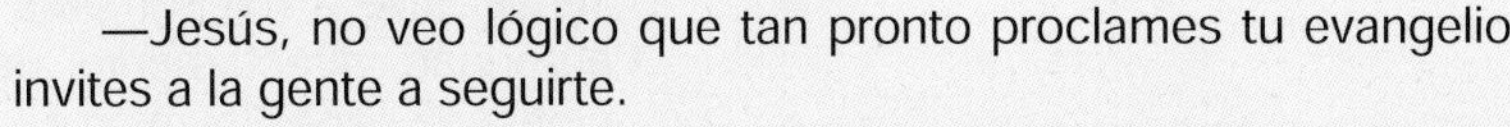

—Eso hago muchas veces. Además, así lo presenta Marcos, ya verás por qué. Dime, ¿qué significa para ti seguirme?

+ SEGUIRTE ES

—Está bien. ¿Crees que es posible dejar todo lo que uno tiene y suele hacer para seguirme?

+ ¡ESO SÍ QUE ES DIFÍCIL! PIENSO

—¡Okey! Abre tu corazón a nuestro diálogo de hoy, pues a ti también te estoy pidiendo que me sigas y que prediques la urgencia del Reino.

CONTINÚA ORANDO DESDE TU CORAZÓN

¡Venga a nosotros tu Reino!

Señor Jesús,

En el "Padre Nuestro" rezamos "Venga a nosotros tu Reino". Y sé que para eso a nosotros nos toca responder a tu llamado, proclamar e invitar en tu nombre.

GRACIAS POR HABERME INVITADO A SEGUIRTE, EN ESPECIAL PORQUE

LO QUE ME HACE MÁS FELIZ DE LA BUENA NUEVA DEL REINO ES

Y LO QUE ME ENTUSIASMA MÁS DE COLABORAR EN TU MISIÓN ES

AYÚDAME A SEGUIRTE MEJOR; ME CUESTA MUCHO TRABAJO

Y

FORTALÉCEME ANTE MI MISIÓN, EN ESPECIAL

Te amo y quiero servirte de la mejor manera posible. Amén.

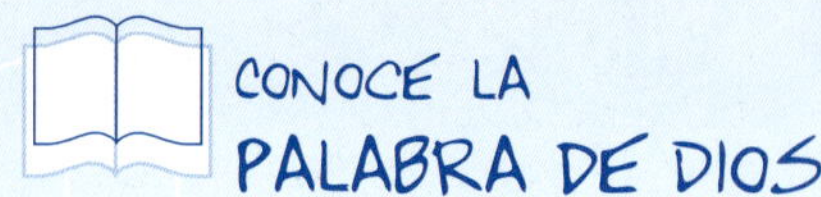

Leer Marcos 1, 14-20

+ ¿CÓMO RESPONDIERON LOS PESCADORES A LA INVITACIÓN DE JESÚS?

En los pasajes anteriores, Jesús es presentado por Juan el Bautista y después, desde el cielo, por el Padre. Ahora —superadas las pruebas que pasó en el desierto— al reconocer su identidad como Hijo y enviado de Dios, Jesús empieza a presentarse a sí mismo.

Elige Galilea, una región de Israel, que era famosa por no haber producido profetas. Ahí Jesús realiza dos acciones muy importantes:

- Se presenta como profeta y proclama la llegada del reino de Dios, anunciado en las profecías mesiánicas.
- Señala los requisitos para pertenecer a este Reino: la conversión y la fe en la buena nueva que está anunciando él.

Para iniciar su misión profética y tener discípulos que lo ayuden, Jesús llama a unos pescadores y los invita a cambiar su profesión para ser "pescadores de hombres". No les explica qué significa este cambio, sino que los invita a seguirlo, a tener una relación con él; ahí descubrirán el significado de su misión.

La manera en que Jesús llama a los pescadores refleja la iniciativa y autoridad de Dios al llamar a sus profetas para realizar una misión especial en favor de su pueblo. La fe en él y en lo que proclama les permite dejar su estilo de vida y decidirse a seguirlo.

Ante un llamado poderoso, una respuesta sin titubeo

Jesús llama a sus primeros discípulos con autoridad, directamente. Basta con mencionar su causa, el reino de Dios, para que ellos lo sigan de inmediato. ¿Por qué es tan poderoso su llamado?

El reino de Dios trae unidad, amor, justicia y paz, algo que toda persona desea, sobre todo quien sufre marginación, opresión y violencia. Los requisitos son sencillos y exigentes; factibles y desafiantes a la vez: Jesús sólo pide que adquiramos una visión distinta de la vida, caminemos con él y asumamos su misión.

¡Qué falta hacen los discípulos de Jesús para implantar los valores del Reino en la sociedad actual! Si titubeamos y no nos animamos a seguirlo, nos quedamos sin el tesoro del reino de Dios.

¿Qué tal vas en tu seguimiento de Jesús y en tu misión de llevar a otros jóvenes a Jesús? Las dos acciones van juntas, así lo dijo Jesús: "Vengan conmigo y los haré pescadores de hombres" (Mc 1, 17). ¡Vayamos a Jesús y dejémonos enviar por él!

Ángel Herrera Oria (1886-1968)

El obispo del diálogo

Ángel nació y vivió en España. Estudió leyes y fue un discípulo apasionado de Jesús.

Su primer llamado fue colaborar en la construcción del reino de Dios, como periodista y líder cívico. Organizó varias asociaciones juveniles y estudiantiles; fundó la Asociación Católica Nacional de Propagandistas, una escuela universitaria de periodismo, la Editorial Católica y el diario El Debate, que dirigió durante 22 años.

Su fe y compromiso hacia los pobres y marginados lo convirtieron en un escritor audaz del evangelio desde la perspectiva social. En la década anterior a la guerra civil española (1936-1939) y a la terrible persecución a la Iglesia católica, Ángel se distinguió por su liderazgo político: ayudó a fundar el partido de Acción Nacional, después llamado Acción Popular, del que fue su presidente.

En 1933, Dios lo llamó a servir como presidente de la Acción Católica y tuvo que dejar El Debate. Tres años después, fue llamado al sacerdocio; se ordenó a los 54 años.

Su sacerdocio lo llevó a realizar la misión de Jesús en las estructuras eclesiales. Le fueron asignadas varias misiones diplomáticas entre la Iglesia y el Gobierno. Consagrado obispo de Málaga, aplicó la doctrina social del papa León XIII en su diócesis y fundó más de doscientas escuelas-capilla rurales, para jóvenes analfabetos.

Por su amplia experiencia, autenticidad cristiana y habilidad diplomática, el papa Pablo VI lo nombró su asesor, como obispo del diálogo. A los 75 años el Papa aceptó su renuncia y cinco años después lo nombró cardenal. Fue declarado Siervo de Dios por su testimonio de la fuerza del evangelio y por la manera como respondió a los grandes desafíos de su época.

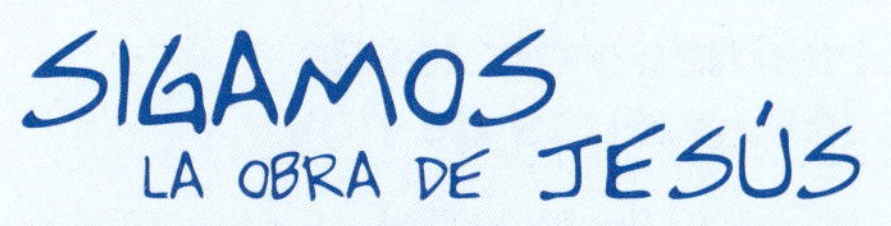

Escuchando su llamado y disponiéndonos a seguirlo

Jesús nos llama a seguirlo y a continuar su misión; en esto consiste ser pescadores de hombres. Sus primeros discípulos le respondieron desde su oficio de pescadores; Ángel, desde su profesión de abogado. ¿Cuál ha sido la historia de tu llamado, y a qué te invita Jesús hoy día?

+ ESCRIBE TRES LLAMADOS DE JESÚS A SEGUIRLO Y A SER PESCADOR/A DE PERSONAS:

(1) ____________________

(2) ____________________

(3) ____________________

+ ¿CÓMO HAS INTEGRADO EL LLAMADO DE JESÚS EN TU DESARROLLO PERSONAL?

____

____

____

En silencio, platica con Jesús sobre tu llamado.

+ JESÚS, PIENSO QUE EN GENERAL TE HE RESPONDIDO ____________________

____

+ SIENTO QUE HOY ME LLAMAS A ____________________

____

Y QUE MI RESPUESTA ES ____________________

____

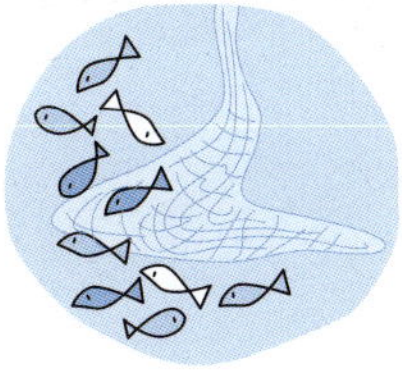

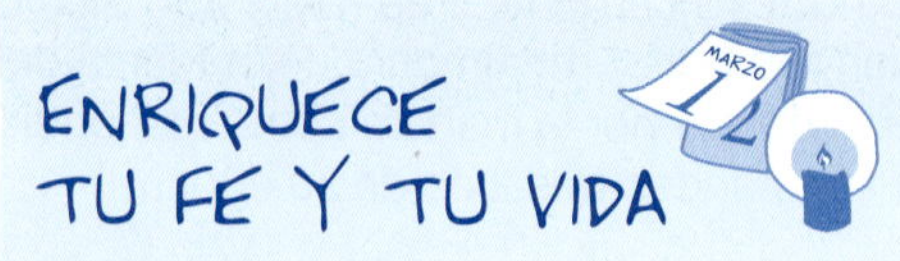

El llamado de Jesús a los jóvenes de hoy

El proyecto del reino de Dios es para siempre. Por eso Jesús hace llamados nuevos a cada generación, desde su realidad personal y como pueblo hoy llama a los jóvenes a:

- Dar sentido a su vida, en un ambiente de globalización y transformación en todas las áreas de la vida, respondiendo con alternativas más humanas.
- Ser amados y poder amar, en medio de las tensiones y desafíos propios de una época de grandes cambios, ayudando a crear una sociedad más solidaria.
- Vivir bien sus relaciones humanas, tanto presenciales como a través de la Internet.
- Elegir su proyecto de vida a la luz de evangelio, para ser constructores de la Civilización del Amor.
- Integrar todas las dimensiones de su ser como un don, con atención especial a su inteligencia, voluntad, afectividad y sexualidad.
- Optar por una carrera o profesión desde la cual colaboren en la construcción del Reino.
- Ocupar su lugar en la Iglesia y en la sociedad, para cumplir con su misión de bautizados.
- Discernir su misión en la historia, para darle dirección según el corazón de Dios.

Todos estos llamados nos forman como personas al ayudarnos a crecer como hijos/as de Dios. Pero no sólo Jesús nos llama; miles de experiencias, acontecimientos y personas nos atraen, provocando anhelos y necesidades, estimulando los sentidos e invitándonos a escoger lo que nos agrada.

Ante las distintas alternativas y lo que nos atrae como imán, hay que preguntarse: ¿lo elijo porque me gusta, me apetece, me es impuesto, me manipulan..., o me hace mejor persona y discípulo/a de Jesús?

Esta pregunta es tan válida a nivel personal, como de pueblo joven, de la generación que tiene en las manos crear un futuro mejor. Si al responderla vemos que nos lleva a vivir el reino de Dios y a construirlo, vamos por camino seguro. Si no es así, hay que repensar nuestra opción o respuesta.

Sobre el llamado de Jesús

Biográfica y sicológicamente es muy difícil quelos cuatro primeros discípulos hayan seguido a Jesús, sin conocerlo (Mc 1, 14-20). Lo que pasa es que Marcos no guía su evangelio por la cronología, sino que realza la importancia de la unión de los discípulos con Jesús.

Presenta su llamado al iniciar Jesús su misión, para indicar que siempre la realiza con sus discípulos. De hecho, sólo dos veces no aparecen los discípulos con Jesús: cuando los envía de dos en dos a la misión (Mc 6, 7-30) y cuando ora solo en Getsemaní (Mc 14, 32-42).

¿Qué mensaje te da Marcos al enfatizar así la unión entre Jesús y sus discípulos? ¿Qué te sugieren las dos ocasiones en que los discípulos no aparecen con Jesús?

EL PLAZO SE HA CUMPLIDO.
EL REINO DE DIOS ESTÁ LLEGANDO

Mc 1 15

ENCARNEMOS EL MENSAJE DE
JONÁS 3, 1-5. 10

Para ayunar como a Dios le agrada

1 Leer Isaías 58, 6-7. Hacer una pausa después de cada renglón, para escribir cómo has realizado esa acción y cómo podrías realizarla en el futuro.

2 Responder estas preguntas:

+ ¿POR QUÉ DIOS ORDENÓ A JONÁS IR A NÍNIVE Y QUÉ TENÍA QUE ANUNCIAR?

+ ¿CÓMO REACCIONARON LOS NINIVITAS?

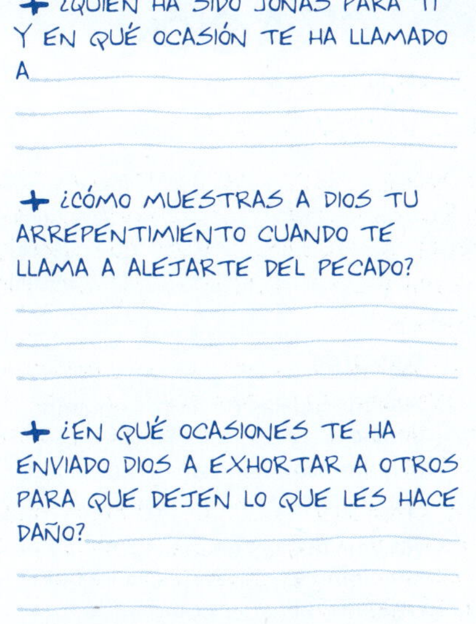

+ ¿QUIÉN HA SIDO JONÁS PARA TI Y EN QUÉ OCASIÓN TE HA LLAMADO A

+ ¿CÓMO MUESTRAS A DIOS TU ARREPENTIMIENTO CUANDO TE LLAMA A ALEJARTE DEL PECADO?

+ ¿EN QUÉ OCASIONES TE HA ENVIADO DIOS A EXHORTAR A OTROS PARA QUE DEJEN LO QUE LES HACE DAÑO?

+ ¿HAS ACEPTADO ESTA MISIÓN? ¿POR QUÉ?

¿SABÍAS QUE...

La conversión y la fe, dos requisitos del reino de Dios

Los profetas denunciaban los rituales de reconciliación que carecían de significado y que no se reflejaban en la vida. Urgían al cambio interior y a la corrección de vida personal y como pueblo.

Convertirse es "volver la vida a Dios", de quien venimos y a quien vamos; es buscar su rostro, reconocerse como su hijo/a amado/a, centrar el corazón en Dios, para así dejar el pecado que daña a la persona y lo ofende a él. Conversión y fe van de la mano:

- Su dimensión interna nos lleva a reconocer a Dios como Señor de la vida, ver que hemos fallado, arrepentirnos y pedir perdón.
- Su dimensión externa se expresa en acciones, actitudes y estilo de vida, según el corazón de Dios.

Jesús señala que la conversión es la condición necesaria y continua para quienes buscan el reino de Dios y su justicia (Mt 6, 33). Esto quiere decir: llevar la vida según la nueva ley del amor, y encausarla cuando se abandona ese camino. ¿Qué bienes desea Dios para nosotros, a través de nuestra conversión?

Tus huellas queremos seguir y huellas queremos dejar

Coro

Jesús, tus huellas queremos seguir
y huellas queremos dejar
que cuando otros jóvenes las sigan,
al Reino se sientan llegar.

Izquierda

Hoy tus huellas de amor seguimos
y huellas de cariño dejamos,
al haber sido compañeros de aquel
que estando solo, se aburría.

Hoy tus huellas de maestro
seguimos y huellas de discipulado
dejamos, al haber compartido tu
enseñanza a quien desorientado
se encontraba.

Derecha

Hoy tus huellas de salvador
seguimos y huellas de liberación
dejamos, al haber llevado hacia tu
gracia a quien la opresión mataba.

Hoy tus huellas de justicia
seguimos y huellas de dignidad
dejamos, al haber considerado
hermano a quien discriminado
estaba.

Coro

Izquierda

Hoy tus huellas de generosidad
seguimos y huellas de solidaridad
dejamos, al haber compartido
lo nuestro con quien empobrecido
se hallaba.

Hoy tus huellas de caminante
seguimos y huellas de peregrinos
dejamos, al haber mostrado
el camino a quien con anhelo
te buscaba.

Derecha

Hoy tus huellas de médico
seguimos y huellas de sanación
dejamos, al haber entregado tu
gracia a quien herido y enfermo
clamaba.

Hoy tus huellas de sacerdote
seguimos y huellas de entrega
dejamos, al haber ofrecido la vida
a todo hermano y hermana.

Coro

Izquierda

Hoy tus huellas de profeta
seguimos y huellas de esperanza
dejamos, al haber mostrado tu
alianza a quien fidelidad reclamaba.

Hoy tus huellas de servidor
seguimos y huellas de humildad
dejamos, al haber el poder ejercido
por el bien del necesitado.

Derecha

Hoy tus huellas de justicia
seguimos y huellas de dignidad
dejamos, al haber mostrado tu
alianza a quien fidelidad reclamaba.

Hoy tus huellas de servidor
seguimos y huellas de humildad
dejamos, al haber el poder ejercido
por el bien del necesitado.

Coro

ACTIVIDAD COMUNITARIA

Seguimiento, misión y vida son un trío inseparable

1 Formar grupos pequeños. Leer Jeremías 16, 14-16; Ezequiel 74, 8-10 y Marcos 1, 14-20; reflexionar:

- ¿Qué paralelos tiene la imagen de ser pescadores de hombres en estos pasajes?
- ¿Cómo se relaciona el texto de Marcos con la misión de Jonás y la conversión de Nínive?

2 En silencio, leer el comentario "El llamado de Jesús a los jóvenes de hoy", p. 34, y reflexionar:

- ¿Cuáles son los dos llamados de Jesús en el evangelio que te atraen más?, ¿por qué?
- ¿Cómo puedes promover el reino de Dios al seguir esos llamados?
- ¿Qué llamados de la sociedad, contrarios al querer de Dios, te atraen más?, ¿por qué?

3 En el grupo pequeño, reflexionar:

- ¿Qué llamados de la sociedad, contrarios al querer de Dios, atraen más a la juventud y por qué? ¿Qué efectos tiene eso para el pueblo joven y la sociedad en general?
- Como discípulos misioneros, ¿qué llamados hay que hacer con más fuerza a la juventud actual y cómo es mejor hacerlos?

4 En sesión plenaria, compartir algunos mensajes importantes que recibieron en la sesión de hoy.

CELEBRAMOS NUESTRA FE

Siguiendo las huellas y dejando las huellas de Jesús

Preparación

Llevar dos huellas de pisadas recortadas en papel, por persona: una amarilla y otra verde. Colocar en el altar una copia de la ilustración que se presenta abajo.

Celebración

1 En parejas, meditar con el salmo "Jesús, tus huellas queremos seguir...", p. 36:

- Orar los dos juntos con el coro.
- Leer dos versos y una persona comparte brevemente un testimonio relacionado con ellos.
- Orar con el coro juntos, y seguir el proceso, alternando los testimonios, por 15 minutos.

2 Repartir las huellas. Escribir en la amarilla la invitación que les hace Jesús, y en la verde la buena nueva que más desean transmitir a otros jóvenes.

3 Formar dos grupos y proclamar a dos voces el salmo.

4 Terminar entonando en voz baja una canción sobre el seguimiento a Jesús, mientras cada quien pasa a dejar sus huellas en el altar, como signo de su disposición a seguir a Jesús.

JESÚS PUEDE HACERNOS VERDADERAMENTE LIBRES

Deuteronomio 18, 15-20 • Salmo 95 (94) • 1 Corintios 7, 32-35 • Marcos 1, 21-28

EMPIEZA TU DIÁLOGO CON JESÚS

—Jesús, ¡eso de la libertad es complicado! Dices que tú nos puedes hacer verdaderamente libres, pero nos exiges vivir de cierta manera. ¿Cómo es eso?

—Lo que sucede es que tú serás libre si escoges el camino del bien. Dime, ¿de qué males te he librado o liberado en tu vida?

✚ TU PODER ME HA LIBERADO DE

Y

—¿Qué espíritus impuros o fuerzas del mal te he ayudado a vencer?

✚ HE SENTIDO TU ACCIÓN, LIBERÁNDOME DE

Y

—¿Qué miedos y frustraciones has vencido con mi ayuda?

✚ TU PODER ME HA AYUDADO A

Y

—¿Ves más claro? Cuanta más libertad interior tienes, más amplios son tus horizontes para vivir y hacer el bien.

CONTINÚA ORANDO DESDE TU CORAZÓN

Jesús, ¡libérame de todo mal interior!

JESÚS, SÉ QUE HAS VENIDO A LIBERARME DE ESPÍRITUS IMPUROS. TÚ ME CONOCES, PERO QUIERO PEDIRTE DE CORAZÓN QUE ______

LIBÉRAME DE ______ QUE ME EVITA AMAR COMO TÚ.

QUÍTAME EL MIEDO A ______ QUE NO ME DEJA.

AYÚDAME A REDIRIGIR MI TENDENCIA A ______
QUE ME IMPULSA A ______

Hazme libre, Jesús, para caminar contigo siempre y construir contigo un mundo mejor para mí y para quienes vengan después que yo.

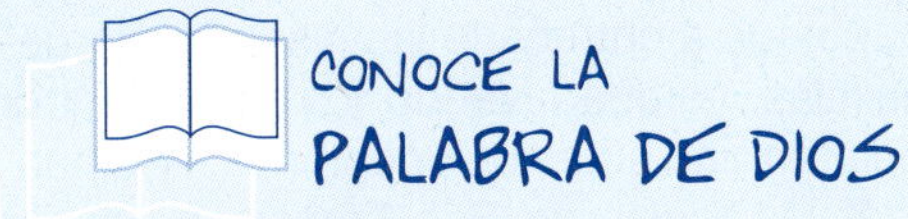

Leer Marcos 1, 21-28

+ ¿QUÉ TE IMPACTA DE ESTA SANACIÓN?

Jesús entra a la sinagoga y empieza a enseñar. Marcos relata que Jesús tiene más "autoridad" que los maestros de la ley (v. 21).

El hecho de que el espíritu impuro del hombre se inquiete y le hable a Jesús, indica que reconoce el origen del poder de Jesús. La autoridad con que habla y actúa revela el poder de Dios en Jesús, del reino de Dios que se hace presente como dominio sobre el mal y de la liberación integral de la persona, capacitándola para reconocer a Dios como su Señor.

Los primeros en experimentar una liberación integral de sus prejuicios y "demonios" son los apóstoles, a través del contacto diario, la relación de intimidad y la oración con Jesús. Ellos conocen cuál es la voluntad del Padre y la misión a la que son llamados.

ENRIQUECE TU FE Y TU VIDA

Para ser libres nos ha liberado Cristo

En general, no nos gusta hablar ni del mal ni de los espíritus impuros o "demonios", pero todos sentimos su acción dentro de nosotros. La razón puede ser que nos cuesta reconocer nuestra condición humana y luchar contra los "demonios" y los ídolos.

También puede ser que prefiramos hablar de los aspectos positivos de nuestra relación con Jesús. Sin embargo, es vital reconocer el poder que tienen las fuerzas del mal y nombrarlas, para poder vencerlas con la ayuda de Dios.

En la Sagrada Escritura, en la literatura religiosa y en algunos ambientes de la sociedad, es común llamar "demonios personales", a los impulsos al mal que se dan en nuestro interior. Reflexiona:

- ¿En qué momentos has experimentado que Jesús ejerce en ti una fuerza real de liberación cuando te sientes atraído por el mal?
- ¿De qué medios o signos se valió Jesús para que te dieras cuenta de que él fue quien te ayudó a ser más libre?

¡Qué grande es la libertad! ¡Qué peso tan terrible es la esclavitud y la opresión!

Con San Pablo, repite varias veces: "Para ser libres nos ha liberado Cristo". Intensifica tu relación con Jesús y gozarás cada vez más de una libertad interior que te dará mucha paz y te llenará de gozo, al usarla bien.

San Buenaventura (1217-1274)

Doctor de la Iglesia, "el Doctor Seráfico"

Buenaventura nació en Italia y fue muy amigo de San Francisco de Asís. Entró a la orden franciscana, donde compaginó la sencillez y pobreza a la que invitaba Francisco con el rigor académico de la teología escolástica, de la cual San Buenaventura y Santo Tomás de Aquino son sus más excelsos exponentes.

Su teología y espiritualidad enfatizaban a Cristo como el sol que ilumina el alma, el centro de todo lo creado. Enseñaba que el cristiano alcanza su perfección al hacer bien sus tareas cotidianas, siendo así posible encontrar a Dios en todas las cosas.

Fue Superior General de los Franciscanos en una época muy difícil, pues se habían formado dos bandos: unos querían que se llevara rigurosamente la regla compuesta por San Francisco de Asís, y otros que se redujeran las exigencias. Buenaventura logró contener los excesos de ambos lados, reafirmando el testimonio espiritual de Francisco, por lo que se le reconoce como el segundo fundador de la Orden.

Fue nombrado cardenal obispo de Albano por el papa Gregorio X, quien le encargó la preparación del Concilio Ecuménico de Lyon, junto con Santo Tomás de Aquino. El Concilio logró la unidad con los griegos ortodoxos, pero sólo por breve tiempo, pues el bajo clero y el pueblo griego se opusieron a ella.

Buenaventura siempre ejerció su autoridad con caridad y bondad, teniendo presente el bien de la comunidad como una prioridad. La oración y la humildad fueron clave en su vida. Cuando la delegación papal fue a entregarle las insignias cardenalicias, estaba lavando los platos, labor que terminó antes de aceptarlas. Al actualizar las reglas de San Francisco, insiste en que los superiores deben tratar a sus hermanos con caridad y bondad, porque son los siervos de ellos.

SIGAMOS LA OBRA DE JESÚS

Liberándonos de los espíritus impuros

Jesús puso su autoridad al servicio de las personas, para liberarnos del mal. De lo contrario, la autoridad no engendra la vida que proviene de su autor ni libera del mal, como él desea, sino que se convierte en tiranía o abuso del poder.

El centro de su enseñanza y de la vida de San Buenaventura fue Cristo, quien nos da a conocer el fin último de todo lo creado. Se mantuvo siempre al servicio de los demás, para que encontraran la verdadera libertad en Cristo.

+ ¿DE QUÉ ESCLAVITUDES O ESPÍRITUS IMPUROS NECESITAS QUE JESÚS TE LIBERE? ______, ______, ______

+ ¿QUÉ OBSTÁCULOS A LA OBRA LIBERADORA DE JESÚS ENCUENTRAS EN:
TI MISMO/A ______, ______
TU FAMILIA ______, ______
TU COMUNIDAD DE FE ______, ______
TUS AMIGOS ______, ______
TU AMBIENTE DE TRABAJO ______, ______

+ DESCUBRE ENTRE ESOS OBSTÁCULOS LA VOZ PROFÉTICA DEL JESÚS QUE TE INVITA A LIBERARTE. ¿CÓMO PUEDEN CONVERTIRSE EN OPORTUNIDADES DE CRECIMIENTO ESPIRITUAL PARA TI? ______

+ ¿CÓMO PUEDES AYUDAR A OTROS JÓVENES PARA QUE IDENTIFIQUEN LOS ÍDOLOS QUE LOS ESCLAVIZAN? ______

¡Cállate y sal de ese hombre!

Jesús enfrenta y expulsa al espíritu inmundo que poseía al hombre en la sinagoga (Mc 1, 21-28). Para ello, hay que reconocer primero la soberanía y el poder de Jesús, el Hijo de Dios.

Jesús no se va con medias tintas ante el espíritu del mal. Le da una orden clara y concisa: "¡Cállate y sal de ese hombre!" (v. 25).

Jesús te ayuda a reconocer y a admitir que tienes "espíritus impuros" en tu corazón, impulsos a obrar en oposición a los deseos de Dios. Dialoga con Jesús sobre tus temores y lo que más te dificulta vivir como hijo/a de Dios, como su discípulo/a amado/a. Pídele que haga contigo lo mismo que con el "demonio" del hombre en el evangelio de hoy. Que les diga: "¡Cállate y sal de ahí!" Y acepta su obra liberadora en ti.

Es urgente llevar la palabra liberadora de Jesús a otros jóvenes. Tenemos que darle lugar a Jesús en nuestra vida, para poder luchar contra nuestras inclinaciones al mal y vencerlas. Así seremos profetas de un mundo nuevo, los profetas del Dios de Jesús, quienes hablan y son testimonio del actuar de Dios en cada uno de nosotros y en el mundo.

Libérame, Jesús, libérame

Libérame, Jesús, del espíritu de
la soberbia, que no me lleve a
ignorar mis debilidades y defectos
ni a despreciar a otras personas.

Libérame, Jesús, del espíritu de
la avaricia, que no guíe mi vida sólo
hacia el ganar y tener más, y destruya
en mí todo deseo de generosidad.

Libérame, Jesús, del espíritu de
la lujuria, que no sucumba ante la
tentación del gozo libertino y pasajero
de mi sensualidad y sexualidad.

Libérame, Jesús, del espíritu de la ira,
que no reaccione con rabia, odios,
enojos y violencia ante personas
y adversidades que me hieren o se
oponen a mis deseos.

Libérame, Jesús, del espíritu de
la gula, que me hace dependiente de
bebidas, drogas y comidas, al grado
de enfermarme, convertirlas en vicio
o caer en adicciones.

Libérame, Jesús, del espíritu de
la envidia, que resiente las cualidades,
bienes y logros de otras personas
y me cierra al amor.

Libérame, Jesús, del espíritu de
la pereza, que me impide trabajar en
mi desarrollo personal, mi crecimiento
cristiano y la construcción del reino
de Dios.

Libérame, Jesús, de mis tendencias
al mal, para que te siga cada vez más
de cerca y colabore mejor en tu misión
liberadora, en particular entre
la juventud. Amén.

LA RANITA DEL TERRAPLÉN

UN CUENTO DE LOS INDIOS MAPUCHES ARGENTINOS

Vivía nuestra ranita en una ciudad grande. Pero de la ciudad sólo conocía el arrabal donde había nacido; era justamente la parte baja que las lluvias anegaban periódicamente. Por allí las máquinas de la municipalidad casi no venían. Las cunetas estaban siempre llenas de agua; las baldosas de las veredas, al estar sueltas, solían jugar malas pasadas a los que caminaban por ellas; y los zócalos de las casas se descascaraban un poco por todos lados a causa de la humedad.

No es que no amara su barrio, pero aquellos detalles amargaban a la ranita, que prestaba mucha atención al ambiente que la rodeaba. Tenía algo de soñadora. Y lo sórdido de las cunetas, zócalos y veredas terminó por resultarle insoportable. Su descontento tenía algo de contagioso, y creaba ese clima a su alrededor. Porque hay que reconocer que su alma de poeta tenía la rara cualidad de comunicarse y transmitir sus sentimientos.

Muchas veces había escuchado comentar la hermosura de las grandes ciudades, con calles prolijas, plazas cuidadas y avenidas arboladas. Estas descripciones no hacían más que aumentar su disgusto por todo lo desagradable que veía continuamente a su alrededor. Y como les suele pasar a los soñadores, comenzó a polarizar sus sentimientos. Todo lo desagradable, molesto y prosaico decidió que se había dado cita en su ciudad natal. Mientras que todo lo lindo, lo armonioso y elegante debía de encontrarse en la ciudad ideal que comenzó a imaginarse, como existente en algún lugar.

Por la parte baja de su barrio cruzaba justamente el ferrocarril. Allí las vías circulaban sobre un alto terraplén que, a varios metros de altura, amurallaba el horizonte impidiendo ver todo lo que quedaba del otro lado. Y nuestra ranita decidió, vaya a saber uno por qué, que justamente detrás del terraplén debía de estar la ciudad magnífica de la que tanto le habían hablado. Y fue tal su convicción que decidió trepar el terraplén a fin de gozar de la visión de aquella ciudad tan distinta de la suya.

El trabajo fue muy arduo, porque nuestro animalito no tenía experiencia de salto en alto; sólo conocía el salto en largo. Pero estaba de Dios que lo lograría, porque

Dios ayuda al que se esfuerza. Y la ranita alentaba su esfuerzo con el enorme deseo que tenía de ver la ciudad de sus sueños. Y finalmente llegó a la cumbre del terraplén.

Pero no vio nada. El riel de hierro de una cuarta de altura le cortaba todo el campo visual de izquierda a derecha en kilómetros de distancia. Por más que ensayó nuevos saltos, nada logró ver. Pero no se dio por vencida. Se dio cuenta de que su posición horizontal dejaba sus ojos por debajo del nivel de las vías. Otra cosa sería que optara por la postura vertical. Y con un enorme esfuerzo, finalmente se paró sobre sus patitas y con las manos apoyadas sobre el hierro extendió su vista en lontananza.

Lo que vio la dejó admirada. Realmente no lo hubiera esperado. Una hermosísima ciudad se presentó ante sus ojos. Más allá de los barrios bajos se abrían hermosas avenidas, casas de varios pisos, calles rectas y limpias. Las plazas eran una belleza, y el río brillaba más allá enmarcando la ciudad. Embelesada, la ranita se dijo a sí misma: "Verdaderamente, ésta sí que es una ciudad magnífica. La mía no tiene comparación con ésta que estoy viendo. Desde hoy me voy a vivir a la ciudad de calles rectas y de plazas arboladas".

Pero en realidad la ranita al ponerse en vertical no había visto lo que estaba delante de ella, sino lo que había dejado a sus espaldas. Porque las ranas no tienen sus ojos delante de su cara, sino encima de su cabeza. Y al ponerse en vertical, lo que había descubierto era su propia ciudad, la que había dejado tras de sí al subir al terraplén. Sólo que esta vez había tenido la oportunidad de verla desde la altura y en plenitud. Pero era su misma ciudad natal, de la que ahora lograba ver detalles que no conocía. O mejor dicho: antes había conocido de ella sólo ciertos detalles. Justamente los más cercanos y quizá los más prosaicos.

Entusiasmada con lo que había descubierto decidió bajar hacia la ciudad nueva. Y en realidad lo que hizo fue simplemente descender hacia su propia ciudad de siempre. Pero ahora llevaba en los ojos y en el corazón una visión distinta, una visión de plenitud y de armonía totalizadora.

Al llegar a las primeras cunetas de la ciudad se reencontró con los mismos detalles prosaicos de siempre: las baldosas sueltas y los zócalos descascarados, sólo que ahora los veía con ojos distintos, mientras se decía: "¡Bah! Éstos son sólo pequeños detalles molestos de una magnífica ciudad".

Y desde entonces la ranita comenzó a ser feliz. Y como ella lo transmitía, los demás comenzaron a ser felices a su lado. Lo que es la manera más auténtica de ser felices.[1]

ACTIVIDAD COMUNITARIA

Necesidades de liberación en la ranita y en la juventud actual

1 Formar cinco grupos pequeños Analizar el cuento de la ranita: ¿Qué "espíritus del mal" le impedían crecer, gozar la vida y hacer el bien?

2 Asignar a cada grupo una dimensión de la realidad. Identificar los principales "espíritus del mal" de los que necesitan que los libere Jesús, para vivir esa dimensión de su vida con la mayor plenitud posible:

Grupo 1: Desarrollo personal integral como jóvenes cristianos

Grupo 2: Tipo de relaciones interpersonales diversos en la vida cotidiana

Grupo 3: Cultura globalizante, étnica y juvenil que conforma su sistema de valores

Grupo 4: Instituciones sociales, políticas y económicas en que participan

Grupo 5: Vida de fe y participación en la misión de la Iglesia

3 En sesión plenaria:

- Presentar su análisis del cuento y de la dimensión de la realidad que les tocó.
- Invitar a que algunos jóvenes compartan qué aprendieron de la ranita de las pampas argentinas y otros qué aprendieron en el resto de este ejercicio o de la sesión en general.

[JESÚS] ENSEÑABA CON AUTORIDAD, Y NO COMO LOS MAESTROS DE LA LEY

Mc 1 22

CELEBRAMOS NUESTRA FE

Orando por nuestra liberación interior

1 Entrar en procesión, entonando el canto que implore la venida del Espíritu Santo sobre la comunidad.

2 Hacer la siguiente introducción y dar tiempo suficiente para que cada joven escriba su oración personal.

> Hemos reflexionado sobre el poder liberador de Jesús ante el espíritu impuro o impulsos al mal que tenemos en nuestro interior. Hemos dialogado sobre aquello de lo que necesitamos ser liberados para vivir con la mayor plenitud posible. Hemos aprendido de San Buenaventura y de la ranita argentina. Con todo esto en mente, cada quien escriba una estrofa complementaria a la oración de la p. 40.

3 Orar con la oración de la p. 40, asignando cada párrafo a un/a joven diferente. Continuar orando con algunas de las estrofas que cada quien compuso, al estilo de una letanía. Todos responden: "Libéranos, Jesús, libéranos de todo mal".

4 Terminar entonando un canto que hable de la liberación en Jesús o el "Padre Nuestro".

Quinto Domingo Ordinario

COLABORADORES EN LA MISIÓN DE JESÚS

Job 7, 1-4. 6-7 • Salmo 146 (145) • 1 Corintios 9, 16-19. 22-23 • Marcos 1, 29-39

EMPIEZA TU DIÁLOGO CON JESÚS

—Jesús, ¿por qué hay tanto sufrimiento en el mundo?

—Hay muchas razones. La naturaleza humana limitada, tanto en su ser como en sus opciones, decisiones equivocadas, el pecado que ignora a Dios... Piensa tú en otras tres razones.

+ TAMBIÉN SUFRIMOS POR ________, ________ Y ________

—Al conocer mejor la Palabra de Dios y mi misión, comprenderás los deseos de Dios ante las necesidades humanas. Dime tres maneras como puedes tú aminorar algunos problemas de quienes te rodean.

+ PUEDO ________, ________ Y ________

—Piensa ahora en problemas o sufrimientos causados por tus limitaciones y debilidades humanas.

CONTINÚA ORANDO DESDE TU CORAZÓN

Que actúe yo ante los problemas como tú

Señor Jesús,

Enséñame a ver la vida mía y la de los demás como las ves tú, y a obrar en consecuencia.

RECONOZCO QUE A VECES ME NIEGO A VER ________ Y ________

Quiero aprender de ti y ayudar a otros cuando tengan problemas.

VEO QUE PODRÍA AYUDAR A ________ Y A ________

Ayúdame a ser más generoso/a con mi tiempo y mis recursos.

DAME FUERZAS PARA VENCER MI DESIDIA ANTE ________
Y MI EGOÍSMO ANTE ________

Sé tú mi guía y mi fuerza. Amén.

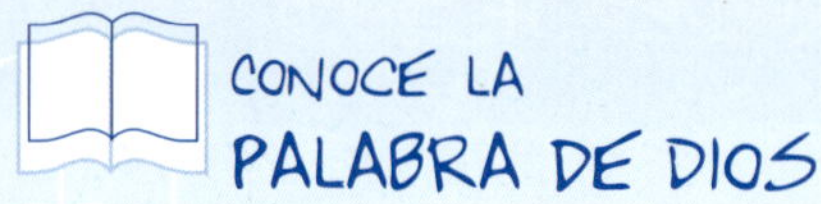

VIVE
LA PALABRA

Leer Marcos 1, 29-39

+ SEGÚN ESTE TEXTO, ¿CÓMO ACTÚA JESÚS EN SU VIDA EN FAVOR DE LAS PERSONAS?

Las multitudes buscan a Jesús para encontrar alivio y solución a su dolor, y él se convierte en consuelo de muchos, con su amor especial a los corazones heridos. Jesús nos muestra su compasión sanando a la suegra de Simón (Pedro). Su gesto extraordinario, le regresó la salud. Ante el poder y el amor de Dios, manifestado en Jesús, ella se dispone a transmitir su felicidad, poniéndose al servicio de los demás.

Jesús sigue atareado, sanando enfermos y echando demonios, hasta que necesita retirarse a orar, para fortalecer su fe y su esperanza ante tanta necesidad. No se queda en un solo lugar, sino que se desplaza de un pueblo a otro, para cumplir su misión de predicar la Buena Noticia y de aliviar al ser humano de sus aflicciones (Mc 1, 38-39).

La confianza en Jesús tiene su recompensa

El evangelio contrasta fuertemente con la primera lectura, que es parte de la oración angustiosa de Job (Job 7, 1-4. 6-7). Job tiene la confianza de decirle a Dios lo que siente, con toda su intensidad, pero aún no ha encontrado el consuelo que tendrá cuando cambie su actitud (38 – 42).

En cambio, la suegra de Simón es curada pronto. Jesús sana los corazones y cura sus heridas. ¡Estas bendiciones son parte importante de la Buena Noticia de la presencia de Jesús entre nosotros!

Nosotros también podemos sanar corazones heridos, cuidar a los enfermos y ayudar a su sanación. En general, no podemos expulsar demonios, pero sí rechazar el mal e invitar a que otros hagan lo mismo. ¡Ser cristianos es ser colaboradores en la obra de Jesús, capaces de extender sus bendiciones a quienes sufren y necesitan su amor!

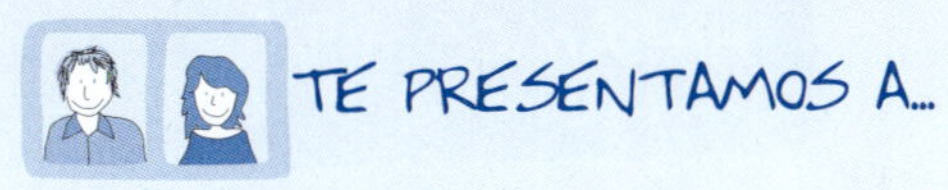

Edel Quinn (1907-1944)

Misionera laica en África

Edel pertenecía a la clase media irlandesa. Fue una joven traviesa, llena de vida, centro de cualquier actividad de diversión.

Desde chica mostró gran capacidad organizativa, espíritu de servicio y habilidad para sacar proyectos adelante. A los 17 años, su familia tuvo un revés financiero y Edel tuvo que trabajar para ayudarla.

Tenía el don de consejo, por lo que su papá la apodó Granny (abuelita). Una religiosa, a quien Edel asesoraba cuando tenía 23 años, da testimonio de su espiritualidad profunda, madurez personal y compromiso en el apostolado de la Legión de María.

A los 25 años, Edel contrajo tuberculosis, pero no dejó sus actividades apostólicas, su buen humor y su servicio a los necesitados. Cuando mejoró, pensó en organizar la Legión de María en Inglaterra, pero le pidieron que ayudara a hacerlo en Nairobi, capital de Kenia, al este de África. A pesar de los desafíos del idioma, el clima y la malaria que contrajo, organizó cientos de grupos de la Legión también en Kenia, Uganda, Malawi, Tanganica y Mauritania.

Aprovechaba sus viajes para orar y meditar, alimentando así su espiritualidad y su energía, hasta que la malaria y la tuberculosis la enviaron al Padre, a los 37 años de edad. Por haber practicado en grado heroico las virtudes cristianas, y por su acción evangelizadora, que logró muchas conversiones, el papa Juan Pablo II le dio el título de Venerable.

¡POBRE DE MÍ SI NO ANUNCIARA EL EVANGELIO!

1 Cor 9 16

SIGAMOS LA OBRA DE JESÚS

Siendo misioneros de su acción salvadora

Jesús cumplió con su misión, predicando, sanando, liberando del mal... hasta sufrir la pasión, morir y resucitar para conseguirnos la salvación eterna. Edel colaboró en la obra redentora de Jesús, organizando grupos de la Legión de María que vivieran y propagaran la Buena Noticia de Jesús. ¿Y tú?

✚ ¿CÓMO DESEA JESÚS QUE CONTINÚES SU MISIÓN HOY EN DÍA? ____________________

✚ ¿VIVES SU MENSAJE DE AMOR LIBERADOR EN TODAS PARTES, O TE LIMITAS A CIERTOS LUGARES? ____________________

✚ ¿HAS APRENDIDO A TRANSMITIR SU MENSAJE DADOR DE VIDA? ¿CÓMO PREFIERES HACERLO? ____________________

✚ ¿CUÁNDO Y CÓMO DIALOGAS CON JESÚS PARA ESTRECHAR TU RELACIÓN CON DIOS Y FORTALECERTE PARA RESPONDER A LA MISIÓN? ____________________

HAGAMOS VIDA
1 CORINTIOS 9, 16-19. 22-23

Para saber qué hacer

1 Leer 1 Corintios 9, 16-19 y terminar la primera frase, en el cuadro a la derecha.

2 Leer los versículos 22-23 y terminar la segunda frase.

3 Reflexionar sobre la pregunta final.

4 Compartir la reflexión.

PARA MÍ, VIVIR Y ANUNCIAR EL EVANGELIO TIENE MUCHA IMPORTANCIA PORQUE ______

YO SIGO EL EJEMPLO DE PABLO DE MANERA ______
PORQUE ______

¿QUÉ TE DICE JESÚS HOY, A TRAVÉS DE LAS PALABRAS DE PABLO? ______

ACTIVIDAD COMUNITARIA

Listos para ofrecer la Buena Nueva de Jesús

Preparación

Llevar suficientes fotos, imágenes o artículos en los periódicos que manifiesten el sufrimiento humano en la vida diaria y en situaciones remotas: divorcio, droga, muerte, guerra, hambre, droga, calamidades, pleitos..., para que cada participante pueda elegir una.

Actividad

1 Colocar todas las imágenes sobre una mesa, en el centro del salón.

2 Invitar a que los jóvenes las observen por unos cinco minutos, en silencio, y escojan en su mente dos o tres con las que se identifican más o con las que son más solidarios. Si el grupo es muy grande, usar dos mesas.

3 Pedir que cada joven recoja una de las imágenes o artículos. En silencio, hacer la siguiente reflexión y tomar notas, para crear su oración en la celebración de la fe, a la que deberán llevar la imagen o artículo que escogieron.

- ¿Por qué me atrajo esta imagen o artículo? ¿Por qué siento simpatía o solidaridad con las personas ahí representadas?
- ¿Se ha tornado ya en fuente de vida para mí y para los demás esa solidaridad que ha despertado Jesús en mi corazón?
- Si no es así, ¿qué me detiene? ¿Qué necesito hacer para seguir mi vocación?
- Si es así, ¿estoy ya transmitiendo la nueva vida a otras personas?, ¿cómo? ¿Lo puedo hacer mejor?, ¿cómo?

4 En grupos de tres o cuatro, compartir su reflexión.

5 En sesión plenaria, invitar a que algunos jóvenes compartan lo que encontraron en común con sus compañeros en el pequeño grupo.

CELEBRAMOS NUESTRA FE

Respondiendo a nuestra vocación evangelizadora

Preparación

Llevar un mapamundi y cinco velas de colores diferentes.

Celebración

1 Colocar un altar en el centro del salón, con la Biblia, un Cristo y el mapamundi con una vela en cada continente.

2 Entrar en procesión silenciosa ante las necesidades espirituales y físicas de las personas. Llevar las imágenes y artículos que usaron en la actividad comunitaria y colocarlos en el altar.

3 Sentarse alrededor del altar e invitar a entrar en espíritu de oración.

4 Proclamar 1 Cor 9, 16-19. 22-23.

5 Conducir la siguiente oración:

Nos unimos a Pablo y a Edel, en su disposición y esfuerzos para responder a la misión que Jesús les encomendó. Empiecen una carta a Jesús en la que le expresen cómo se sienten ante la tarea de ser misioneros de su evangelio en el medio ambiente en que viven.

[Hacer una pausa de cinco minutos, para escribir. Después, continuar la oración.]

Si no han acabado, dejen esa parte de la carta inconclusa y termínenla en su casa. Escriban la segunda parte.

Platiquen a Jesús cuáles son sus anhelos y sus dones más grandes para poner al servicio de la evangelización, y cuáles son los desafíos y miedos que tienen que superar.

[Hacer otra pausa de cinco minutos para escribir.]

6 Invitar a que cada persona doble su carta para que no se pueda leer y a que pase a colocarla en uno de los continentes. Al ponerla, decir una jaculatoria o invocación, en voz alta, por las necesidades de las personas que viven en él. Todos responden: "Señor, llena a tu pueblo con tu inefable amor".

7 Orar a Jesús por los misioneros. Todos responden: "¡Que sepan darles testimonio de ti y llevarles tu salvación!"

- Por los misioneros en Europa, sobre todo por los que tratan de renovar la fe en quienes han perdido de vista a Jesús y el amor a las tradiciones cristianas.
- Por los misioneros en Asia, en especial por los que sirven en áreas en donde los cristianos son una pequeña minoría.
- Por los misioneros en África, sobre todo por quienes realizan su ministerio en áreas de conflicto, enfermedad y gran miseria.
- Por los misioneros en Australia y las islas del Pacífico, en especial por los que sirven a los aborígenes y en áreas de gran diversidad cultural y lingüística.
- Por los misioneros en América, en particular por los que trabajan con los indígenas, los inmigrantes y la juventud en situaciones de riesgo.
- Por nosotros, misioneros en el mundo que nos rodea, para que respondamos con generosidad y valentía a la misión que nos has encomendado en el bautismo.

8 Terminar con la "Canción del Misionero" u otro himno que hable sobre las misiones.

JESÚS NOS SANA Y NOS REINCORPORA A LA COMUNIDAD

Levítico 13, 1-2. 44-46 • Salmo 31 (30) • 1 Corintios 10, 31–11, 1 • Marcos 1, 40-45

EMPIEZA TU DIÁLOGO CON JESÚS

—Hoy platicaremos sobre la pureza ritual y la pureza de corazón, pues hay personas que las confunden, y para mí es vital la pureza de corazón. ¿Qué entiendes tú por estos conceptos?

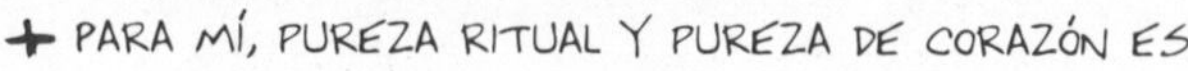

—Ahora dime, ¿por qué crees que insisto yo en la pureza de corazón?

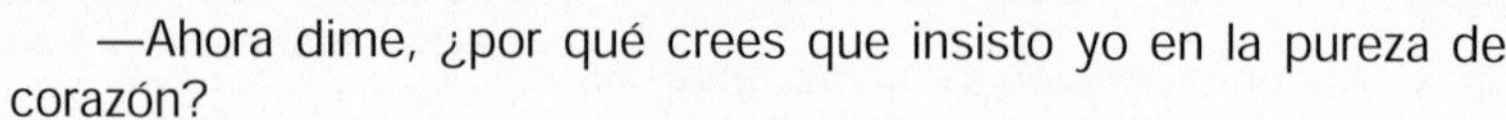

—Okey. Hoy comprenderás mejor las leyes de la pureza ritual en mi tiempo, y en qué consiste la pureza de corazón que pido a mis seguidores. ¡Te gustará!

CONTINÚA ORANDO DESDE TU CORAZÓN

Ayúdame, Jesús, lo necesito

Señor Jesús,

Abre mi mente y dame nobleza de corazón para la reflexión de hoy. Realmente me sorprenden las leyes de pureza ritual que había en tu época.

ENTRE MIS PREGUNTAS, RESALTAN ______________________________

______________________________ Y ______________________________

Y ENTRE MIS REACCIONES, LA MÁS FUERTE ES ______________________________

______________________________ Y ______________________________

Envía tu Espíritu, para que me ayude a entender las exigencias rituales en tu tiempo y el cambio de énfasis hacia la pureza de corazón, para que pueda tener un corazón puro. Amén.

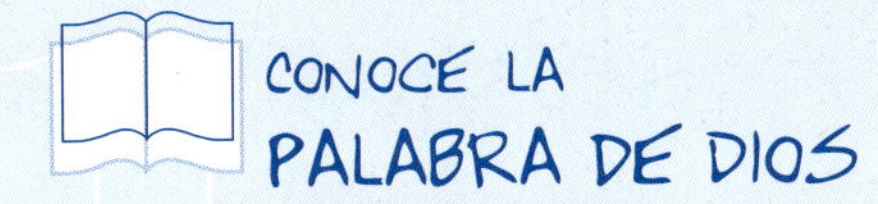

Leer Marcos 1, 40-45

✚ ESCRIBE TRES PARTICULARIDADES EN ESTE MILAGRO ____________, ____________ Y ____________

En época de Jesús se llamaba lepra a las enfermedades contagiosas de la piel, por lo que quienes las padecían debían vivir apartados de la sociedad y no podían ser tocados. Al curar al leproso, Jesús rompe con esta ley.

Además, la lepra era vista como falta de la integridad corporal para dar culto a Dios, y correspondía al sacerdote diagnosticar a una persona como leprosa, confirmar su curación y realizar el ritual de purificación para reintegrarla a la comunidad (Lev 14, 2-31).

Al curar al leproso, Jesús, posibilita que el sacerdote lo declare ritualmente puro. De ahí que lo envíe a él.

La frase "No se lo digas a nadie" puede indicar que vaya pronto al templo, o el "secreto mesiánico" que Marcos menciona varias veces, pues Jesús quiere que vayamos a él sólo porque es fuente de vida auténtica y eterna; no sólo por los milagros. Sin embargo, el leproso estaba tan feliz que compartía su alegría por doquier.

¿SABÍAS QUE...

La pureza ritual tenía funciones importantes en Israel

Las leyes de pureza ritual o cultual eran vitales para el pueblo de Israel y correspondía a los sacerdotes levitas enfatizar su cumplimiento:

- Reglamentaban el culto a Dios, lo concerniente a lo sagrado y lo relativo a la pertenencia a la comunidad santa (Lev 11 – 16).
- Mantenían la identidad del pueblo de Dios frente al mundo pagano, quien no tenía un código de leyes similar.

Estas leyes cultuales eran independientes de las leyes morales.

Había cuatro categorías, según la fuente de impureza:

- los alimentos
- la lepra
- la muerte
- las funciones sexuales

Como las leyes eran tantas y cubrían las funciones sexuales, los ritos de purificación eran indispensables. Los evangelios mencionan varios ritos de purificación, por ejemplo, el de María después del nacimiento de Jesús (Lc 2, 22) y el mencionado en el evangelio de hoy.

La interpretación rígida y fanática de estas leyes por los fariseos motivó palabras muy severas de Jesús. Además, permitió a sus discípulos romper leyes de pureza legal y declaró que todos los alimentos eran puros (Mt 15, 1-20; Mc 7, 1-23); y rompió la ley que prohibía el contacto con los gentiles, aunque este gesto no fue comprendido hasta después (Hch 10). En la segunda lectura del día de hoy, Pablo enfatiza el mensaje de Jesús sobre los alimentos.

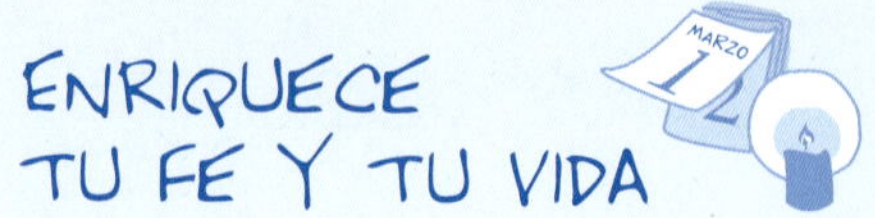

Conoce y valora la pureza moral según el Antiguo Testamento

La ley moral de Israel está contenida en los mandamientos de la alianza entre Dios e Israel. De ellos, tres se refieren a la relación con Dios, y siete, a las relaciones interpersonales (Ex 20, 17; Dt 5, 1-21); ninguno es de índole ritual.

Los sabios enseñan que la pureza moral es la que agrada a Dios. Hablan de ella como pureza de la mente, el corazón, los labios, las manos, la oración.., o sea, de la totalidad del ser.

Los profetas enfatizan el cumplimiento de la ley de la alianza. Insisten en que los ritos de purificación y los sacrificios sólo tenían valor si iban acompañados de una purificación interior, pues la verdadera impureza es el pecado. Proclaman que Dios es el único que puede purificar del pecado y anuncian su perdón como parte de las promesas mesiánicas.

Los salmistas alaban y promueven más la pureza moral que la ritual. Enfatizan que el acceso al santuario de Dios es para personas de corazón puro, manos inocentes y acciones justas.

Jesús sigue esta tradición. Nunca aceptó haber violado la ley de Dios, sino que la llevó a plenitud: se ingresa en el reino de Dios observando los mandamientos y viviendo la ley del amor. Si uno acepta a Jesús, acoge su misericordia, que da al pecador acceso a la vida de Dios, y da testimonio de ello en su vida.

Comprende y vive la pureza interior que Jesús promueve

Jesús denuncia el legalismo, que era una carga imposible de llevar. Rechaza el énfasis en las leyes rituales y la piedad externa, y con frecuencia ignora leyes cultuales: toca a los leprosos y a los muertos; come con publicanos y pecadores; cura en sábado... De ahí los enemigos que se ganó entre los sacerdotes y quienes marginaban y oprimían a la gente justificándose en las leyes.

Con sus actos, Jesús muestra la prioridad de la ley de Dios, llevada a la plenitud por su amor liberador y misericordioso. Proclama que nada de lo que entra en la persona puede mancharla, sino lo que sale de su interior (Mc 7, 14-23). Enseña que, para estar con Dios en su reino, no basta la pureza moral; se requiere su presencia activa en nosotros, que nos permita vivir la ley del amor. Por eso, en la parábola de la vid dijo: "Ustedes ya están limpios, gracias a las palabras que les he comunicado" (Jn 15, 3).

Esta enseñanza tan liberadora era nueva para sus discípulos y les llevó años comprenderla y vivir su grandeza. ¿Cómo vives la nueva ley del amor de Dios? ¿Cómo se manifiesta en tu vida interior? ¿Cómo se manifiesta en tu testimonio?

¡DEN GRITOS DE FELICIDAD LOS RECTOS DE CORAZÓN!

Sal 32 11

Ernesto Guillermo Cofiño Ubico (1899-1991)

Siervo de Dios, laico de Guatemala

Ernesto fue un médico pediatra de Guatemala. Tuvo cinco hijos. Tenía voluntad recia, corazón grande y exquisita sensibilidad social. Vivía centrado en el bien del prójimo, sin envidias ni búsqueda de fama. Tenía una preparación cultural amplia; fue verdadero maestro y amigo, con una honradez profesional intachable.

Ejerció su profesión con admirable espíritu de servicio, atendiendo la salud física de sus pacientes y apoyándolos en sus problemas y preocupaciones personales. Creó la primera cátedra de pediatría en la universidad, donde enseñó durante 24 años, por lo que se le considera el "padre de la pediatría" en su país. Creó el Sanatorio Antituberculoso Infantil (1942), y pocos años después fue director de la Lucha Nacional contra la Tuberculosis (1945-1946). Dirigió durante cuatro años el Hospicio Nacional.

Su experiencia de Dios y su profunda humanidad lo llevaron a fomentar y defender el derecho y el amor a la vida. Trabajó en varias iniciativas y promovió otras muchas, en beneficio de futuras madres, niños abandonados, huérfanos... Ofreció soluciones a problemas públicos; fue director de Cáritas de Guatemala por tres años, en los que organizó la distribución de alimentos en barrios pobres, llegando a cerca de 90,000 personas.

En 1956 entró en el Opus Dei, donde creció en su intimidad con Dios. En 2001 fue nombrado Siervo de Dios, empezando así la causa para su beatificación y canonización, debido a su entrega sin reservas a Dios y a su prójimo.

SIGAMOS LA OBRA DE JESÚS

Tratando de que nuestras motivaciones estén de acuerdo con las de Jesús

Las motivaciones de Jesús partían siempre de un corazón que vibraba con el amor de Dios. Actuaba conscientemente para extender el reino de su Padre en la tierra, siempre compasivo hacia los más necesitados. Ernesto hizo lo mismo con su vida profesional; extendió el Reino con su práctica privada, como profesor universitario, en acciones cívicas..., aplicando sus dones al servicio de los demás.

+ PIENSA EN LA SEMANA PASADA. ¿QUÉ MOTIVACIONES GUIARON LA MAYORÍA DE TUS ACCIONES? ______, ______ Y ______

+ ¿EN QUÉ CONCORDABAN CON LAS MOTIVACIONES DE JESÚS? ______

+ ¿DE QUÉ TIPO DE MOTIVACIONES TIENES QUE PURIFICAR TU CORAZÓN PARA HACERLO SEMEJANTE AL DE JESÚS? ______

+ ESCRIBE DOS O TRES ACCIONES QUE EMPRENDERÁS PARA LOGRAR ESTE CAMBIO: ______, ______ Y ______

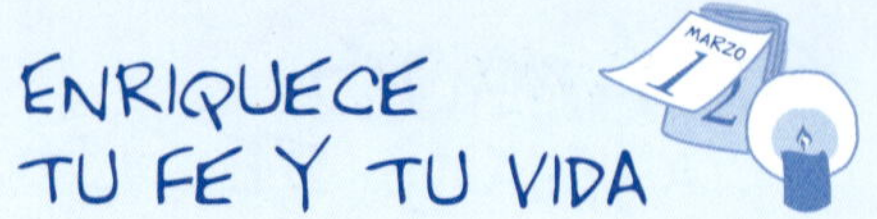

La pureza de corazón y la purificación de motivaciones

La pureza de corazón o pureza de intenciones tiene que ver con las motivaciones que generan nuestras actitudes y acciones. Las motivaciones son los estímulos que inician, guían y mantienen nuestro comportamiento, hasta alcanzar una meta u objetivo deseado, los cuales pueden ser inmediatos, a corto, mediano o largo plazo, dependiendo de su naturaleza.

Toda motivación está ligada a una necesidad consciente o inconsciente. Existen motivaciones:

- Racionales o emocionales
- Egocéntricas o centradas en otras personas
- Hacia la acción o para no actuar
- Encaminadas al bien o al mal
- Inadecuadas o insuficientes para caminar hacia la meta
- Fuertes, dinámicas y poderosas para avanzar hacia la meta
- Auténticas, generadas desde el interior, y bien integradas en la persona
- Condicionadas por presiones y manipulaciones externas

La concordancia de nuestras motivaciones con el evangelio de Jesús tiene el mismo nivel de importancia que conocer sus enseñanzas. No basta con conocer a Jesús y considerarlo amigo para guiar nuestra vida con los valores de su evangelio. Los valores se quedan en ideales vagos si carecemos de las motivaciones adecuadas y de la intensidad necesaria para convertirlos en práctica de la vida diaria y dejar que guíen grandes proyectos en favor del reino de Dios.

Medios al alcance para purificar el corazón

Existen varios medios privilegiados para purificar nuestro corazón:

- **Oración, meditación y diario espiritual.** Nos ayudan a cambiar día a día, sobre todo si oramos y meditamos a la luz de la Palabra de Dios. El diario permite anotar nuestras observaciones y volver a leerlas para ver mejor el proceso de conversión.
- **El sacramento de la Reconciliación.** Nos da la gracia del Espíritu Santo para corregirnos. Supone conciencia de qué motivaciones están desviadas del querer de Dios e implica arrepentimiento, deseo firme de conversión y disposición para cambiar.
- **La dirección espiritual.** Nos ayuda a identificar las áreas que requieren oración y trabajo. Supone el caminar bajo la guía periódica de una persona preparada para este servicio, sea sacerdote, religioso/a o laico/a.
- **El acompañamiento comunitario.** Nos ayuda a conocernos mejor y a ser más auténticos en nuestro seguimiento de Jesús.

¿Cómo has aprovechado hasta ahora estos medios? ¿Cuáles medios puedes aprovechar mejor en adelante y cómo te propones hacerlo?

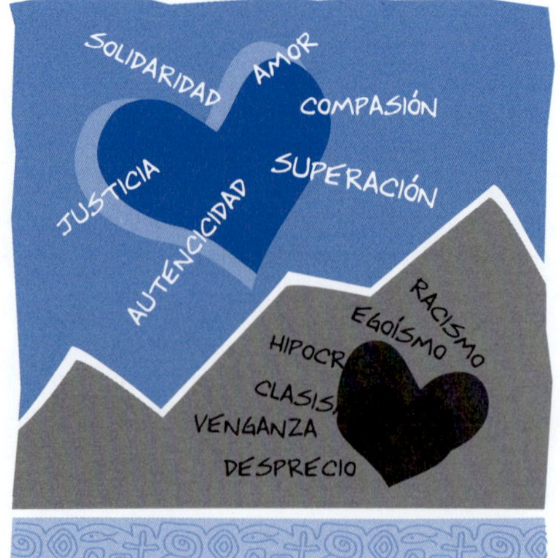

Señor, límpiame para servirte

Quiero quedar limpio, Señor, extiende tu mano sobre mí.

Penetra en lo más profundo de mi ser y limpia todo aquello que atenta contra mi libertad y la libertad de los demás.

Limpia mis debilidades, mis complejos, mis angustias, mis egoísmos, mis inconsistencias, mis episodios dolorosos del pasado.

Aparta de mí toda acción o palabra negativa o destructiva, y purifícame con el fuego de tu Espíritu.

Bendice y purifica también mi mente, fuente de todos y cada uno de mis pensamientos.

Aleja de mí todo pensamiento confuso, toda idea que me aparta de ti, todo recuerdo que me provoca daño.

Bendice mis ojos para que tengan la capacidad de ver el bien, para que puedan ver las necesidades de los demás, para que día a día vean las maravillas de tu creación.

Bendice mis labios, Señor, y toda palabra que sale de mi boca.

Dame palabras de aliento y aleja de mí todo comentario innecesario, superficial, dañino.

Abre mis oídos, bendícelos, ayúdame a escuchar las maravillas de tu creación y permíteme escuchar el dolor ajeno.

Purifica mis manos y apártalas de toda acción destructiva, que se cierren en un abrazo de amor y solidaridad con los demás.

¡Que en mi mente siempre haya un espacio para ti; mis ojos vean luz y den luz a los demás; mis labios siempre muestren una sonrisa, palabras de aliento y esperanza; mis oídos se concentren en escuchar tu voz; mis manos sirvan para ofrecer afecto y ayuda!

Ahora, Señor, quedaré limpio, listo para enfrentar mis realidades, listo para servir, listo para agradecer a Dios y darme en ofrendas de amor.

Revísteme de tu bondad y tu misericordia, y acompáñame en mi caminar. Así sea.[2]

ACTIVIDAD COMUNITARIA

Hacia la purificación de nuestras motivaciones

1 Formar grupos de seis u ocho miembros.

2 El facilitador/a lee las siguientes frases, dejando sólo el tiempo necesario para que cada joven escriba la primera idea que asocie con la frase. Cuanto más espontáneas y libres sean las ideas, más provecho se obtendrá del ejercicio.

Piensa qué te mueve a:

- comprar más ropa...
- dejar de hablarle a una persona...
- seguir en el trabajo en el que estás...
- estudiar con dedicación...
- no estudiar...
- hacer oración...
- comprar o cambiar de carro...
- no asistir a cierta actividad de la Iglesia...
- ayudar en el trabajo o en la casa...
- continuar con las mismas amistades...
- saludar a una persona que no conoces...
- no ayudar en el trabajo o en la casa...
- hacer un trabajo pastoral...

3 En parejas, analizar juntos las respuestas de una persona, después las de la otra:

- ¿Qué tipo de motivaciones predominan: económicas, religiosas, de cariño, egocéntricas, sociales, de servicio, de superación, de mediocridad, etcétera?
- ¿Cuáles pueden mejorar su vida?

4 En el grupo pequeño:

- Hacer una lluvia de ideas sobre las motivaciones más importantes en la vida de los jóvenes con quienes conviven, sin importar de qué tipo son. Anotarlas en un papelógrafo.
- Clasificar cada motivación: poner un sol (☀) en las que concuerdan con las de Jesús; una flecha hacia abajo, (↓), si van contra el reino de Dios, y una palomita (✓), si no tienen nada que ver con el evangelio.
- Reflexionar: ¿Qué tipo de motivaciones guían la vida de los jóvenes en su medio ambiente? ¿Qué misión tienen como jóvenes cristianos en relación con las motivaciones de la juventud?

5 En sesión plenaria, invitar a que varios jóvenes compartan qué aprendieron al hacer este ejercicio.

CELEBRAMOS NUESTRA FE

Orando por nuestra purificación interior

Preparación

Llevar música instrumental de fondo, un recipiente con agua bendita, una vela grande para el altar y una vela pequeña para cada participante.

Celebración

1 Preparar el altar con el agua y una vela, repartir velas a todos, tocar música instrumental y mantener el salón con luz tenue.

2 Leer la oración "Señor, límpiame para servirte", p. 55, con voz suave y pausada, al estilo de una meditación.

3 Cada participante se acercará al altar y se persignará con agua bendita, como signo de su deseo de ser purificado/a interiormente por Jesús.

4 Invitar a hacer algunas oraciones espontáneas, sean de acción de gracias por el testimonio de personas cristianas o de petición para que Dios purifique su Iglesia de las actitudes y pecados que destruyen a la comunidad.

5 Terminar con un canto sobre purificación como: "Toma mis manos", "Abre mis ojos", "Purifícame, Señor, con tu Espíritu."

¡ES QUE NO LO VEN! ¡ESTOY HACIENDO ALGO NUEVO!

Isaías 43, 18-19. 21-22. 24-25 • Salmo 41 (40) • 2 Corintios 1, 18-22 • Marcos 2, 1-12

EMPIEZA TU DIÁLOGO CON JESÚS

—¿Cuál de estos tres procesos te caería mejor en estos momentos de tu vida: ¡Vida nueva y diferente! ¡Nuevas oportunidades de crecimiento! ¡Renovarte y fortalecerte!?

+ TODOS DE DIFERENTE MANERA, PERO EN ESPECIAL

—Háblame primero del especial: ¿Qué realidad/es nuevas necesitas que surjan?

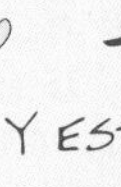

+ SIENTO QUE

Y ESTOY CONVENCIDO/A DE QUE

—Okey. Ahora platícame de los otros dos procesos.

+ NECESITO PARA PORQUE

+ TAMBIÉN NECESITO PARA PORQUE

—Estoy seguro de que en nuestros diálogos de hoy encontrarás algunas respuestas que te pueden ayudar.

CONTINÚA ORANDO DESDE TU CORAZÓN

Quiero que brote algo nuevo en mí

Jesús, vengo hoy a ti lleno de gratitud, fe y esperanza.

GRACIAS POR ESTOS AMIGOS MÍOS ______________________,
______________________ Y ______________________

QUE ME HAN ESTADO AYUDANDO A QUE MI VIDA SEA MÁS CLARA, QUE MI PERSONALIDAD SEA ÍNTEGRA Y QUE DEJE ATRÁS LAS SIGUIENTES DEPENDENCIAS Y SITUACIONES ______________, ______________,
______________, ______________, ______________,

QUE ME IMPIDEN PONERME DE PIE Y EN MARCHA.

ESTOY PARALIZADO/A O INCAPACITADO/A ANTE ______________________

AYÚDAME POR FAVOR ______________________

HAZ QUE ESTÉ ALERTA PARA IDENTIFICAR POR DÓNDE O POR MEDIO DE QUIÉN ME PUEDE LLEGAR TU AYUDA.

Te lo pido por María, tu madre, a quien concedes todo lo que te pide. Amén.

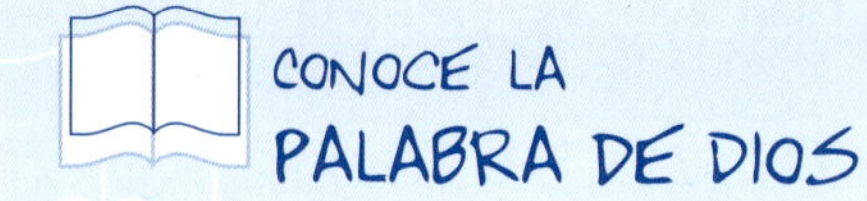

¿SABÍAS QUE...

Leer Marcos 2, 1-12

✚ ¿CUÁLES SON LOS HECHOS DE MAYOR IMPORTANCIA?

Marcos relata el tercer milagro de curación y perdón de los pecados. Muestra la realización del anuncio de Isaías en la primera lectura de hoy: "Miren, voy a hacer algo nuevo, ya está brotando, ¿no lo notan?" (Is 43, 19), y está ligado al relato sobre la llegada del Reino y la formación de la comunidad de Jesús (Mc 1, 14-20).

Jesús predicó en el ambiente hogareño de la casa de Pedro, un lugar familiar y cercano a él. La noticia corre, todos se amontonan y él comparte su mensaje con palabras y hechos.

Cuatro personas llevan a un paralítico y, no pudiendo llegar a Jesús, lo bajan por el techo. Con tanto obstáculo superado por el paralítico y sus amigos, es evidente su fe, y Jesús responde perdonándole sus pecados. Lo hace porque es el Hijo de Dios, capaz y deseoso de perdonarlo, lo que origina una controversia con los maestros de la ley, pues el perdón de los pecados incumbía sólo a Dios.

El milagro físico viene después, para "dar gloria a Dios" (Mc 2, 12). El anuncio del Reino y la nueva comunidad tienen sentido sólo si dan gloria a Dios al reconocer los signos. Las maravillas que hace y lo extraordinariamente nuevo de estos signos: hace que la gente exclame: "¡Jamás habíamos visto una cosa semejante!" (v. 12).

Los evangelios reflejan la fe y los desafíos de las primeras comunidades

Marcos inició el género literario llamado "evangelio". Él empezó a proclamar a Jesús y su mensaje, desde la perspectiva pascual, como la "Buena Noticia" de la llegada del reino de Dios, esperada por Israel. Mateo y Lucas se apoyan en Marcos, como primer evangelio escrito, para relatar sus propios evangelios.

Al escribir sobre Jesús, los evangelistas intercalaron los recuerdos de los tres años de su misión, con las vivencias de Jesús resucitado en las comunidades a las que dirigían su mensaje. El evangelio de Marcos evoca tres experiencias de su comunidad:

- Se distinguía por el amor, la compasión, el servicio y el entusiasmo por el Reino, reflejados en la disposición y creatividad de los amigos del paralítico para llevarlo a Jesús.
- Escuchaban la palabra de Dios y celebraban la acción de gracias y la fracción del pan —el milagro por excelencia— en sus casas.
- Daban gloria a Dios con su estilo de vida, el compartir de la Buena Nueva y la celebración de su fe.

La sanación íntegra requiere justicia

La sanación que Jesús nos trae es integral, no sólo una experiencia fuerte y momentánea. El amor experimentado en nuestro encuentro con Jesús debe llevar siempre a la justicia y ésta a la paz, ayudando a crear un mundo más humano, que refleja la creación de Dios.

Dios quiere que esta nueva realidad se dé en cada uno de nosotros y, a través de nuestras acciones, en el mundo en que vivimos, lo que requiere trabajo nuestro, de otras personas y de las instituciones. Al compartir el amor sanador de Jesús y hacer justicia, aligeramos cargas innecesarias en la vida:

- ¿Dedicas tiempo suficiente a platicar con tus padres, amigos, hermanos..., para que su vida sea mejor?
- ¿Ayudas a "cargar las camillas" o a "liberar de las esclavitudes" cuando las personas te lo piden o, mejor aún, sin que necesiten pedírtelo?
- ¿Trabajas para "quitar techos" que impiden pasar la luz de la solidaridad y el apoyo ante situaciones de "invalidez", hambrunas, violencia, depresión...?
- ¿Sabes perdonar y pedir perdón, para eliminar opresiones internas que paralizan la relación, crean antagonismos o amargan el corazón?

ENTRA EN ORACIÓN

Te quiero

Tus manos son mi caricia, mis acordes
cotidianos; te quiero porque tus manos
trabajan por la justicia.

Si te quiero es porque sos mi amor,
mi cómplice, y todo. Y en la calle codo
a codo somos mucho más que dos.

Tus ojos son mi conjuro contra la mala
jornada; te quiero por tu mirada que
mira y siembra futuro.

Tu boca que es tuya y mía, tu boca no
se equivoca; te quiero por que tu boca
sabe gritar rebeldía.

Si te quiero es porque sos mi amor
mi cómplice y todo. Y en la calle codo
a codo somos mucho más que dos.

Y por tu rostro sincero.Y tu paso
vagabundo. Y tu llanto por el mundo.
Porque sos pueblo te quiero.

Y porque amor no es aurora, ni cándida
moraleja, y porque somos pareja que
sabe que no está sola.

Te quiero en mi paraíso; es decir,
que en mi país la gente vive feliz
aunque no tenga permiso.

Si te quiero es por que sos mi amor,
mi cómplice y todo. Y en la calle codo
a codo somos mucho más que dos.[3]

—Mario Benedetti

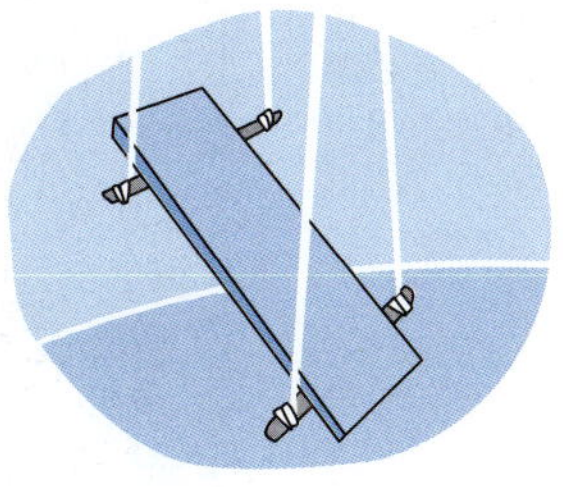

Josefina Bakhita (1869-1947)

Esclava negra de gran belleza interior

Josefina nació en África, cerca de Darfur. A los nueve años fue secuestrada y esclavizada. Se asustó tanto, que olvidó su nombre; su amo le puso Bakhita, que quiere decir "afortunada", por su belleza y sus dones.

A los 13 años había tenido cuatro amos que la ultrajaron, maltrataron y explotaron; sin embargo, su carácter no se amargó. Su quinto amo, un italiano, compadecido de ella, la trató con decencia y la llevó a Italia cuando huyó de la guerra.

En Italia conoció a las Hermanas Canonesas y, a través de ellas, a Jesús. Recibió los sacramentos y profesó como religiosa; en su bautismo recibió el nombre de Josefina.

Por varios años vivió feliz en Venecia; hacía trabajos humildes y ofrecía a Jesús lo cotidiano de la vida. La congregación, viendo lo hermoso y doloroso de su vida, le pidió que escribiera sus memorias y recorriera toda Europa contándolas. Sobre el perdón, por la fuerza del amor en Jesús, escribió:

> Si volviera a encontrar a los negreros que me raptaron y torturaron, me arrodillaría para besar sus manos porque, si no hubiera sucedido eso, ahora no sería cristiana y religiosa.

Josefina nos enseña cuán afortunada es una persona cuando es tratada con dignidad y tiene quien la conduzca a Jesús. Fue canonizada en el año 2000, después de ser considerada santa por mucha gente.

SIGAMOS LA OBRA DE JESÚS

Buscando mediadores o siendo mediadores de sanación

A veces la sanación y salvación de Jesús nos llegan en la oración; otras muchas las recibimos a través de la comunidad, los amigos, la familia, el vecindario, los que nos rodean, personas que Dios pone en nuestro camino. Esto segundo fue lo que sucedió con el paralítico y con Josefina.

+ ¿QUÉ TAN FUERTE ES TU FE EN EL PODER SALVADOR Y SANADOR DE JESÚS? ______

+ ¿ESTÁS CONVENCIDO/A DE QUE JESÚS PUEDE SANARTE O DARTE LAS FUERZAS NECESARIAS PARA ENFRENTAR LA VIDA DE PIE, CON FORTALEZA Y ENTREGA ACTIVA A SU MISIÓN? ______

+ ¿NECESITAS BUSCAR BUENOS AMIGOS/AS QUE TE AYUDEN A LLEVAR UNA MEJOR RELACIÓN CON JESÚS? ______
¿QUIÉN/ES SERÍAN ESAS PERSONAS? ______

+ ¿HAY PERSONAS EN TU VIDA QUE, CONSCIENTE O INCONSCIENTEMENTE, TE PIDEN QUE LAS LLEVES A JESÚS? ¿QUIÉNES SON? ______
¿QUÉ HACES POR ELLAS? ______

ACTIVIDAD COMUNITARIA Y CELEBRACIÓN DE FE

Orando por personas paralizadas por diversas situaciones

Preparación

Llevar seis velas grandes y fotografías de revistas con personas en las situaciones que analizarán los diversos grupos.

Actividad comunitaria

1 Formar ocho grupos pequeños, asignarles un tema y entregarles las imágenes correspondientes. Pedirles que las lleven a la celebración de fe.

Grupo 1: Sanación de maltratos en la infancia, sea en la familia, la escuela, el barrio; por racismo o clasismo; consciente o inconscientemente.

Grupo 2: Sanación de malos hábitos personales, sea como reacciones al ambiente familiar, escolar, social o laboral, o nacidos de debilidades del propio carácter.

Grupo 3: Sanación de rencores, heridas, ignominias, causadas por envidia, celos, rivalidades...

Grupo 4: Sanación de incomprensiones en la adolescencia, sea por sí mismo, los padres, profesores...

Grupo 5: Sanación de adicciones y codependencias a la droga, alcohol, apuestas, sexo, pornografía, nicotina, comida...

Grupo 6: Sanación de esclavitudes y codependencias de enfermedades psicológicas ajenas, explotación económica, dominio de personalidades, manipulación, opresión social...

Grupo 7: Sanación de enfermedades físicas, o de la incapacidad de aceptarlas con serenidad y como fuente de crecimiento personal.

Grupo 8: Sanación de sentimientos de culpa, que dificultan la relación con Dios.

2 Hacer la siguiente introducción:

Analizar el tema con base en el conocimiento adquirido por experiencia directa o a través de la televisión, la Internet u otros medios. Es importante no divulgar el nombre de las personas a quienes se refieren, ni dar pistas para que puedan ser identificadas, pues es una falta grave a la confidencialidad que requieren este tipo de problemas.

3 Reflexionar y anotar lo más importante en un papelógrafo:

- ¿Qué tipo de parálisis sufren esas personas? Es decir, ¿cómo tienen detenido u atrofiado su desarrollo humano, cristiano y/o social?
- Leer el poema, "Te quiero", p. 59: ¿Qué luces da sobre la sanación que les puede traer Jesús mediante la oración o a través de buenas amistades?
- Crear una oración breve implorando la ayuda de Jesús hacia personas en esas situaciones, y llevarla a la celebración de la fe.

Celebración de la fe

1 Iniciar con el canto "Amigo", u otro parecido.

2 Invitar a que cada grupo pase a encender su vela y a hacer su oración, mientras sostiene en alto las imágenes de personas por las que está orando. Todos responden: "Sánalos, Jesús; dales amigos que puedan llevarlos a ti".

3 Terminar con el mismo canto u otro adecuado.

EL HIJO DEL HOMBRE TIENE PODER EN LA TIERRA PARA PERDONAR LOS PECADOS

Mc 2 10

LLAMADOS A UN CAMBIO RADICAL

Oseas 2, 16-17. 21-22 • Salmo 103 (102) • 2 Corintios 3, 1-6 • Marcos 2, 18-22

EMPIEZA TU DIÁLOGO CON JESÚS

—Jesús, muchas veces he querido y he intentado llevar una vida nueva, pero...

—¿Qué cambios deseas hacer en tus actitudes, en tus conductas, en la dirección de tu vida?

+ QUIERO

—Y, ¿qué te estorba para hacerlo?

+ ME ESTORBA

—Confía en mí; sigue platicando conmigo, leyendo mi Palabra, conviviendo con buenos amigos... El Espíritu Santo te hablará al corazón y lo transformará. ¿Tienes dificultad en algo de esto?

+ LO MÁS FÁCIL ES ,

+ LO QUE MÁS SE ME DIFICULTA ES Y .

—Pon atención y verás que siempre estoy a tu lado. Busca durante toda la semana los detalles con que te muestro mi amor y simplemente responde con un espíritu dispuesto, yo haré lo demás.

CONTINÚA ORANDO DESDE TU CORAZÓN

Quiero tener una vida nueva

Espíritu Santo, quiero tener una vida nueva, ayúdame a:

ESTAR DISPUESTO/A A __________

DESHACERME DE __________

CAMBIAR __________ POR __________

ORAR __________

PRESTAR ATENCIÓN A __________

SER FUERTE ANTE __________

PERSEVERAR EN __________

Que tu guía me ayude a percibir el amor de Dios en cada hecho de mi vida y a responder a él con generosidad. Amén.

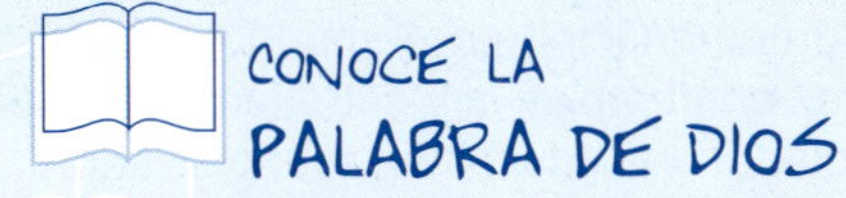

Leer Marcos 2, 18-22

El ayuno era parte de los rituales judíos de penitencia, pero con el tiempo muchos realizaban estos ritos sin poner atención a su significado. Por eso varios profetas enfatizaron que debían unirlo a obras de caridad y frutos de conversión que restauraran la justicia (Is 58, 6; Zac 7, 1-4) y, en ocasiones, una persona ayunaba "en lugar" del pueblo, como atestiguan los cantos del siervo (Is 53, 4-11).

Los fariseos y otros grupos penitentes, como el de Juan el Bautista, ayunaban con frecuencia. Por lo tanto, el que Jesús y sus discípulos no lo hicieran era motivo de controversia.

Jesús explica que no ayunan porque están en una fiesta de bodas. Da a entender que el novio es él, el Mesías que establece su alianza con el nuevo pueblo de Dios. Su presencia irá más allá de la experiencia física de estar con él; cuando esté ausente habrá que ayunar, pues será tiempo de penitencia.

Para comunicar su mensaje, utiliza dos imágenes cercanas al pueblo: las telas para los vestidos y los odres para los vinos, pues "estar vestido ante Dios" y el "vino nuevo" eran símbolos de la pascua del pueblo judío (Ex 12). Con ellos, Jesús comunica que, para aceptar la nueva alianza, hay que percibir la vida y expresar la fe de manera nueva.

En la nueva Pascua, el Dios de la vida reafirma su compromiso de alianza y de amor con todas las personas. El dolor que sufren, como comunidad perseguida, es sólo pasajero.

¿SABÍAS QUE...

Las bodas simbolizan la alianza de Dios con su pueblo

Leer la primera lectura de hoy: Oseas 2, 16-17. 21-22.

Oseas profetizó en el reino del Norte, donde el culto al dios pagano Baal había destruido la fe del pueblo. Anunció que la conversión de Israel lo llevaría a una nueva Alianza con Dios, bajo la forma de un noviazgo y desposorio, con un intercambio de regalos:

- Dios, el esposo, regala la justicia, el derecho, la fidelidad y la misericordia a su pueblo, como garantías de su alianza.
- Israel, la esposa, responde con su fe, su conocimiento del Dios revelado en su historia y su afán por vivir en comunión con él.

Jeremías, Ezequiel y el libro de los Proverbios retoman esta imagen de diversas formas. En el evangelio de hoy, Jesús apunta a las bodas del Cordero con el nuevo pueblo de Dios: la alianza nueva y eterna que se consumará con su muerte y resurrección. Más tarde Pablo habla de la relación de Cristo y la Iglesia como la de los esposos.

María Eugenia Milleret (1817-1898)

Fundadora de las Religiosas de la Asunción

Eugenia nació en Francia, en una familia acomodada. Creció con un sentido de responsabilidad y libertad, sin formación religiosa, pero educada con rectitud, bondad, sencillez y generosidad.

En su primera Comunión tuvo una experiencia mística profunda, pero dilató muchos años en interpretar su significado. Vivió una niñez feliz hasta que los negocios de su padre se derrumbaron y ellos se separaron, dejando a su mamá en la pobreza. Tenía 15 años cuando murió su mamá, quedando sola y desorientada.

Buscó una respuesta en la Iglesia y, a los 19 años, al escuchar al P. Lacordaire, sus palabras respondieron a su corazón lleno de preguntas y despertaron su generosidad ante la insatisfacción que sentía. Empezó a ver a Cristo como liberador universal y su Reino aquí en la tierra a través una sociedad fraterna y justa. Más tarde escribió:

> Me sentía realmente convertida y sentía el deseo de entregar todas mis fuerzas, o más bien toda mi debilidad, a esta Iglesia que desde entonces me parecía que era la única que poseía aquí abajo el secreto y el poder del bien.

Eligió al P. Combalot como confesor. Él soñaba con una congregación femenina dedicada a la educación, para evangelizar la inteligencia de la mujer y lograr familias verdaderamente cristianas, que transformaran la sociedad de su tiempo. María Eugenia descubrió el llamado de Dios a una vida nueva y aceptó la propuesta.

Después de recibir formación religiosa en el Convento de la Visitación, Eugenia fundó la congregación de las Religiosas de la Asunción, y su primer colegio en 1841. Su espiritualidad se centra en Cristo y en su encarnación en el mundo, siendo a la vez contemplativa y entregada a su apostolado: una educación evangelizadora.

María Eugenia fue canonizada en junio de 2007. Actualmente las religiosas de la Asunción están en 34 países y cuentan con una rama laica llamada Asunción Juntos.

Siendo odres nuevos y dejando que Jesús ponga el vino

María Eugenia, a pesar de sus luchas y de que sentía que la obra que Dios le encomendaba superaba sus fuerzas, dejó que Dios pusiera el vino y construyera su obra. Él puso en sus manos el camino, la sabiduría, los medios y las fuerzas para llevarla a cabo.

Dios también tiene un proyecto para ti, pero requiere un odre nuevo que reciba el vino nuevo:

+ ¿CÓMO TE PREPARA DIOS PARA QUE DESCUBRAS SU PROYECTO? ____________
+ ¿QUÉ LLAMADOS PERSONALES TE HA HECHO? ____________
+ ¿CÓMO ENRIQUECERÁ DIOS SU IGLESIA POR MEDIO DE TU RESPUESTA? ____________
+ DE LAS OBRAS QUE DIOS TE ENCOMIENDA, ¿CUÁLES PARECEN SUPERAR TUS FUERZAS? ____________

Dios es quien pone el vino:

+ ¿CÓMO HA LIMADO DIOS LOS OBSTÁCULOS PARA REALIZAR SU OBRA EN TI? ____________
+ ¿QUÉ MEDIOS ENCUENTRAS EN LA IGLESIA PARA RECORRER EL CAMINO QUE DIOS TE PROPONE? ____________

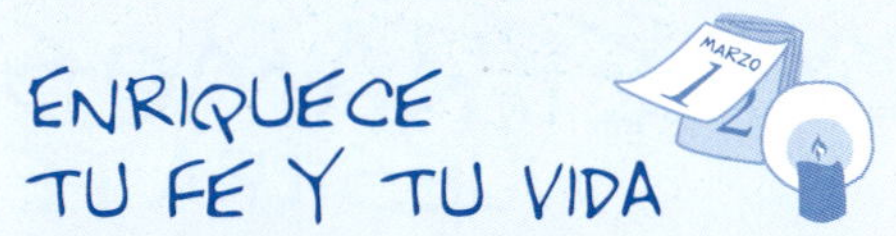

ENRIQUECE TU FE Y TU VIDA

Vive la plenitud de la nueva ley y nueva alianza

En Jesús se cumple la ley antigua al realizar nuestra salvación por medio de su misterio pascual; sin embargo, su cumplimiento total abarca el cambio radical de sus seguidores, al poner en práctica el gran mandamiento del amor. Es un cambio gradual, pero radical, un cambio de vida que requiere odres nuevos para vino nuevo.

Los odres nuevos son nuestros corazones y conciencias renovados por el Espíritu Santo, para convertirse en sagrarios, en espacios sagrados donde nos encontramos con Dios cara a cara. Ahí, en lo profundo de nuestro ser, conocemos a Dios a través de su Hijo encarnado en la historia y en nuestra vida.

El cumplimiento vacío de las leyes divinas, por costumbre, sin sentido, por obligación o presión, no es lo central de la fe. Lo que vale es el compromiso al amor adquirido en la intimidad con Jesús. Al revestirnos de Cristo, no llevamos parches viejos; somos criaturas nuevas, reflejos de Jesús que vive y actúa a través de cada uno de nosotros.

¡Qué precioso es ser odres nuevos! Pero los odres, al estar hechos de cuero, si no tienen vino, se cuartean hasta romperse. ¡Llenémonos de Cristo día a día! ¡Mantengamos nuestra alianza con él! ¡Cumplamos en nosotros su gran mandamiento del amor!

NUESTRA CARTA DE RECOMENDACIÓN SON USTEDES... QUE LLEVAMOS ESCRITA EN EL CORAZÓN

2 Cor 3 2

ENTRA EN ORACIÓN

A vino nuevo, odres nuevos

Cuando mi mirada hacia las personas
y el mundo no sea la tuya, dame, Jesús,
la fuerza para cambiarla, para poner
el vino nuevo en odres nuevos.

Cuando mis manos no tocan a los
demás, sino que se esconden en mi
egoísmo, dame, Jesús, el poder de que
mis manos sean las tuyas, para poner
el vino nuevo en odres nuevos.

Cuando haya perdido mi alegría ante
tu presencia y la de mis hermanos,
dame, Jesús, el aliento y el gozo de
tu Espíritu, para poner el vino nuevo
en odres nuevos.

Cuando me aleje del pozo del agua
verdadera y mi ser se esté secando,
dame, Jesús, de beber y renueva mi
ser, para poner el vino nuevo en odres
nuevos.

Cuando mi conciencia y mi corazón
dejen de ser forjados por tu Palabra,
dame, Jesús, palabras fuertes,
sanadoras y desafiantes, para poner
el vino nuevo en odres nuevos.

ACTIVIDAD COMUNITARIA

¿Cómo me seduce Dios y me habla al corazón?

1 Formar grupos de cuatro:

- En silencio, identificar cinco acciones que pudieran realizar para conquistar el corazón de otra persona.

- Dividir un papelógrafo en dos columnas. En la izquierda, hacer una lista de las acciones identificadas, sin repetirlas. Elegir las cinco acciones que el grupo considere más efectivas y marcarlas con un corazón.

- Leer el siguiente texto:

Así como en la primera lectura Dios habla de que te seducirá y te hablará al corazón, intentaremos descubrir las similitudes entre lo que nosotros hacemos para conquistar a otra persona y lo que Dios hace para conquistarnos a nosotros.

- Para cada una de las cinco acciones, comentar: ¿cómo sería una acción equivalente, de parte de Dios, para conquistar nuestro corazón? Escribirla en la otra columna.

2 Reflexionar y escribir de manera personal las respuestas a las siguientes preguntas:

- ¿Qué acción de Dios ha sido la más importante para mí y me ha hablado más profundamente al corazón?

- Cuando alguien está enamorado esto se refleja en su mirada, su entusiasmo y su optimismo; vive una nueva vida, con un nuevo corazón, más alegre y dispuesto a entregarse: ¿cómo ha cambiado mi vida y mi corazón al constatar el amor de Dios por ti?

3 En sesión plenaria:

- Cada grupo comparte su reflexión, al presentar su papelógrafo.

- Invitar a dos jóvenes, cuya vida tenga cierto paralelo con la de María Eugenia, para que compartan las experiencias que les dieron vida nueva.

CELEBRAMOS NUESTRA FE

Haciendo vida el Salmo 103

1 Colocarse alrededor del altar y entrar en ambiente de oración. Recordar que Jesús utilizó los salmos para comunicarse con su Padre. Invitar a hacer lo mismo, tomando notas para regresar a ellas.

2 Proclamar el Salmo 103, 1-7.

3 Leer en voz alta cada versículo y sus preguntas, dando tiempo para reflexionar y escribir su respuesta.

Versículo 2: ¿Qué beneficios ha realizado Dios en tu vida?

Versículo 3: ¿Qué culpas te ha perdonado y de qué te ha sanado?

Versículo 4: Cuando te has sentido muerto, ¿cómo te dio nueva vida Dios? ¿Qué sucede cuando te dejas llenar de su amor y su ternura?

Versículo 5: ¿Qué bienes te ha regalado el Señor? ¿Qué ideales te impulsan a lo alto y te motivan a volar lejos?

Versículo 6: Cuando te has sentido oprimido, ¿te has abierto a la obra de Dios? ¿Cómo te ha defendido de opresores externos y liberado de opresiones internas?

Versículo 7: ¿Qué proyectos ha puesto Dios frente a ti para que los realices? ¿Con qué hazañas te ha mostrado que con su ayuda se puede lograr lo que nos pide?

4 Tomarse de las manos e invitar a bendecir a Dios en voz alta por lo descubierto a través de este Salmo.

5 Terminar con un canto de alabanza.

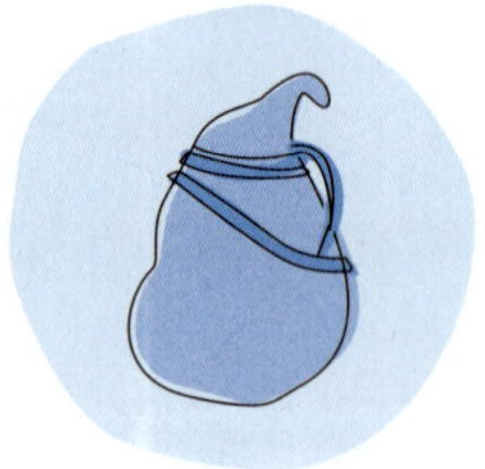

Noveno Domingo Ordinario

EL DÍA DEL SEÑOR NOS DA VIDA

Deuteronomio 5, 12-15 • Salmo 81 (80) • 2 Corintios 4, 6-11 • Marcos 2, 23 - 3, 6

EMPIEZA TU DIÁLOGO CON JESÚS

—Jesús, ayúdame a ver más claro. Sé y quiero guardar el domingo, pero en el trabajo que acabo de conseguir tengo que trabajar ese día.

—Lo sé; hay muchas personas que tienen que hacerlo en estos tiempos. ¿Qué significa para ti guardar el domingo?

+ SIGNIFICA

—¿Cuál es para ti la manera ideal de dedicar el día a Dios, en las circunstancias de tu vida?

+ QUISIERA

—¿Y cómo sueles pasar la mayoría de tus domingos?

+ EN GENERAL

MUCHAS VECES

CON CIERTA FRECUENCIA

—Hoy dialogaremos sobre lo que enseñé a mis discípulos en Galilea. Dará varias luces a tus dudas.

CONTINÚA ORANDO DESDE TU CORAZÓN

Que mis domingos sean para ti y contigo para los demás

Jesús, querido Maestro, amigo y Señor,

Quiero que mis domingos sean para ti, y una fuente de espiritualidad para mí.

QUE DESDE LA MAÑANA

QUE TODO EL DÍA

QUE LA EUCARISTÍA SEA

QUE ESE DÍA DEDIQUE TIEMPO ESPECIAL A

QUE GRACIAS A LA MANERA COMO VIVÍ EL DOMINGO, TODA LA SEMANA SIGUIENTE

Todo esto te lo pido porque te amo y sé que sólo renovando y profundizando mi amor a ti podré ser el discípulo/a que tú esperas de mí. Amén.

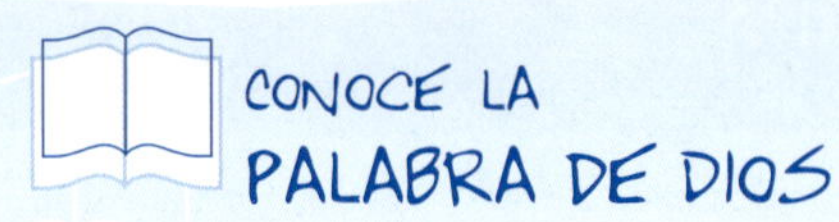

Conoce la Palabra de Dios

Leer Marcos 2, 23 - 3, 6

+ ¿Qué te impacta en este pasaje?

La ubicación de la escena en sábado no es casual. En su evangelio, Marcos presenta varias confrontaciones de las autoridades judías, que Jesús aprovecha para revelar a un Dios que va más allá del cumplimiento de la ley y sus preceptos, un Dios que se regocija liberándonos de nuestras dolencias y restituyendo nuestra condición original de hombres y mujeres libres.

Las dos acciones del evangelio de hoy —los discípulos arrancando las espigas y la sanación del hombre con la mano atrofiada— suceden el sábado y muestran a Jesús siendo cuestionado por causa de la ley. La respuesta de Jesús introduce una manera nueva de interpretar los hechos; guardar el sábado significa dejar que Dios sea el Señor de la vida, lo que implica:

- Reconocer que el Señor de la historia sigue actuando en la vida de las personas y del pueblo.
- Reservar ese espacio de tiempo para gozar y ser la presencia y acción salvadora y liberadora de Dios, respondiendo a las necesidades de las personas.

El milagro del paralítico tiene un simbolismo especial. Mientras que la mano de Dios crea el mundo, el paralítico —representante del ser humano— ha perdido la habilidad de "co-crear" con Dios el mundo, pues normas y leyes sin sentido lo han incapacitado. Al sanarlo, Jesús indica que el verdadero culto a Dios se basa en un principio de libertad y regocijo, en confianza y alegría, en perdón y reconciliación activos en el mundo.

Entra en oración

Extiende mi mano y mueve mi corazón

Jesús, sé lo que es tener una mano paralizada por varios meses. Además del dolor físico, sufría al no poder sostener las cosas, cargar objetos y seguir mis actividades diarias.

Pasé por varias terapias, unas mejores que otras..., hasta que me operaron. Ése fue mi sábado, en el que empecé a sanar hasta que mi mano quedó totalmente recuperada. ¡Qué alegría!, ¡qué alivio!

Hoy quiero, Jesús, entrar en el sábado de tu presencia, para darte gracias por mi vida y la de quienes me rodean. Gracias por lo que me has dado y he recibido, por lo que he hecho y dejado de hacer, por lo que he amado y dejado de amar.

Jesús, que llegue el sábado para mi corazón, sánalo y libéralo de cargas que atrofian sus ideales y motivaciones. Te pido, desde lo profundo de mi ser, que escuche otra vez tu palabra sanadora, para que pueda colaborar en tu obra creadora. Amén.

José Gregorio Hernández (1864-1919)

El médico de los pobres

José Gregorio nació en los Andes venezolanos, en una familia profundamente católica de pocos recursos económicos. Su madre murió cuando él tenía ocho años. Estas experiencias le sirvieron para forjar su carácter y forma de ser.

Por su inteligencia brillante, pudo educarse en Caracas y en Europa. En París estudió con científicos de renombre y, al completar sus estudios, regresó a Venezuela, donde creó el primer laboratorio de fisiología experimental y microbiología de América Latina.

Sintió el llamado de Jesús a servirle en la vida contemplativa e ingresó en la Cartuja de Farneta, en Italia. Pero la salud no le acompañó y regresó a Caracas, donde ejerció su profesión de médico.

Percibe que Dios lo llama al sacerdocio e ingresa en el Seminario Arquidiocesano. Sin embargo, Dios lo quería como laico médico y, después de esas dos experiencias fallidas, pudo comprender su misión y su vocación.

Así, José Gregorio se convirtió en un seglar católico ejemplar. Su dedicación profesional fue de la mano con su dedicación a los pobres. De hecho, murió accidentalmente cuando iba a visitar a una enferma que vivía en la miseria, recién le había comprado las medicinas con su dinero.

Su sepelio fue una auténtica manifestación y reconocimiento de una vida ejemplar. Su causa de beatificación y canonización fue abierta en 1949, y hoy la Iglesia reconoce que vivió en grado heroico las virtudes cardinales y teologales, y lo presenta como ejemplo para quienes ejercen profesionalmente la medicina.

SIGAMOS LA OBRA DE JESÚS

Extendiendo nuestra mano impulsados por Jesús

Marcos nos presenta a Jesús como el Hijo de Dios, portador de la Buena Noticia: somos colaboradores de Dios en la creación. Extender la mano, más que un milagro puntual, es una invitación a participar en la nueva creación:

+ ¿CÓMO AYUDAS A QUE PERSONAS QUE TIENEN LA MANO TULLIDA, PARALIZADA... NO SÓLO LA EXTIENDAN, SINO QUE A SU VEZ AYUDEN A OTROS A HACER LO MISMO?

+ ¿CÓMO COLABORAS PARA QUE OTROS JÓVENES SEAN SANADOS POR JESÚS Y RESCATEN EL VALOR DE LA VIDA, EL DON MÁS PRECIOSO QUE SOBREPASA A CUALQUIER OTRO?

+ ¿CÓMO EXTIENDES TU MANO, MOVIDA POR JESÚS, ANTE SITUACIONES EN QUE:

LA CULTURA HA IMPUESTO ANTIVALORES AL REINO

LA VIDA ES SUBVALORADA, COMERCIALIZADA O ANIQUILADA

LAS LEYES Y AUTORIDADES CIVILES DICTAN ACCIONES OPUESTAS AL EVANGELIO

LA MISERIA, DESIDIA Y VIOLENCIA MALTRATAN Y MATAN A MILLONES DE PERSONAS EN EL MUNDO?

EL SÁBADO HA SIDO HECHO PARA EL HOMBRE, Y NO EL HOMBRE PARA EL SÁBADO

Mc 2 27

Realiza los "Hechos de los apóstoles de hoy"

Hay tantas maneras de vivir la Palabra de Dios como personas que desean colaborar en la obra salvadora de Jesús. Hay tantos modos de que la Palabra sea fuente de vida como personalidades y dones existentes en el mundo.

Hay tantas formas de encarnar su Palabra como seres humanos que necesitan ayuda para vivir con la dignidad de hijos de Dios y saber enfrentar los desafíos de la vida. Hay tantos llamados para hacer vida el evangelio, como gente que, consciente o inconscientemente, busca la Buena Nueva.

Precisamente en esto consiste ser cristiano, en la práctica de su Palabra, en la praxis. De ahí el nombre del libro de Hechos de los Apóstoles, pues en griego praxis es "hechos". Toca a la Iglesia de cada tiempo y lugar realizar los "Hechos de los apóstoles de hoy"; ser el cuerpo místico de Jesús que actúa dando vida y posibilitando que otros hagan lo mismo.

ACTUALICEMOS
EL SALMO 81

Para desear de corazón escuchar al Señor

1 Leer el Salmo 81, 1-7.

+ YO TE ACLAMO, SEÑOR, PORQUE HE ENCONTRADO FUERZA EN TI CUANDO ______

+ CANTO Y TOCO LA GUITARRA Y LA BATERÍA PORQUE TU LEY DEL AMOR ______

+ ESCUCHO TUS PALABRAS LIBERADORAS QUE ME HAN QUITADO DE ENCIMA LA CARGA DE ______

2 Leer los versículos 8-14.

+ ESCUCHASTE MI ORACIÓN CUANDO ______

+ PERO TE HE FALLADO Y NO HE OBRADO COMO ME PIDES ______

3 Leer los versículos 15-17. Recordar que en el Antiguo Testamento la revelación de Dios aún era incompleta y los israelitas creían que sólo ellos eran el pueblo de Dios.

+ GRACIAS POR HABERNOS DEJADO A JESÚS EN LA EUCARISTÍA. ELLA NUTRE MI VIDA PARA ______
Y AMINORA EL DOLOR ANTE ______

ACTIVIDAD COMUNITARIA Y CELEBRACIÓN DE FE

De manos entumecidas a manos activas

Preparación

Llevar tres imágenes por participante, extraídas de periódicos y revistas, que presenten todo tipo de situaciones de la realidad, negativas así como positivas.

Actividad

1 Colocar todas las imágenes en una mesa. En la pared, poner tres papelógrafos unidos.

2 Invitar a pegar en los papelógrafos cinco imágenes muy distintas, dejando espacio entre ellas. Después, formar un gran collage o periódico mural, agrupando las imágenes que sean de índole similar.

3 Identificar los temas que quedaron representados y escribirles un título que los describa.

4 En sesión plenaria, identificar, a partir de los títulos, cuáles de esas situaciones denotan realidades:

- De manos entumecidas o paralizadas por diversos factores humanos
- De manos extendidas y activas como las de Jesús

5 Invitar a contemplar el mural en silencio por unos minutos.

6 Proclamar Marcos 2, 23 – 3, 6.

7 Formar grupos pequeños y hacer la siguiente reflexión:

- En general, cuando vemos estas realidades, ¿qué pensamos de ellas?
- ¿Cómo solemos responder a los sucesos y realidades que nos muestran?
- ¿Qué responsabilidad personal tenemos ante ellas?
- ¿Qué responsabilidad social tenemos como juventud cristiana?
- ¿Cómo es posible ser agentes de sanación ante estas realidades?

Celebración

1 Hacer la siguiente monición:

Nuestra historia personal, de nuestro pueblo, nación... el mundo... ha sufrido y está sufriendo muchas situaciones de gracia y de pecado. Vivimos en esa tensión constante.

Jesús viene hoy a alentarnos, a darnos un empujón y nuevas fuerzas. Quiere liberar nuestro corazón, nuestra mente y todo nuestro ser de parálisis que nos quitan la libertad y la energía para extender nuestras manos y con ellas "co-crear" con Dios el mundo, según su plan de amor.

Para extender la mano debemos abrirnos a la gracia de su amor, de un amor que es alabado con sinceridad, venciendo las resistencias del espíritu humano y dejándonos conducir por el Espíritu del Señor.

2 Invitar a reflexionar en silencio: ¿Qué significado tiene para mí el reservar tiempo para alabar al Señor en su día? Mis brazos y mis manos, ¿están caídos y entumecidos? ¿Necesito la obra de Jesús: ¡Extiende la mano!?

3 Hacer la siguiente oración en voz alta, pidiendo a Jesús que trabaje con todos y cada uno de nosotros, para que dejemos atrás nuestras parálisis y seamos personas de manos activas como él.

Jesús, cambia junto conmigo,
mis posibilidades, con tu seguridad
mis debilidades, con tu fortaleza
mis fallas, con tu bondad
mi egoísmo, con tu amor generoso.

Jesús, cambia junto conmigo,
mis temores, con tu confianza
mis anhelos, con tu presencia
mis rencores, con tu perdón
mi tiempo, con tu eternidad.

4 Terminar dándose unos a otros un abrazo de ánimo para actuar en nombre de Jesús.

Décimo Domingo Ordinario

LA LIBERTAD: PRECIOSO Y RIESGOSO DON

Génesis 3, 9-15 • Salmo 130 (129) • 2 Corintios 4, 13 – 5, 1 • Marcos 3, 20-35

EMPIEZA TU DIÁLOGO CON JESÚS

—Hoy volveremos a hablar de la libertad. ¿Qué recuerdas sobre lo que hemos hablado acerca de mi poder de hacerte profundamente libre? ¿Cómo defines la libertad que yo te doy?

✚ GRACIAS A TI, SOY LIBRE DE

PARA

—¿Qué valoras más de esa libertad? Yo la considero un tesoro, ¿y tú?

✚ LO QUE MÁS VALORO DE LA LIBERTAD QUE ME DAS ES

—¿En qué ocasiones corres más riesgo de perder tu libertad interior?

✚ LO QUE MÁS PONE EN RIESGO MI LIBERTAD ES

—¿Hay alguna razón por la que te sientes esclavizado?

✚ PUES..., DÉJAME PENSAR. MIRA,

—Continúa tu diálogo conmigo, orando para obtener tu libertad interior.

CONTINÚA ORANDO DESDE TU CORAZÓN

Gracias por el don de la libertad

GRACIAS, JESÚS, POR DARME LA LIBERTAD ANTE

REALMENTE HE CRECIDO MUCHO COMO PERSONA CUANDO

CON CIERTA FRECUENCIA USO MAL MI LIBERTAD, EN ESPECIAL

LO QUE MÁS ME ESCLAVIZA O ME OPRIME ES

Y LO QUE MÁS ME AYUDA PARA TOMAR OPCIONES BUENAS DE MANERA LIBRE ES

Gracias mil por estar a mi lado. Cuando soy libre me poseo a mí mismo/a enteramente. Por favor, nunca me abandones y ayúdame siempre a usar mi libertad para escuchar y responder a tu Palabra y hacer el bien. Amén.

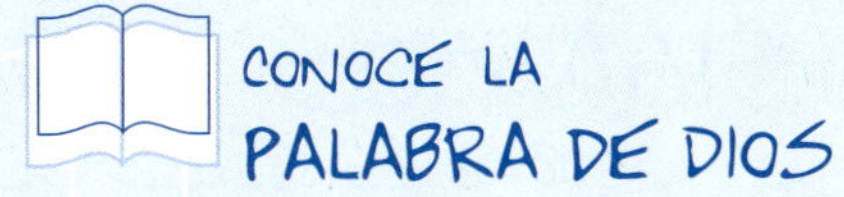

Leer Marcos 3, 20-35

El pasaje anterior estuvo dedicado a los Doce apóstoles, identificados como la nueva familia de Jesús (Mc 3, 13-19). Cuando él regresa a su casa empieza a tener algunas dificultades.

Primero son sus parientes, que piensan que Jesús está trastornado. Después son los maestros de la ley, que no reconocen el poder de Jesús, diciendo que expulsa a los demonios con el poder del príncipe de los demonios (Mc 3, 22).

Jesús les responde con una lógica aplastante (vv. 23-27). Después nos asegura el perdón de todos los pecados y blasfemias, con la excepción de la blasfemia contra la acción del Espíritu Santo. ¿Por qué?

Porque quien se cierra en ese grado a la acción del Espíritu de Dios se pone al margen de la salvación, por su propia obstinación, no por una disposición arbitraria de Dios. Blasfemar es una acción consciente; quiere decir "condenar o renegar por medio de una calumnia".

En este caso desconocen la acción liberadora de Dios, calumniando a Jesús, su enviado para salvar al pueblo del pecado y de la muerte. Los maestros de la ley desconocen el amor liberador y misericordioso de Dios.

Haz buen uso de tu libertad

La primera lectura describe la vergüenza de los padres del género humano al romper su relación con Dios, por querer ser como él (Gn 3, 9-15). Fuimos creados a imagen y semejanza de Dios, como personas libres; pero ahora, en nuestra condición humana, experimentamos desorden y perturbación en nuestra vida.

La libertad es un don precioso. Nos permite decir sí a Dios y vivir como sus hijos/as, hermanos entre nosotros; o decirle no a Dios y a su plan de amor para la humanidad y para cada uno de nosotros.

Al decirle no, como ha sucedido a lo largo de la historia humana, las fuerzas opuestas a Dios ejercen un poder fuerte sobre nosotros. Al desorden en nuestra realidad humana se le llama concupiscencia; entre más cedamos a ella, más nos apartamos de Dios, y eso nos hace más propensos a pecar.

Jesús vino a mostrarnos el camino al Padre y salvarnos de los efectos nefastos del pecado. Quien no confía en el poder de Jesús para salvar y perdonar, impide que la gracia de Dios actúe en su naturaleza, la sane y perfeccione. Como en Jesús, la gracia es una participación en la vida de Dios, por iniciativa de él y respuesta libre del ser humano.

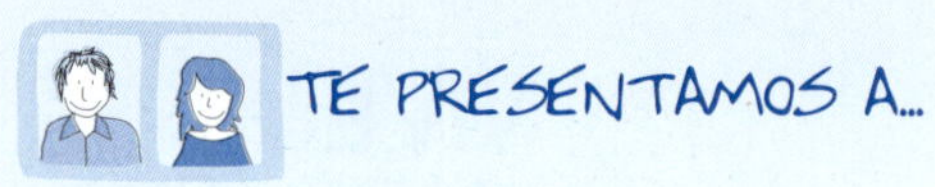

Franz Jägerstätter (1907-1943)

De libertino a mártir de la justicia

Franz nació en una granja en Austria, en la misma región que Hitler y su administrador de la solución final de la cuestión de los judíos. Su papá murió en la Primera Guerra Mundial y su mamá se volvió a casar; su nuevo esposo lo adoptó.

Franz era inteligente y buen estudiante, pero su conducta dejaba que desear. Era tan peleador, que estuvo encarcelado por ha-ber dividido al pueblo en dos bandos.

De joven tuvo una vida licenciosa, en el juego y con las mujeres; tuvo una hija fuera de matrimonio, a quien siempre sostuvo. A los 20 años trabajó en unas minas, donde el ambiente anticatólico lo hizo valorar su fe. Cuando regresó a su pueblo, su testimonio cristiano era tan fuerte, que la gente decía que estaba loco.

Se casó y tuvo tres hijas, a quienes amaba de corazón. Fue un granjero eficiente y se distinguió por su generosidad hacia los pobres y su servicio como sacristán y enterrador.

Se opuso al Partido Nazi y a la anexión de Austria a Alemania, pues los veía como traición al cristianismo y a su patria. Se alistó en el ejército alemán, para evitar sanciones a su familia; pero, consciente de que sufriría por su lealtad a Dios, la motivó a vivir cerca de Dios y a perdonarlo siempre a él y a toda persona.

Fue encarcelado por no aceptar ir a matar judíos, y logró la conversión de algunos presos que se abrieron a la obra de Dios. Fue ejecutado a los 36 años de edad. Se le considera un mártir de la fe y la justicia, por enfrentar con valor las opciones entre Dios o un ídolo; Jesucristo o el Führer, palabra que significa "líder", como se conocía a Hitler.

SIGAMOS LA OBRA DE JESÚS

Utilizando bien nuestra libertad

Nuestros primeros padres cayeron ante la tentación de querer ser como Dios. Los apóstoles —aunque Judas Iscariote lo entregó y Pedro lo negó tres veces— lo siguieron con altas y bajas en el camino. Los maestros de la ley desconocieron el actuar del Espíritu Santo, cerrándose al perdón de Dios.

En su juventud, Franz optó por una vida libertina, pero fue capaz de escuchar el llamado de Jesús a seguirlo. Su amor y fidelidad a Dios hasta la muerte evitó que colaborara en el exterminio de los judíos. ¿Cómo anda tu fidelidad a Dios?

+ ¿CUÁLES SON LAS TENTACIONES MÁS FUERTES QUE TIENES QUE SUPERAR? ______ Y ______

+ ¿QUÉ CUESTIONAMIENTOS DIFÍCILES NACEN DE LA SITUACIÓN SOCIOPOLÍTICA, ECONÓMICA Y RELIGIOSA ACTUAL? ______, ______ Y ______

+ ¿QUÉ ALTERNATIVAS DE ESTILO DE VIDA TIENES ANTE TI? ______

+ ¿HAS DESCUBIERTO EL LLAMADO QUE TE HACE DIOS? ¿HAS TRAZADO YA TU PROYECTO DE VIDA? ¿CÓMO VAS EN ESTE RESPECTO? ______

+ ¿EN QUE TIPO DE DECISIONES COTIDIANAS NECESITAS PREGUNTARTE CÓMO USAR BIEN TU LIBERTAD? ______

ENRIQUECE TU FE Y TU VIDA

Jesús cambia la situación en que te encuentras

Leer la segunda parte del evangelio: Marcos 3, 31-35. Con estas acciones Jesús responde a la preocupación de sus parientes por su estilo de vida (3, 21).

Cuando le dicen que su madre, sus hermanos y hermanas están fuera y lo buscan, Jesús no se mueve. Responde con una pregunta que él mismo contesta, dando un nuevo sentido a quienes conforman su nueva familia.

Ser su "madre y sus hermanos" está abierto a todos los que cumplen la voluntad de Dios. Pertenecer a su familia no se da solamente por la sangre, sino por la opción personal. No existen derechos adquiridos ni basta con aceptar a Jesús; hay que compartir también su proyecto de salvación.

No somos cristianos porque nuestros padres lo son; eso sucedió cuando éramos pequeños. Al ir conociendo a Jesús y ser conscientes de sus enseñanzas, tenemos que discernir y decidir por nosotros mismos, usando nuestra libertad al tomar opciones ante las muchas y diversas situaciones que presenta la vida.

Con frecuencia estaremos ante situaciones en que es necesario plantearse: ¿quiero continuar siendo de la familia de Jesús? ¿Qué consecuencias tiene tacharlo de loco, abandonar sus enseñanzas y no hacer la voluntad de Dios? ¿Me uniré a Jesús para convertirme en discípulo y en un testigo del plan de amor de Dios para la humanidad?

Sobre el perdón y la salvación

Franz escribió lo siguiente en una carta a un ahijado suyo, que tenía 16 años, cuando murió su papá:

> Si llegas a tener una tentación tan fuerte que sientas que debes darte por vencido y pecar, piensa un poco en la eternidad. Suele suceder que un hombre puede arriesgar su felicidad temporal y eterna por unos segundos de placer. Nadie sabe si tendrá la oportunidad de confesarse o si Dios le dará la gracia de arrepentirse de su pecado. La muerte te puede sorprender en cualquier momento y, en un accidente, rara vez hay tiempo para arrepentirse y pedir perdón. Todo esto te lo puedo decir por propia experiencia.

+ ¿Qué mensaje tiene Franz para ti?

+ Examina tu conciencia. Pide perdón a Dios y reconcíliate con personas a quienes hayas ofendido.

+ Si has cometido algún pecado grave, acércate al sacramento de la Reconciliación, restaura tu relación con Dios y pide perdón a las personas que hayas herido. Perdónate a ti mismo/a y acógete al Espíritu Santo, para que te fortalezca y no cometas faltas serias.

EL QUE CUMPLE LA VOLUNTAD DE DIOS, ÉSE ES MI HERMANO, MI HERMANA Y MI MADRE

Mc 3 35

PROCESO DE REFLEXIÓN PARA SER LIBRES Y USAR BIEN LA LIBERTAD

Fuerzas que ejercen influencia poderosa sobre la vida personal	Situaciones, aspectos, ideas y tendencias tras las que suelo esconderme de mi responsabilidad ante mis faltas y pecados	Nombrar una actitud o conducta, opuesta al evangelio, sobre la que no he asumido mi responsabilidad, con la que hago daño a mí, a otras personas y/o al mundo	Nombrar las gracias o dones del Espíritu Santo que necesito recibir para ser libre y actuar con libertad ante influencias negativas	Nombrar actitudes y acciones que me ayudan a ser más libre, crecer como persona y hacer el bien a la humanidad
La familia: Padres, hermanos, abuelos y otros familiares.				
Materialismo: Dar más importancia a la dimensión material de la vida que a la espiritual.				
Consumismo: Necesidad de tener más bienes, a costa del bien común y de la ecología.				
Positivismo: Confiar sólo en conocimientos científicos, despreciando las experiencias humanas y religiosas.				

Liberalismo sexual: Mal uso y abuso del don de la sexualidad, escudado en un falso concepto de libertad, sin respeto al desarrollo personal integral y la dignidad de otras personas.				
Corrupción en el liderazgo en las instituciones sociales: Política, Iglesia, educación, salud, economía...				
Situación económica: En la familia, el país y el mundo, con sus efectos de pobreza e ignorancia en amplios sectores de la población.				
Presión social: En particular de la familia, los compañeros, grupos del barrio...				
Medios de comunicación social: Televisión, Internet y otros, incluyendo la influencia de los valores propuestos a través de los juegos electrónicos.				

ACTIVIDAD COMUNITARIA

¿De quién es la culpa?

1 Formar grupos de tres o cuatro personas; leer la siguiente introducción:

> Adán echó la culpa de su pecado a Eva. Ella, a su vez, se escudó en haber sido engañada por la serpiente, que representaba las fuerzas del mal. ¡Es fácil encontrar a quien echar la culpa de las situaciones de muerte en que nos hayamos y cruzarnos de brazos ante ellas!
>
> Nuestra fe en Dios y nuestra amistad con Jesús son tan maravillosas, que no debemos tener miedo de Dios y no necesitamos escondernos de él, culpando a otros de nuestras faltas y debilidades. Podemos ser veraces y auténticos; el amor misericordioso de Dios es tan grande que no sólo nos perdona, sino que nos da al Espíritu Santo, para hacernos capaces de realizar nuestra misión particular en la historia.

2 Hacer la siguiente reflexión personal, utilizando el cuadro en las pp. 76-77:

- La primera columna presenta las dimensiones de la vida o tendencias de la sociedad en que se generan acciones tras las que solemos escondernos de nuestra responsabilidad ante las faltas y pecados personales.
- Los encabezados de las columnas 2, 3 y 4 están destinados a ayudar a cada joven a ser más libre, crecer como persona cristiana y hacer el bien, con la ayuda del Espíritu Santo.

3 En los grupos pequeños, compartir:

- ¿Qué aprendieron sobre ustedes mismos al hacer este ejercicio?
- ¿Qué luces recibieron para enfrentar mejor las fuerzas del mal y hacer buen uso de su libertad?
- ¿Qué efectos puede tener en su vida esta reflexión, si les ayuda a hacer continuas opciones por el proyecto de Jesús?
- Identificar dos aspectos sobresalientes de su reflexión, para compartirlos en la sesión plenaria.

4 En sesión plenaria, compartir lo que identificaron en los grupos pequeños.

CELEBRAMOS NUESTRA FE

Fortaleciéndonos para usar bien nuestra libertad

1 Entrar en ambiente de oración y entonar el "Padre Nuestro", invitando a que las palabras "que se haga tu voluntad en el cielo como en la tierra" resuenen en el fondo del corazón.

2 Invitar a que cada persona revise sus reflexiones durante la sesión, en particular el cuadro recién hecho, y escriba una pequeña oración que nazca de su interior. Dar el tiempo necesario para ello.

3 Invitar a arrodillarse y hacer la oración personal en silencio.

4 Levantarse, formar un círculo e invitar a hacer algunas oraciones espontáneas por todos los cristianos, para que sepamos ser fieles al evangelio en las distintas situaciones sobre las que reflexionaron hoy.

5 Terminar cantando el "Ave María" o el "Dios te Salve", pidiendo a María su intercesión, para poder ser más fieles a su querido Hijo.

11°
Domingo
Ordinario

DIOS ACTÚA EN EL SILENCIO DE NUESTRO CORAZÓN

Ezequiel 17, 22-24 • Salmo 92 (91) • 2 Corintios 5, 6-10 • Marcos 4, 26-34

EMPIEZA TU DIÁLOGO CON JESÚS

—Me invitas a participar en tu Reino y se me hace increíble.

—¿Qué es lo que más te atrae de mi Reino?

+ VIBRAR CON TU AMOR
+ SABER QUE TU JUSTICIA
+ PENSAR EN LA PAZ
+ SER CONSCIENTE DE MI LIBERTAD
+ GOZAR DE LA VERDAD

—¡Súper! ¿Cuáles de esas semillas del Reino estás gozando más ya desde ahora?

+ YO DIRÍA QUE ______ Y ______

—¿Sabes? Todas ellas y otras más seguirán desarrollándose en ti. Continúa orando por tu participación en el Reino.

CONTINÚA ORANDO DESDE TU CORAZÓN

Quiero participar plenamente en tu Reino

Jesús,

¡Quiero ser participante activo y entusiasta en tu Reino! Como discípulo y apóstol tuyo, quiero servirte con dignidad:

QUE CON EL AMOR QUE ME HAS DADO, ______

QUE CON EL SENTIDO DE JUSTICIA QUE ME HAS INCULCADO, ______

QUE CON LA LIBERTAD DE QUE GOZO, ______

QUE CON TU MISERICORDIA HACIA MÍ, ______

Deseo colaborar en la construcción de tu Reino, pues sé que es actuando como tu evangelio se encarna más en mí y que ése es el camino para construir la nueva civilización que tú deseas. Amén.

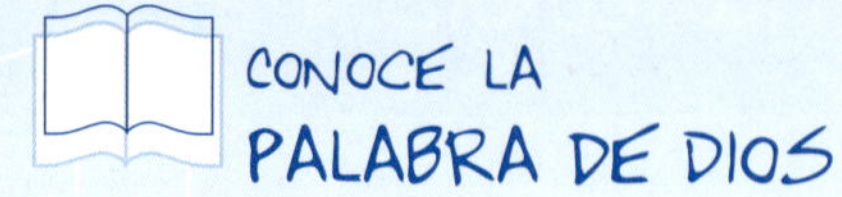

ENRIQUECE TU FE Y TU VIDA

MARZO 12

Leer Marcos 4, 26-34

✚ DE LOS MENSAJES DE LAS DOS PARÁBOLAS, ¿CUÁL HACE MÁS ECO EN TU CORAZÓN EN ESTOS MOMENTOS DE TU VIDA Y POR QUÉ?

Las dos parábolas con que Jesús explica el reino de Dios usan imágenes de la vida ordinaria de los campesinos de su época:

- La primera expresa el valor de cada momento de la vida porque —aunque no nos demos cuenta— Dios actúa siempre que recibimos su Palabra abiertos a su mensaje en el silencio de nuestro corazón (Mc 4, 26-29). Al mismo tiempo Jesús nos dice que no nos descorazonemos ni seamos impacientes si no vemos frutos, sea en nuestra vida o en la de personas en quienes hemos ayudado a sembrar la semilla del evangelio.
- En la segunda, Jesús compara el Reino con un grano de mostaza, que mide como 1.5 milímetros y puede producir un árbol bello y frondoso, hasta de tres metros (vv. 30-34). Esta parábola manifiesta que la gracia de Dios transforma inclusive las acciones más pequeñas que realizamos en su propia obra.

Lo pequeño es grande ante Dios

Las dos parábolas muestran lo vitales, misteriosas y eficaces que son las semillas del evangelio en nuestra vida. Ambas nos indican que, al vivir plenamente lo ordinario, estamos listos para lo extraordinario.

En el grano que cae en la tierra, el desarrollo se da por sí solo, gradualmente, siguiendo todos sus pasos (Mc 4, 27-28). De igual forma, el proceso de conversión es paulatino y requiere ser nutrido, para que nuestra vida llegue a dar frutos. No basta con recibir la Palabra; hay que alimentarla con la reflexión y la oración, para que la acción de Dios fructifique.

Es significativo que Jesús represente al Reino con el arbusto de la mostaza, el más grande entre las hortalizas (v. 32), y no como el cedro, el árbol más alto y el orgullo de Israel. La extensión del reino de Dios se da cuando una semilla pequeña cumple su misión, creciendo desde lo más pequeño e insignificante en el servicio a los demás; sin requerir majestuosidad o grandeza en las obras.

Dios actúa en ti, estés despierto/a o dormido/a (v. 27), aunque no tengas conciencia del milagro que está realizando. Su acción imperceptible favorece tu madurez y potencia tus cualidades, dando a tu vida entera un valor extraordinario. Así, todas las acciones en tu hogar, tu trabajo, tus relaciones interpersonales, tu descanso y esparcimiento..., al ser dirigidas con los valores del Reino, se convierten en signos o testimonio de su presencia entre nosotros.

¡QUÉ GRANDES SON TUS OBRAS, SEÑOR, QUÉ PROFUNDOS TUS PROYECTOS!

Sal 92 6

George (Jersy) Ciesielski (1929-1970)

Profesor de ingeniería

George era polaco, un chico de inteligencia rápida y brillante. En su juventud organizaba tours educacionales para sus compañeros, como medios a su alcance para inspirarse en la vida y prepararse para el futuro. Escribía:

> El futuro es incierto..., especular sobre el pasado tiene un valor dudoso. Lo que queda es el presente. Me parece que ofrece oportunidades muy amplias de acción. Pueden empezar dondequiera, siempre y cuando se empiece algo y continúe... ¿No sería correcto preguntarnos cada día: cómo puedo servir a Dios hoy?[4]

George se preocupaba por cumplir a diario su vocación de esposo, padre de familia y profesional. Vivía su fe, al dar sentido cristiano a cada momento de su existencia, viviéndolo con alegría y perfección, como camino hacia la felicidad eterna.

En 1960 recibió su doctorado en ingeniería. Inventó el único tipo de cimientos que resistían edificios erigidos sobre antiguas minas. En 1968 empezó a enseñar en una universidad de Polonia. Al año siguiente —al conocer la carencia de ingenieros en Sudán— se mudó a Jartum, donde impartió la cátedra de ingeniería.

Murió en un accidente de barco con dos de sus hijas. En el corto tiempo que fue profesor, se ganó el título de Rajul Allah u "Hombre de Dios", entre sus estudiantes musulmanes, por su testimonio de vida. En la Iglesia católica fue nombrado Siervo de Dios, por la manera como dirigió su vida entera con la Palabra de Dios y la Eucaristía.

SIGAMOS LA OBRA DE JESÚS

Dejando que la semilla del evangelio fructifique

Jesús nos enseña que la semilla del evangelio, bien sembrada, fructifica. Para Jersy lo importante era hacer en cada momento lo que Dios deseaba y hacerlo bien. Su invento de los únicos cimientos firmes para terrenos mineros puede verse como un símbolo de las semillas sobre las que construía diariamente su vida cristiana.

Piensa de qué manera va desarrollándose la semilla del evangelio en ti:

- DESDE QUE DESPIERTAS HASTA QUE SALES DE CASA: ¿QUÉ VIVENCIAS DEL EVANGELIO SE PUEDEN DAR EN TI?
- EN TUS ACTIVIDADES DIARIAS: ¿CÓMO NUTRES LAS SEMILLAS DEL EVANGELIO QUE MENCIONASTE AL INICIO DE LA SESIÓN?
- ¿QUÉ SEMILLAS DEL EVANGELIO SIEMBRAS CON MÁS FRECUENCIA EN LAS PERSONAS A QUIENES FRECUENTAS?
- EN TUS ESTUDIOS O PROFESIÓN: ¿QUÉ SEMILLAS DEL EVANGELIO TIENEN EL POTENCIAL DE CRECER MÁS?
- ¿HAY ALGUNA SEMILLA DEL EVANGELIO QUE JESÚS ESTÉ DESARROLLANDO MÁS EN TI ÚLTIMAMENTE? ¿CUÁL?

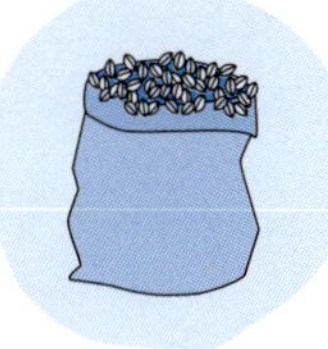

ENTRA EN ORACIÓN

Sobre tu amistad con Jesús

Jesús nos invita y nos espera siempre, constante, amoroso, con la ilusión de que decidamos aceptarlo a él y a su evangelio. Nos motiva y nos anima, pero nunca presiona nuestra libertad.

El siguiente soneto es de uno de los grandes poetas y dramaturgos del Siglo de Oro español, Lope de Vega (1562-1635). Lee con cuidado el poema; observa cómo el poeta se siente llamado, pero pospone la respuesta una y otra vez. Después medita sus palabras: ¿se parecen a las tuyas hacia Jesús?

¿QUÉ TENGO YO, QUE MI AMISTAD PROCURAS?

¿Qué tengo yo, que mi amistad
procuras? ¿Qué interés se te sigue,
Jesús mío, que a mi puerta,
cubierto de rocío, pasas las noches
del invierno oscuras?

¡Oh, cuánto fueron
mis entrañas duras, pues no te abrí!
¡Qué extraño desvarío,
si de mi ingratitud el hielo frío
secó las llagas de tus plantas puras!

¡Cuántas veces el ángel me decía:
"Alma, asómate ahora a la ventana,
verás con cuánto amor
llamar porfía"!

¡Y cuánta hermosura soberana,
"Mañana le abriremos", respondía,
para lo mismo responder mañana!

HAGAMOS VIDA
2 CORINTIOS 5, 6-10

Para que en todo momento tengamos confianza

1 Leer 2 Corintios 5, 6-10. Pablo nos recuerda que nuestra realidad en la tierra es corporal y temporal, por lo que hay que vivirla en función de nuestra existencia total, con su dimensión futura fundamentada en la vida en Cristo.

+ ¿QUÉ PUEDES APRENDER PARA TU VIDA AL VER CÓMO VIVIÓ ESTE MENSAJE PABLO?

+ ¿QUÉ TE ENSEÑA SOBRE ÉL EL TESTIMONIO DE VIDA DE JERSY?

+ ¿QUÉ APRENDES DEL ENFOQUE QUE LE DIO LOPE DE VEGA A SU VIDA?

2 Volver a leer el pasaje completo.

+ ¿POR QUÉ CREES QUE PABLO LO EMPIEZA DICIENDO "PARA QUE EN TODO MOMENTO TENGAMOS CONFIANZA..."?

+ ¿CÓMO PUEDES INCREMENTAR TU CONFIANZA EN DIOS, GRACIAS A ESTA REFLEXIÓN?

ACTIVIDAD COMUNITARIA

Desarrollo de las semillas del evangelio

Preparación

Llevar para cada participante: cinco recortes de revistas o periódicos sobre realidades humanas y cinco semillas distintas. Llevar suficiente pegamento o cinta adhesiva transparente.

Actividad

1 Entregar a cada joven sus cinco imágenes y semillas. Invitarlos a que, en silencio:

- Asignen un significado a cada semilla: fe, esperanza, amor, libertad, conocimiento.
- Analicen las cinco realidades y peguen en cada una la semilla que sienten que debe germinar con más urgencia en ella, para dar una vida nueva.

2 Continuar la reflexión, ahora sobre su propia vida:

- ¿Con qué dos realidades se identifican más? ¿Por qué?
- ¿Cómo se han ido desarrollando esas semillas en ustedes? ¿Cuál de las dos se ha desarrollado más y cuál menos? ¿Por qué?

3 En grupos de tres:

- Pegar todas las imágenes recibidas en un papelógrafo.
- Compartir los cuatro pasos de su reflexión.

4 Elaborar oraciones para la celebración de fe:

- Asignar a la mitad de los grupos pequeños la creación de una oración por las personas representadas en los recortes.
- Asignar a la otra mitad la creación de oraciones centradas en el desarrollo de la semilla en sí mismos.

CELEBRAMOS NUESTRA FE

Orando por las semillas del evangelio

1 Entonar una canción sobre la semilla del evangelio.

2 Invitar a que un grupo sostenga su papelógrafo para que todos lo vean y haga su oración. Todos responden:

> "¡Tú me alegras, Señor, con tus acciones, y canto jubiloso por la obra de tus manos!" (Sal 92, 5).

3 Invitar a otro grupo a hacer su oración. Todos responden:

> "¡Qué grandes son tus obras, Señor, qué profundos tus proyectos!" (v. 6).

4 Continuar hasta terminar las oraciones, alternado los versículos 5 y 6 como respuesta.

5 Proclamar los versículos 13-16. Responder después de cada versículo:

> "¡Qué bueno es dar gracias al Señor, y cantar para tu nombre, oh Altísimo!" (v. 1).

6 Terminar dándose un abrazo, deseándose la paz para que la semilla del evangelio fructifique en su compañero.

12º
Domingo
Ordinario

JESÚS FUNDÓ LA IGLESIA Y LA SOSTIENE SIEMPRE

Job 38, 1. 8-11 • Salmo 107 (106) • 2 Corintios 5, 14-17 • Marcos 4, 35-41

EMPIEZA TU DIÁLOGO CON JESÚS

—Jesús, amo a tu Iglesia y me preocupa. ¿Por qué no nos ayudas más a que todo funcione bien?

—Yo siempre estoy con ustedes. La Iglesia somos todos juntos, ustedes unidos a mí, y yo a ustedes; yo soy su cabeza y ustedes sus miembros.

+ ESO LO SÉ, LO QUE NO ENTIENDO ES POR QUÉ TENEMOS TANTOS PROBLEMAS, POR EJEMPLO: ,

Y

—Si analizas esos ejemplos, verás que provienen de la debilidad humana.

+ ASÍ ES. LO PRIMERO SE DEBE PRINCIPALMENTE A

Y LO SEGUNDO A Y ,

Y LO TERCERO A Y

—Hoy dialogaremos sobre las cualidades de la Iglesia y el reto de mantenerla unida. Ora y encuentra tu lugar en ella; es lo que necesito de ti.

CONTINÚA ORANDO DESDE TU CORAZÓN

Jesús, mantén a tu Iglesia bien unida a ti

Jesús, reconozco mis debilidades como miembro de tu Iglesia.

TE PIDO PERDÓN, DE MANERA ESPECIAL POR Y POR

ALGO QUE VALORO, PERO QUE ME CUESTA TRABAJO VIVIR ES

AYÚDAME A TENERTE SIEMPRE PRESENTE, EN PARTICULAR CUANDO

ENVÍA A TU ESPÍRITU SANTO, PROMOTOR DE LA UNIDAD Y EL AMOR, PARA QUE

POR MI PARTE TE OFREZCO

Dame tu luz y tu fuerza, para ser siempre fiel a ti y a tu Iglesia. Amén.

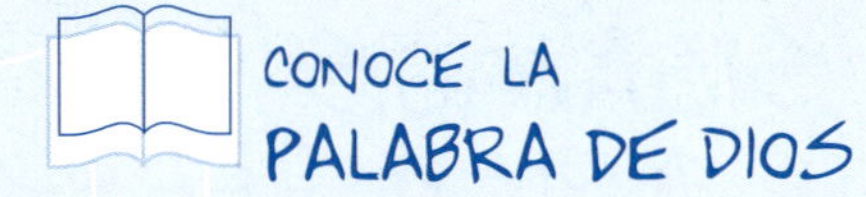

Leer Marcos 4, 35-41

+ ¿QUÉ TE LLAMA LA ATENCIÓN EN ESTE RELATO?

En este milagro existen varios símbolos importantes. La barca es considerada símbolo de la Iglesia. La tempestad que disturba las aguas era signo del mal en tiempos antiguos, por el poder mortal de las tormentas y la cercanía del agua a los infiernos, donde habitaban los espíritus impuros.

El que Jesús esté dormido en la barca, cuando estaba amenazada por la tormenta, tiene también un simbolismo especial. Habla de la presencia silenciosa de Dios en nuestra vida, en la que debemos confiar.

La reacción de los discípulos denota una fe débil e incapacidad de vencer el peligro. De ahí que temerosos reclamen a Jesús: "Maestro, ¿no te importa que nos hundamos?" (Mc 4, 38).

Al parar la tempestad, Jesús muestra su poder sobre el mal. Después, pregunta a los discípulos la razón de su cobardía, siendo que él estaba con ellos, y les hace reflexionar: "¿Quién es éste que hasta el viento y el lago obedecen?" (v. 41).

¿POR QUÉ SON TAN COBARDES?
¿TODAVÍA NO TIENEN FE?
Mc 4 40

Unidos en Jesús no tenemos miedo

Unidos en Jesús tenemos una fe robusta y una esperanza centrada en la vida, que permite enfrentar desafíos y conduce a ser creativos, sea para forjar nuevas realidades o para reconstruir lo dañado. En cambio, cuando se nos olvida que Jesús está con nosotros, nos convertimos en cristianos cobardes y quejumbrosos, que sólo hablan de crisis de fe y tragedias religiosas o morales.

El amor engendra gozo, seguridad, unidad, confianza, paz, energía... El miedo es ausencia de amor, y genera parálisis, depresión, culpa, prejuicios, desconfianza, divisiones...

La Iglesia necesita miembros capaces de hacer frente a las tempestades que la acechan, con la ayuda de Jesús. Tenemos que protegerla, respetarla, renovarla y repararla, si es necesario. Hay que mantenerla siempre en movimiento, cumpliendo su obra redentora, y atentos a nuestro propio proceso de conversión.

Para eso tenemos que fortalecer nuestra fe con la oración. Jesús la creó como sacramento de salvación, para seguir actuando a través de la historia mediante su Espíritu que obra en nosotros, los miembros de su Iglesia.

¡Oremos por la unidad de la Iglesia, por su misión y por nosotros mismos, para que seamos instrumento de fe, amor y unidad!

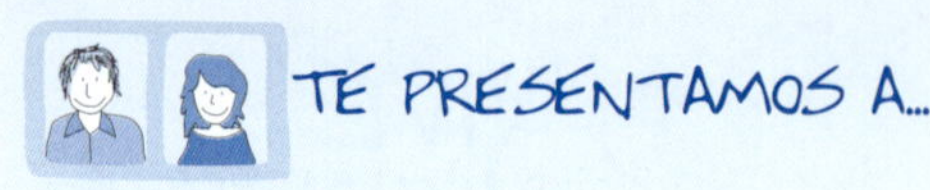

María Gabriela Sagheddu (1914-1939)

Protectora y protagonista de la unidad de la Iglesia

María nació en Cerdeña, una isla italiana. Su papá era pastor y gozaban de un bienestar modesto, que terminó cuando murió su papá, por lo que tuvo que dejar los estudios y trabajar a temprana edad.

Durante su infancia y adolescencia tuvo un carácter obstinado, crítico, contestatario, rebelde; sin embargo, con un fuerte sentido del deber, de la fidelidad y de la obediencia. De joven participó en la Acción Católica y empezó un proceso de conversión más profundo. A los 21 años entró a la orden de la Trapa y tomó el nombre de María Gabriela por el ángel de la Anunciación.

Estando en oración sintió que el Señor le pedía ofrecer su vida por la unidad de los cristianos, y así lo hizo, con la autorización del capellán y la madre abadesa. Empezó a centrar su oración y a ofrecer la enfermedad que la llevaría a la vida eterna.

María Gabriela murió el domingo en que la liturgia de la Iglesia celebra el Buen Pastor y el evangelio anuncia que "se formará un rebaño único, bajo la guía de un solo pastor" (Jn 10, 16). Fue beatificada por el papa Juan Pablo II en la semana de la oración por la unidad de los cristianos, en 1983. En su homilía, la llamó protectora y protagonista de esta unidad, por su ofrenda de amor, nacida de la moción del Espíritu Santo a abrirse a los hermanos separados.

SIGAMOS LA OBRA DE JESÚS

Centrando nuestra fe y amor en la unidad de la Iglesia

Jesús mostró a sus discípulos su poder de vencer el mal y los desafió a tener más fe. La Iglesia, en su dimensión humana, enfrenta retos y peligros que la estremecen y requieren ser superados. Uno de ellos es la separación de los cristianos. María Gabriela respondió a la moción del Espíritu Santo en favor de su unidad y se convirtió en su protectora y protagonista. Y tú:

+ ¿QUÉ OCURRE EN TU VIDA PERSONAL CUANDO TE ACOBARDAS POR EL MIEDO O POR SENTIRTE SOLO/A? ______

+ ¿CÓMO PUEDES COLABORAR PARA QUE ESTEMOS MÁS UNIDOS LOS CATÓLICOS? ______

+ ¿CÓMO PUEDES HACERLO, EN RELACIÓN CON LOS OTROS CRISTIANOS? ______

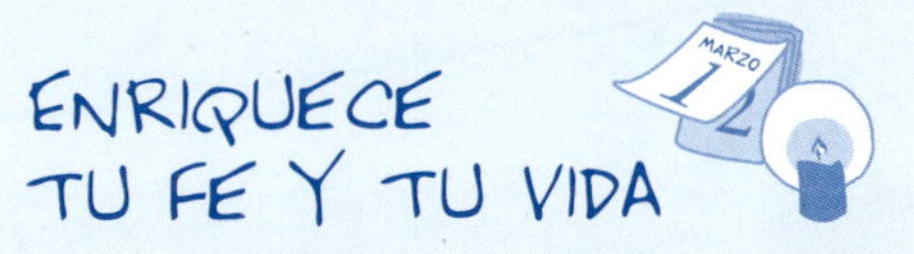

La Iglesia es una, santa, católica y apostólica

En "El Credo" proclamamos que la Iglesia es una, santa, católica y apostólica. Estas cuatro cualidades son esenciales e inseparables. El comprenderlas nos lleva a valorarlas, y el valor que tienen las convierten en un tesoro de tal magnitud, que por eso sólo nos queda dar gracias a Dios por ser miembros de la Iglesia católica, y tener la oportunidad de servirla y continuar su misión.

LA IGLESIA ES UNA

La Iglesia es una porque fue fundada por Cristo, el Hijo que es uno con el Padre y el Espíritu Santo, enviado para restaurar la unidad perdida entre la humanidad y Dios. El Espíritu Santo, que habita en los cristianos, llena y gobierna la Iglesia con sus dones, y nos une a todos entre sí y con Cristo, quien se la encargó a Pedro para que la pastoreara (Jn 21, 15-17). Esta unidad se asegura por vínculos visibles de comunión:

- la profesión de una misma fe recibida de los apóstoles;
- la celebración común del culto divino, sobre todo de los sacramentos;
- la sucesión apostólica por el sacramento del Orden, que conserva la concordia fraterna de la familia de Dios.[5]

LA IGLESIA ES SANTA

La Iglesia es santa porque pertenece a Cristo, quien con el Padre y el Espíritu es "el único santo". Él amó a la Iglesia como a su esposa y se entregó por ella para santificarla; la unió a sí mismo como su propio cuerpo y la llenó del don del Espíritu Santo para gloria de Dios.

Nosotros somos "el pueblo santo de Dios", y por ello somos "santos". Esta santidad la alcanzamos por la gracia de Dios, alcanzada por los medios de salvación que Jesús le confió.[6]

El amor es el alma de la santidad y, mientras vivamos en la tierra, nuestras imperfecciones requieren una constante conversión hacia la santidad. En la vida eterna gozaremos el amor pleno de Dios y alcanzaremos la santidad plena a la que hemos sido llamados.[7]

LA IGLESIA ES CATÓLICA

"La palabra católica significa 'universal', en el sentido de 'según la totalidad' o 'según la 'integridad'".[8] Es católica en dos sentidos:

- Porque en ella subsiste la plenitud del Cuerpo de Cristo unido a su Cabeza, lo que implica que ella recibe de él la plenitud de los medios de salvación.
- Porque ha sido enviada por Cristo en misión a la totalidad del género humano.

La Iglesia católica se encarna en cada una de las iglesias particulares o diócesis, en las que la comunidad está unida en la fe y los sacramentos a su pastor, el obispo, ordenado en la sucesión apostólica. A su vez, las diócesis están unidas entre sí, debido a su comunión con la Iglesia de Roma, que preside en caridad y que tiene la promesa de Jesús de que el mal nunca la vencerá.[9]

LA IGLESIA ES APOSTÓLICA

La Iglesia es apostólica porque está fundada sobre los apóstoles en un triple sentido:

- Fue y permanece edificada sobre el fundamento de los apóstoles, testigos elegidos y enviados a la misión por el mismo Cristo.
- Guarda y transmite, con la ayuda del Espíritu Santo, las enseñanzas de Jesús a los apóstoles.
- Sigue siendo enseñada por los obispos, sucesores de los apóstoles, y por los sacerdotes y diáconos que los asisten en su misión como pastores de una iglesia particular.

Cristo prometió a sus apóstoles que permanecería con ellos hasta el final de los tiempos, pues el evangelio tiene que ser anunciado hasta el fin del mundo, el cual va gestando vida en medio de su pueblo. Por eso saben que son los "ministros de una nueva alianza" (2 Cor 3, 6), "ministros de Dios" (2 Cor 6, 4), "servidores de Cristo y administradores de los misterios de Dios" (1 Cor 4, 1).[10]

¿SABÍAS QUE...

El ecumenismo trata de reunificar a la Iglesia

Desde muy pronto hubo rupturas que hirieron a la Iglesia y que fueron reprobadas por los apóstoles. Siglos más tardes, comunidades enteras se separaron de la comunión plena con la Iglesia católica, a veces por culpa de ambas partes. Sus miembros no pueden ser acusados del pecado de la separación, sino abrazados con respeto y amor fraternos, y reconocidos como hermanos en el Señor.[11]

En su oración a la hora de su pasión, Jesús ora por la unidad de sus discípulos con el Padre y entre sí, para que alcancen la unión perfecta, sepan que Dios nos ama y den testimonio de que Jesús fue enviado por el Padre de todos (Jn 17, 21-24). A partir del Concilio Vaticano II, la Iglesia católica busca con especial empeño la restauración de la unidad entre todos los cristianos.[12]

Llamamos ecumenismo al movimiento de la Iglesia para restaurar la unidad perdida entre los hermanos cristianos. Para ello se requiere:

- Una renovación permanente de la Iglesia en una fidelidad mayor a su vocación hacia la unidad.
- La conversión del corazón, para ser más fieles a Jesús, porque nuestra infidelidad a él es la causa de las divisiones.
- La oración en común, porque la oración es fuente de unidad.

También es importante la formación ecuménica, el reconocimiento mutuo como hermanos, el diálogo entre los teólogos, encuentros entre cristianos de diferentes comunidades y la colaboración en el servicio social.[13]

ENRIQUECE TU FE Y TU VIDA

Comprende y vive mejor el ecumenismo

El movimiento ecuménico se ha dado a varios niveles, entre los que destacan tres:

- El diálogo cuidadoso y respetuoso en materia doctrinal y litúrgica busca comprender mejor las diferencias teológicas y del culto, para irlas solucionando. Se da entre personas en puestos de autoridad y comisiones oficiales en las comuniones cristianas tradicionales.
- La oración en común, que lleva a cristianos de diversas iglesias a la unión en la fe y el amor en Jesús. Es una fuente privilegiada de comunidad, pues a todos los cristianos nos une el mismo Espíritu.
- Colaboración en proyectos humanitarios, como el servicio a los pobres, la lucha por la justicia social, el movimiento ecológico... En este tipo de acción es importante colaborar también con personas de otras religiones.

El papa Benedicto XVI señala que el diálogo ecuménico surge del bautismo común y tiene como una de sus metas llegar a la Eucaristía común. Enfatiza que las diferencias en materia doctrinal no deben impedir nuestra tarea común de mejorar el mundo en el que vivimos.[14]

La Iglesia católica sigue la Tradición y el Magisterio de la Iglesia al interpretar la Sagrada Escritura.[15] De ahí que estudiar y reflexionar sobre la Biblia en la Iglesia católica nos ofrece una visión y fundamentación más amplia para su interpretación. La excepción se da a nivel de estudios académicos avanzados, que llevan a un análisis cuidadoso y respetuoso de las diversas interpretaciones dadas por la Iglesia católica y otras iglesias.

ACTIVIDAD COMUNITARIA

Somos la Iglesia que fundó Jesús

1 Formar cuatro grupos pequeños y realizar las siguientes actividades.

2 Revisar cada cualidad esencial de la Iglesia, en las pp. 87-88: ¿De qué maneras viven esa cualidad de la Iglesia? ¿En qué aspectos necesitan mejorar y cómo lo pueden hacer? Anotarlo en un papelógrafo.

3 Revisar los dos comentarios sobre el ecumenismo, en la p. 89. Reflexionar sobre:

- Cómo colaboran en la renovación de la Iglesia, como miembros jóvenes de ella, para que sea más fiel a Jesús. Anotar su reflexión en un papelógrafo.
- ¿Qué oportunidades han tenido de orar con hermanos de otras iglesias cristianas? ¿Cómo podrían motivar este tipo de oración, bajo la dirección y el acompañamiento de su párroco, directiva de la escuela o dirigentes del movimiento apostólico?
- ¿En qué tipo de servicio humanitario es más urgente que colaboremos todos los cristianos? ¿En qué proyectos han trabajado juntos y en cuáles pueden hacerlo en el futuro?

4 En sesión plenaria:

- Presentar el trabajo de los grupos.
- Decidir dos que pueden realizar para vivir más fielmente a Jesús y su Iglesia dentro de la Iglesia y dos en la relación con nuestros hermanos de otras iglesias.

CELEBRAMOS NUESTRA FE

Orando por la unidad de la Iglesia

Preparación

Llevar una imagen del Buen Pastor, cuatro velas grandes y velas pequeñas para cada participante.

Celebración

1 Entregar las velas grandes a un/a delegado de cada grupo pequeño, y las pequeñas a cada participante. Colocarse alrededor del altar, con la imagen del Buen Pastor y la Biblia.

2 Proclamar Juan 17, 21-24.

3 Invitar a hacer la oración de Jesús y volver a leer el pasaje.

4 Invitar a que cada delegado pase a colocar en el altar su vela encendida como símbolo de la unidad en la Iglesia:

Grupo 1: Entre las Iglesias particulares o diócesis, con la Iglesia de Roma.

Grupo 2: Entre las parroquias, unidas al obispo.

Grupo 3: Entre las comunidades eclesiales y grupos pequeños en la parroquia.

Grupo 4: Entre los movimientos apostólicos, congregaciones religiosas, colegios católicos, institutos seglares, organizaciones ministeriales..., como células de la Iglesia.

5 Proclamar 2 Corintios 5, 14-17.

6 Invitar a reflexionar sobre la conversión personal que cada quien necesita realizar para ser motivo de unidad dentro de nuestra Iglesia y colaborar en el movimiento ecuménico.

7 Invitar a que cada participante coloque su vela en el altar y ore en su interior por esa conversión.

8 Finalizar con un canto que hable de la Iglesia y su unidad.

13º Domingo Ordinario

LA FE EN JESÚS NOS DA VIDA

Sabiduría 1, 13-15; 2, 23-24 • Salmo 30 (29) • 2 Corintios 8, 7. 9. 13-15 • Marcos 5, 21-43

EMPIEZA TU DIÁLOGO CON JESÚS

—Jesús, a veces no sé cómo enfrentar mi enfermedad, mi dolor, las tragedias de la vida...

—¿Por qué te pasa esto?

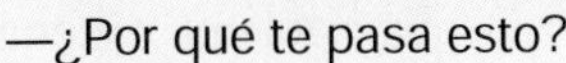

Y ______________________________________ ;

—Ya veo. Hoy platicaremos de la vida que les doy a todos mis seguidores. Dime, ¿cómo te sientes cuando hay personas cercanas a ti que sufren? ¿Qué sueles hacer para ayudarlas?

+ ME SIENTO ______________________________________

Y LO QUE HAGO ES ______________________________________

—Continúa este diálogo orando sobre este tema; confío en que será más fácil para ti enfrentarlo con la riqueza del mensaje de hoy.

CONTINÚA ORANDO DESDE TU CORAZÓN

Dame fe para ver y vivir la vida según tu corazón

SEÑOR, TENGO FE EN TI, PERO SIENTO QUE SE DEBILITA CUANDO ______________________________________
______________________________________ Y ______________________________________

LOS PROBLEMAS O TRAGEDIAS DE LA VIDA QUE ME HAN HERIDO MÁS SON
______________________________________ Y ______________________________________

Y AÚN NO HE SANADO BIEN DE ______________________________________
____

Y ESTO HACE QUE ______________________________________
____

Dame fe para que sepa recibir y transmitir la nueva vida que nos traes, a lo largo de mi vida. Amén.

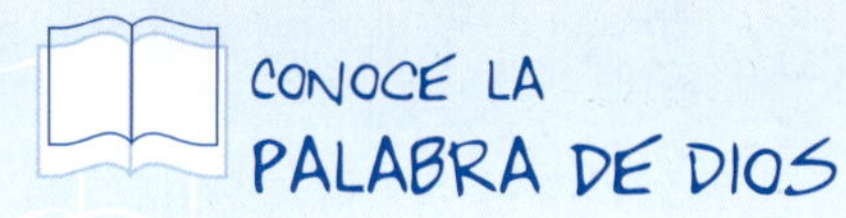

Leer Marcos 5, 21-43

+ ¿QUÉ PARALELOS Y QUÉ CONTRASTES HAY EN LOS DOS MILAGROS?

Este evangelio es una historia dentro de otra. Los dos milagros señalan la fe como camino a la vida.

No era de esperarse que Jairo y la mujer que padecía hemorragias tuvieran fe en Jesús: Jairo pertenece a la estructura religiosa, generalmente opuesta a Jesús, y la mujer seguía empeorando tras doce años de tratamiento médico. Sin embargo, su fe es grande y los detalles de ambos milagros son muy importantes, pues enfatizan el mensaje de Jesús.

Jesús está rodeado de gente. Llega Jairo —jefe de una sinagoga, hombre de prestigio, acostumbrado a que lo sirvan— y se arrodilla ante él, implorando que cure a su hija moribunda. Jesús empieza a caminar con él, pero se distrae porque alguien toca su manto.

Jesús siente que una fuerza curativa sale de él y pregunta quién lo tocó. Se trata de una persona anónima, perdida en la multitud, que siendo pobre ha quedado en la miseria debido a su enfermedad. Lleva doce años marginada de la sociedad, pues toda mujer que sangraba era considerada impura.

El contraste entre los dos es claro: un hombre religioso en posición de autoridad y una mujer pobre e impura. Sin embargo, Jesús deja a Jairo para buscar a la mujer y dar sentido a su curación.

Mientras tanto, Jairo recibe la noticia de que su hija ya falleció. Jesús asume la nueva realidad y lo motiva a seguir creyendo. Va a su casa acompañado de sus tres discípulos más cercanos: Pedro, Santiago y Juan.

La siguiente escena es dramática. Los rituales por los difuntos —que incluían llantos y gritos de plañideras, personas contratadas para llorar por los muertos— ya habían empezado.

Jesús cuestiona los ritos funerarios, diciéndoles que la niña no ha muerto. Pero la gente, segura de que la niña murió hace tiempo, se burla de Jesús. No obstante, él entra a la casa, toma a la niña de la mano y le dice: "Talitha kum (que significa: Niña, a ti te hablo, levántate)" (v. 41). La fe de su padre ha sido suficiente y la niña se levantó al instante.

La gente se admira ante el milagro y Jesús les dice que no lo comenten. Se trata del secreto mesiánico, según Marcos, que se explica en la p. 51.

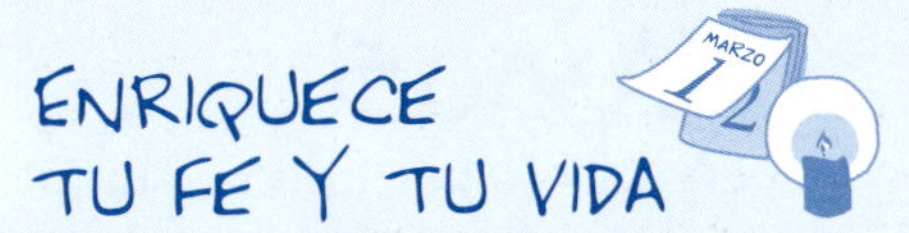

Dios es creador de la vida, enemigo de la muerte

La primera lectura muestra que a Dios sólo le interesa que vivamos, pues nos creó a imagen suya, para vivir en comunión con él. Por lo tanto, la muerte es separación de Dios y no proviene de él. (Ver Sab 1, 13-15; 2, 23-24).

El libro de la Sabiduría presenta bases sólidas de la antropología cristiana. La palabra griega anthropus, significa "persona". La antropología cristiana "es la ciencia filosófica que reflexiona sobre el ser humano teniendo como fundamento a Cristo, en quien Dios revela que los seres humanos fuimos creados para la vida eterna".

Los hebreos consideraban a la persona como unidad, creada por Dios para la vida. Los griegos la veían formada de partes; a veces la dividían en cuerpo y alma, con el cuerpo encarnando el mal y el alma, el bien. Otras veces la dividían en tres; veían al cuerpo como su dimensión material, mortal, exterior; al alma como el principio vital que no perece y la sicología e inteligencia de la persona, y al espíritu como la vida y energía positiva proveniente de Dios.

La fe cristiana presenta al ser humano creado por Dios para la vida de una forma integral que abarca toda la persona. Los textos bíblicos que indican otra cosa Pertenecen a etapas previas de la revelación en Jesús o corresponden a visiones no cristianas, como es el caso de los saduceos, contemporáneos de Jesús y de los primeros cristianos, que no creían en la resurrección de los muertos.

Fortalece tu fe en Jesús y tendrás vida

Cristo trae a la humanidad una vida nueva y vence todo lo que impide vivir en plenitud. Una condición para obtener esta vida es la fe, como muestran los dos milagros del evangelio de hoy.

Jairo tiene suficiente fe para dejar a su hija moribunda e ir a buscar a Jesús. Su fe se mantiene viva cuando lo deja para atender a la hemorroísa, y continúa firme aún cuando su hija ya murió.

La fe de la mujer es igual de fuerte. Los médicos no la pudieron sanar, pero cree en Jesús, y ella misma lo toca, pues sabe que, por ser mujer y ser impura, él no la puede tocar.

Quien tiene fe en Jesús siempre cree en la vida, por difícil que sean las circunstancias. Sabe que la vida que nos ofrece nos ayuda a realizar nuestro potencial mientras vivimos en la tierra y nos sumerge en el amor, la paz y el gozo de Dios por toda la eternidad.

¿Qué tan fuerte es tu fe en Jesús? ¿Necesitas fortalecer tu fe en él ante alguna situación difícil? Pide al Espíritu Santo, el Espíritu de Cristo que habita en ti, que te dé el don de una fe firme toda tu vida.

DIOS MÍO, A TI GRITÉ
Y ME SANASTE...
ME LIBRASTE DEL ABISMO

Sal 30 3

Miguel Febres Cordero (1854-1910)

Modelo de fe como don y compromiso

Miguel es el segundo santo ecuatoriano. Nació con los pies deformados y no pudo caminar hasta los cinco años, lo que vio como un favor especial de la Virgen María.

Estudió con los Hermanos de las Escuelas Cristianas o Lasallistas. Ahí siguió desarrollando la fe que sus padres le inculcaban en casa. Pronto descubrió su vocación a ser hermano, para compartir con otros niños y jóvenes su fe en Jesús y enseñarles el camino de la vida. Pero sus padres preferían que fuera sacerdote y le pusieron dificultades. Convencido de que Dios lo quería en ese camino, Miguel siguió firme.

Como Jesús, Miguel puso sus dones al servicio de la vida. Como no existían recursos educativos, se dedicó a escribir libros de literatura española y religiosos, siendo éstos los más queridos, pues sabía que muchas personas llegan a Jesús a través de un buen libro.

Se distinguió tanto como escritor, que el gobierno de Ecuador adoptó sus textos de literatura para todas las escuelas. Después, cuando los hermanos belgas y franceses tuvieron que abandonar sus países, debido a la persecución religiosa, muchos fueron para América Latina. Entonces le tocó a Miguel crear textos que los ayudaran a aprender español, para ser fuente de vida en Latinoamérica, cuando en Europa la situación no lo permitía.

La gente reconocía a Miguel como un santo, debido a su sencillez, servicio y profunda espiritualidad. Después de su muerte, por su intercesión, varias personas recuperaron la salud. El papa Juan Pablo II lo canonizó en 1984.

SIGAMOS LA OBRA DE JESÚS

Teniendo y promoviendo fe en Jesús

El pasaje del evangelio muestra a Jesús haciendo dos milagros con personas muy distintas, que tenían una gran fe en que vencería la enfermedad e incluso la muerte. El hermano Miguel se dedicó a dar vida a estudiantes y profesores, no con milagros extraordinarios, sino usando su fe como don y compromiso para la evangelización y desarrollo como personas.

+ ¿CUÁLES HAN SIDO LAS DOS EXPERIENCIAS EN TU VIDA QUE TE HAN AYUDADO MÁS A CRECER EN TU FE Y TU RELACIÓN CON JESÚS? ______ Y ______

+ ¿QUIÉN/ES O QUÉ ACCIONES TE HAN AYUDADO A FORTALECER TU FE CUANDO SENTÍAS QUE SE RESQUEBRAJABA? ______

+ ¿EN QUÉ ASPECTOS O DIMENSIONES DE TU VIDA NECESITAS INCREMENTAR TU FE EN JESÚS? ______

+ ¿CÓMO PUEDES AYUDAR A NUTRIR LA FE DE OTRAS PERSONAS O DE QUÉ FORMA PUEDES TÚ AYUDAR A LA SANACIÓN DE LOS DEMÁS? ______

ACTIVIDAD COMUNITARIA Y CELEBRACIÓN DE FE

Fe y vida en la Iglesia

Actividad comunitaria

1 Formar cuatro grupos pequeños y asignarles los siguientes temas, viéndolos "desde la fe en Jesús y su mensaje de vida":

Grupo 1: Problemas personales

Grupo 2: Crisis en la Iglesia

Grupo 3: Leyes y estructuras injustas

Grupo 4: Sufrimiento humano y de un pueblo

2 Leer la siguiente introducción:

El sufrimiento es propio de la realidad humana, siendo con frecuencia efecto del pecado. El sufrimiento es ajeno al querer de Dios, pero desde la fe podemos aceptarlo como parte de la vida y ofrecerlo a Dios, unido al sacrificio de Cristo, único válido y digno ante él.

La mortificación, el sufrimiento, la resignación ante los males, problemas o situaciones de la vida no son caminos para complacer a Dios. De hecho, el evangelio nos impulsa a cambiar las situaciones de sufrimiento, especialmente las causadas por nuestra irresponsabilidad y la injusticia.

Una interpretación errónea del dolor puede generar una separación entre la pasión y la muerte de Jesús con su resurrección y, en consecuencia, ignorar la victoria de la vida sobre la muerte. En la cruz, Jesús se ofrece al Padre por nuestra salvación, la cual alcanza en plenitud con su resurrección, glorificación a la derecha del Padre y su presencia activa y dadora de vida a través de su Iglesia a lo largo de la historia.

Por lo tanto, la fe cristiana nunca puede separar la cruz de la resurrección. Hacer esto equivaldría a ignorar el misterio pascual, en el que nos sumergimos en nuestro bautismo y el cual revivimos en los otros sacramentos, sobre todo en la Reconciliación y la Eucaristía.

3 Leer 2 Corintios 8, 7-9. 13. 15, dos veces, dando tiempo para reflexionar entre cada lectura.

4 Aplicar el mensaje de Pablo a la temática que les tocó, ¿cómo evangelizarían ustedes a personas que enfatizan la cruz y se olvidan de la vida nueva y abundante que nos trae Jesús? Escribir su mensaje para poder compartirlo con los demás grupos.

5 En sesión plenaria, compartir sus mensajes evangelizadores. Llevarlos a la celebración de fe.

Celebración de fe

1 Entrar en espíritu de oración, entonando un canto pascual.

2 Proclamar 2 Corintios 8, 7. 9. 13-15.

3 Un grupo lee el tema que le tocó y su mensaje evangelizador. Después invita a la comunidad a orar por las personas que no han hecho vida este mensaje y para que, como iglesia, lo vivamos cada día mejor.

4 Los otros tres grupos repiten el mismo proceso.

5 Terminar proclamando el Salmo 30. Elegir de antemano una de las frases que hablan del paso del dolor a la vida, como respuesta de la comunidad.

14°
Domingo
Ordinario

SOMOS PROFETAS EN LA MISIÓN DE JESÚS

Ezequiel 2, 2-5 • Salmo 123 (122) • 2 Corintios 12, 7-10 • Marcos 6, 1-6

EMPIEZA TU DIÁLOGO CON JESÚS

—¡Hola! Estoy muy contento de charlar contigo. ¿Y tú?

✚ YO TAMBIÉN, PORQUE

—Hoy tengo un mensaje muy importante para ti: deseo que seas profeta en la Iglesia. ¿Qué piensas sobre eso?

✚ ME ENCANTA LA IDEA PORQUE

PERO ME DA MIEDO PORQUE

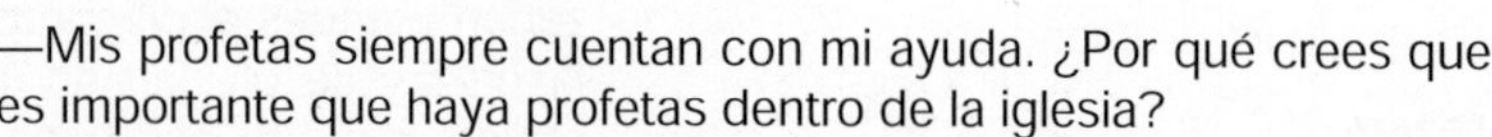

—Mis profetas siempre cuentan con mi ayuda. ¿Por qué crees que es importante que haya profetas dentro de la iglesia?

✚ PIENSO QUE PUEDEN RECORDARLE A LA IGLESIA ,

DENUNCIAR ,

MOTIVAR SU CONVERSIÓN AL ,

DARLE NUEVA ESPERANZA AL

—¡Estamos de acuerdo! ¡Manos a la obra, continúa tu oración y entraremos de lleno al tema!

CONTINÚA ORANDO DESDE TU CORAZÓN

Quiero llevar un diálogo abierto contigo

Jesús amado,

TÚ ERES MAESTRO Y PROFETA DE VERDADERA VIDA
Y EJEMPLO PARA TODOS NOSOTROS,

ABRE MI MENTE, PARA QUE

DISPÓN MI CORAZÓN, PARA QUE

QUIERO QUE NUESTRO DIÁLOGO

ME APENA MUCHO CUANDO

SÉ QUE TANTO YO COMO LA IGLESIA PERDEMOS, CUANDO

ENVÍAME TU ESPÍRITU, PARA

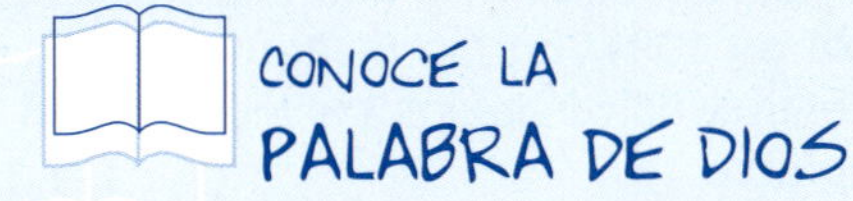

Leer Marcos 6, 1-6

+ ¿POR QUÉ RECHAZARON A JESÚS EN LA CIUDAD DE NAZARET?

Después de varios relatos de Jesús teniendo éxito en su predicación y milagros, Marcos lo presenta rechazado por su propia gente. Está en Nazaret, su pueblo natal, predicando en la sinagoga. La gente se admira ante sus conocimientos y milagros, pero no le creen.

En lugar de llamarlo Maestro, se refieren a él por el oficio de su padre y el nombre de su madre. Esto indicaba menosprecio en la sociedad patriarcal de su época.

Jesús recuerda que "Un profeta sólo es despreciado en su tierra, entre sus parientes y entre los suyos" (Mc 6, 4). Por eso, "no pudo hacer allí ningún milagro. Tan sólo sanó a unos pocos enfermos... y estaba sorprendido del su falta de fe" (vv. 5-6).

Marcos contrasta la falta de fe de sus paisanos y parientes, con la fe de sus seguidores, quienes se iban convirtiendo en su familia. En el siguiente pasaje, aparece Jesús predicando en los pueblos vecinos, llamando a los Doce y enviándolos a compartir su Buena Nueva de salvación (vv. 6-7). La misión del profeta es predicar la Palabra de Dios y llamar a la conversión, sin depender de la reacción que despierte su mensaje.

ME COMPLAZCO EN SOPORTAR POR CRISTO DEBILIDADES... PORQUE CUANDO ME SIENTO DÉBIL, ENTONCES ES CUANDO SOY FUERTE

2 Cor 12 10

ENRIQUECE TU FE Y TU VIDA

Los cristianos tenemos una misión profética

Jesús se tropieza con la mentalidad estrecha, el corazón cerrado y los prejuicios de la gente en Nazaret. Pero no se deja bloquear por su rechazo: la misión del profeta es llevar la Palabra de Dios a la gente de forma que su mensaje cause un cambio de vida tanto personal como social, con el reino de Dios siendo el valor supremo.

El profeta no puede desalentarse, aunque sea perseguido por los suyos al desestabilizar su visión y las normas establecidas. Su vocación no se acaba por ello; siempre hay posibilidad de predicar en otros lados; la clave es discernir si Dios le pide que insista en ese lugar, aunque su lealtad lo lleve al martirio, o si lo llama a proseguir su camino misionero en otro lugar.

El mandato misionero del Señor tiene su raíz en el amor eterno de la Santísima Trinidad: La iglesia peregrinante es por esencia misionera, puesto que tiene por origen y destino la misión del Hijo y la misión del Espíritu Santo, según el plan de Dios Padre.[16]

Por el Bautismo todos participamos en la misión profética de Cristo, que proclamó el Reino de Dios en todas sus dimensiones. Con su testimonio de vida y el poder de la palabra, habilita y compromete a los laicos a acoger con fe el Evangelio y a anunciarlo con palabras y obras, sin vacilar en denunciar el mal con valentía.[17]

¿Dónde te pide Dios que realices tu misión profética como joven? ¿Vislumbras ya dónde quiere que la desarrolles como adulto?

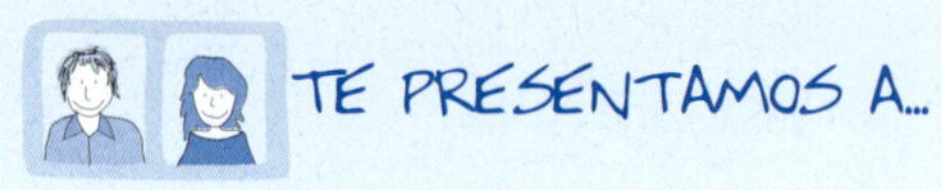

John Henry Newman (1801-1890)

Profeta de la autenticidad como Iglesia

John Henry era miembro de la Iglesia de Inglaterra, la cual seguía la tradición de la Iglesia católica en muchos aspectos y el espíritu de las iglesias evangélicas protestantes en otros. Era una persona de profunda espiritualidad y seriedad teológica, basadas en la Sagrada Escritura.

Fue ordenado sacerdote anglicano en 1824. Creía que la doctrina definida en el Concilio de Trento (1545-1563), por la Iglesia católica romana, era compatible con los fundamentos de la Iglesia anglicana. Perteneció al Movimiento de Oxford, que sostenía que la Iglesia de Inglaterra descendía directamente de los apóstoles.

Su profetismo generó mucha polémica, que lo llevó a cuestionar su lugar en la Iglesia. Su discernimiento lo llevó a una conversión y, en 1845 fue recibido en la Iglesia católica, donde dos años después fue ordenado sacerdote católico. Alimentaba su espiritualidad en una pequeña comunidad de fe conocida como el Oratorio. Valoraba mucho la Eucaristía y vivía con intensidad el misterio de la revelación y de la encarnación de la Palabra de Dios.

Denunciaba la interrelación de la Iglesia con el poder político, que le quitaba libertad para seguir el modelo de las primeras comunidades. Veía necesario que la doctrina cristiana respondiera a las nuevas realidades socioculturales. Buscaba un equilibrio entre la autoridad papal y la conciencia personal.

Dichas posiciones le causaron problemas bajo el papado de Pío IX, pero después fueron parte de la renovación de la Iglesia. El papa León XIII reconoció el valor de sus contribuciones y lo nombró cardenal en 1879. Juan Pablo II lo declaró Venerable en 1991. En los Estados Unidos, los centros universitarios católicos llevan su nombre.

Estudiando, reflexionando y orando sobre la Sagrada Escritura

Jesús enseña en la sinagoga, donde proclama la Buena Nueva del Reino y muestra a la gente que la Escritura nos ayuda a conocer a Dios y sus designios. John Henry Newman se sumerge en la Biblia, mediante el estudio, la reflexión y la oración, y descubre la verdadera Iglesia y su vocación en ella.

+ ¿RESPONDES AL MENSAJE DE JESÚS COMO SUS PAISANOS O COMO JOHN HENRY NEWMAN? ____________

+ ¿TIENES DISCIPLINA PARA ESTUDIAR, REFLEXIONAR Y ORAR SOBRE LA PALABRA DE DIOS? ____________ ¿QUÉ PUEDES HACER PARA MEJORAR? ____________

+ ¿TE LLAMA DIOS A SER SU PROFETA EN LA IGLESIA? ____________ ¿EN QUÉ ASPECTOS? ____________ Y ____________

Para ser fuertes en la debilidad

1 Leer 2 Corintios 12, 7-10 para conocer cómo enfrenta Pablo sus debilidades con la ayuda de Dios.

2 Leer el versículo 7 y terminar la siguiente frase.

LAS HERIDAS QUE SUFRO MÁS EN MI INTERIOR SON ______________________ Y ______________________

LA LUCHA INTERIOR MÁS INTENSA O MÁS FRECUENTE QUE TENGO ES ______________________

3 Leer los versículos 8 y 9 y contestar las siguientes frases.

MI ORACIÓN A DIOS FRENTE A ESAS ESPINAS HA SIDO ______________________
Y DIOS ME HA RESPONDIDO ______________________

LA RESPUESTA DE MI PARTE A DIOS HA SIDO ______________________

4 Leer el versículo 10 y terminar la última frase.

DE MANERA SIMILAR QUE CON PABLO, DIOS HA REVELADO SU FORTALEZA EN MI DEBILIDAD. CON TODO Y ESTA LIMITACIÓN MÍA ______________________

ME HA UTILIZADO COMO INSTRUMENTO SUYO PARA ______________________

5 Meditar sobre lo que escribiste: escoge algunas palabras o frases que anotaste y repítelas en tu mente hasta que hagan eco en tu interior.

6 Quédate en silencio unos minutos y trata de escuchar lo que Dios quiere decirte a través de esta meditación.

7 Por último, escribe una oración que puedas repetir en otras ocasiones. Si lo consideras adecuado, compártela con algunos de tus amigos en momentos oportunos, como lo hizo Pablo con nosotros.

Sobre la misión de Ezequiel

El profeta es testigo de Dios entre los hombres y mujeres de su época. Su mensaje y testimonio de vida nunca son en balde, lo escuchen o lo rechacen; obliga a reflexionar sobre la vida y a optar por seguir los caminos de Dios o a ignorarlos conscientemente.

1 Leer Ezequiel 2, 2-5.

2 ¿A quién es enviado el profeta Ezequiel?

3 ¿En qué aspectos eres rebelde contra Dios?

4 ¿Para qué aspectos de su mensaje tienes el corazón endurecido?

5 ¿Te has sentido movido por el Espíritu a proclamar la Palabra de Dios, aunque sepas que probablemente no te escucharán? ¿Has respondido a tu llamado? ¿Cómo te has sentido?

ACTIVIDAD COMUNITARIA

Iglesia profética joven al estilo de Jesús

1 Formar cinco grupos y asignarles las siguientes dimensiones de la vida:

Grupo 1: Desarrollo personal

Grupo 2: Relaciones interpersonales

Grupo 3: Valores culturales

Grupo 4: Instituciones de la sociedad

Grupo 5: Vida de fe

2 Titular una página de papelógrafo: "Somos iglesia profética joven en cuanto a (el tema que les fue asignado)".

3 Hacer cuatro columnas y titularlas: (1) Ezequiel; (2) Pablo; (3) Jesús; (4) Nuestra vocación profética.

4 Trabajar el tema iluminados por el mensaje de cada personaje. ¿Qué dirían y harían Ezequiel, Pablo y Jesús ante el tema que les tocó?

5 ¿En qué consiste su misión profética como jóvenes, en esa área de la vida?

6 Analizar lo que escribieron y preparar una oración al Espíritu Santo que recoja todos los aspectos de su reflexión. Considerar los cuatro elementos básicos en el mensaje profético: (a) memoria de la alianza de amor entre Dios y nosotros; (b) denuncia del mal; (c) motivación a la conversión, y (d) proclamación de esperanza.

7 Elegir un gesto que ejecute la comunidad, mientras se hace la oración, como símbolo de que elevan su oración al Espíritu Santo.

8 Elegir a una persona que conduzca la oración.

CELEBRAMOS NUESTRA FE

Orando al Espíritu Santo para contar con su fuerza en la debilidad

1 Colocar todos los papeles en un altar en el suelo, con la Biblia y una vela encendida en el centro, como símbolo de la presencia activa y transformadora del Espíritu Santo ante las debilidades humanas.

2 Entonar un canto de invocación al Espíritu Santo.

3 Proclamar Ezequiel 2, 2-5. Hacer una pausa para meditar sobre su mensaje.

4 Hacer la oración de los grupos 1 y 2.

5 Proclamar 2 Corintios 12, 7-10. Hacer una pausa para meditar sobre su mensaje.

6 Hacer la oración de los grupos 3 y 4.

7 Proclamar Marcos 6, 1-6.

8 Hacer la oración del grupo 5.

9 Terminar con el mismo canto al Espíritu Santo o con uno diferente.

15º Domingo Ordinario

NO HAY DISCIPULADO SIN MISIÓN

Amós 7, 12-15 • Salmo 85 (84) • Efesios 1, 3-14 • Marcos 6, 7-13

EMPIEZA TU DIÁLOGO CON JESÚS

—¡Qué bueno que estás de nuevo conmigo, pues eres uno de mis escogidos predilectos en la época actual!

+ LO SÉ Y ME SIENTO MUY FELIZ Y HONRADO/A PORQUE

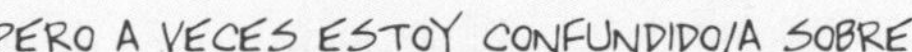

PERO A VECES ESTOY CONFUNDIDO/A SOBRE

—Si te he escogido, es porque te amo, y a toda persona que amo y abre su corazón, le doy mi Espíritu para que la guíe.

+ SÉ QUE ESTÁS A MI LADO, QUE ME ACOMPAÑAS Y QUE TU ESPÍRITU ACTÚA EN MÍ, PERO ES QUE A VECES

—Es natural, ¡ni que fueras una súperpersona! Pero sí eres parte de mi cuerpo místico, y te necesito actuando en la historia de hoy. ¡Sigue adelante conmigo! ¡No temas!

CONTINÚA ORANDO DESDE TU CORAZÓN

Fortaléceme ante tu elección

Señor Jesús,

¡Qué privilegio ser elegido/a para ser miembro de tu comunidad y seguir tu proyecto del Reino!

MI CORAZÓN ARDE DE

MI ÁNIMO PARA SEGUIRTE ESTÁ

MI DISPOSICIÓN PARA EL COMPROMISO ESTÁ

No quiero defraudarte nunca.

FORTALÉCEME PARA QUE

BENDÍCEME CON

AYÚDAME PARA QUE EN MI DIÁLOGO CONTIGO HOY . AMÉN.

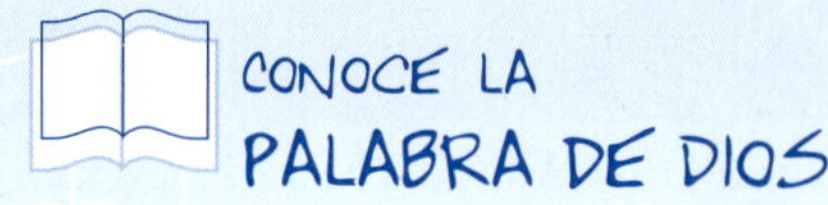

Leer Marcos 6, 7-13

✚ ¿CÓMO CUMPLEN LOS APÓSTOLES LA MISIÓN QUE JESÚS LES CONFIÓ?

El rechazo que tuvo Jesús en Nazaret (Mc 6, 1-5) no lo detuvo. Al contrario, se dedicó a recorrer los pueblos vecinos y envió a los Doce en misión, con los mismos signos con que él daba testimonio de la llegada del reino de Dios.

La misión de los Doce es clave. Representan el cambio de liderazgo, de los jefes de las doce tribus de Israel, a los apóstoles enviados a continuar la misión de Jesús. En ellos descansará después la fundación de la comunidad cristiana, la Iglesia, responsable de llevar la salvación no sólo a Israel, sino a todos los pueblos.

Jesús les proporciona varias instrucciones prácticas:

- Debían ir acompañados, para testimonio y apoyo mutuo.
- Debían mostrar el poder de Dios, siendo sencillos en la misión.
- Sólo podían quedarse el tiempo necesario, para no correr el riesgo de establecerse.
- Si no eran aceptados, debían continuar, pues la misión urge, pero siempre respeta la libertad humana.

Somos elegidos para colaborar con Jesús

Jesús pide a sus discípulos más cercanos que den un paso adelante en su compromiso con él. Ya no serán sólo seguidores de sus enseñanzas y testigos de sus obras y milagros; llevarán ellos mismos su mensaje y expandirán su obra.

El Bautismo hace de cada cristiano/a un elegido/a de Dios para continuar la misión de Jesús. El sacramento de la Confirmación reafirma la misión con los dones del Espíritu Santo que habilitan y fortalecen nuestro compromiso.

El testimonio de vida, la manera de vivir y actuar, la proclamación de la Palabra, son esenciales en toda persona llamada a continuar la misión de Jesús. El amor experimentado en la relación personal con el Señor y la caridad con los demás nos asemeja a Dios y nos hace más sensibles a la realidad de las personas.

Todos tenemos la capacidad de llevar el amor y la Palabra de Dios a los demás. Si lo hacemos con responsabilidad y amor por los más débiles será una semilla más en la construcción del reino de Dios.

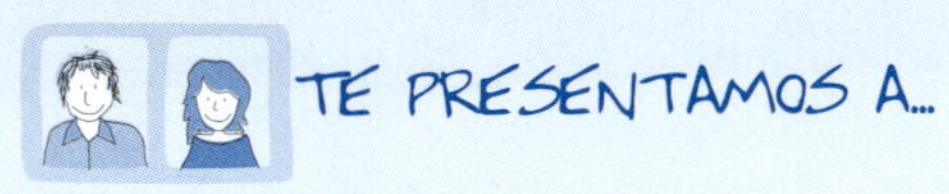

Eurosia Fabris (Rosina) (1866-1932)

Escogida para la misión en la familia

Eurosia Fabris fue hija de granjeros italianos. Ayudaba a sus padres en las tareas agrícolas, el quehacer del hogar y trabajos de costura de su mamá.

De adolescente perteneció a las Hijas de María, en su parroquia. Mostró grandes virtudes y una espiritualidad que la llevaba a velar por su familia y otras personas. Le gustaba dar catecismo y clases de costura.

Aunque recibió varias propuestas matrimoniales, no se sentía llamada al matrimonio, hasta que una madre joven murió, dejando huérfanas a tres niñas pequeñas. Rosina, como la llamaban en casa, estuvo al cuidado de las niñas seis meses.

Tras un discernimiento cuidadoso, aceptó el llamado de Dios a contraer matrimonio con el padre de las niñas, Carlo Barban. Su unión fue bendecida con otros nueve hijos y su hogar estuvo abierto a otros niños huérfanos.

Mantenía un equilibrio entre sus funciones de esposa, que desempeñaba con gran respeto y afecto, una vida de intensa oración, y su generosidad económica hacia los pobres. Ella misma perteneció a la tercera orden de franciscanos, conocida hoy como franciscanos seculares.

Fue siempre un ejemplo de vida cristiana enseñando a sus hijos a orar, practicar las virtudes cristianas y seguir los caminos de Dios. Tres de sus hijos fueron sacerdotes y uno de los niños adoptados fue fraile menor. Fue proclamada venerable por Juan Pablo II en 2003, y su proceso de beatificación y canonización se inició en 2005.

SIGAMOS LA OBRA DE JESÚS

Aceptando el llamado que nos hace Jesús

Tanto los apóstoles como Rosina respondieron con amor al llamado de Dios. Los apóstoles aceptaron el rol que les pedía Jesús y, al hacerlo, realizaron las primeras acciones misioneras de la Iglesia. La vocación de Rosina fue llevar el mensaje de Jesús a su familia, a los huérfanos y a quienes catequizaba, primero como soltera, después en el matrimonio.

Cuando sentimos el llamado de Jesús debemos escuchar con cuidado y pedir la ayuda necesaria para comprender con claridad lo que nos pide. Seguir su llamado siempre da felicidad y vida, pues nuestros dones trabajan por la gloria de Dios y el amor a los demás.

+ ¿CUÁL CREES TÚ QUE ES TU LLAMADO? ¿NECESITAS DISCERNIR MÁS EN QUÉ ESTADO DE VIDA DESEA DIOS QUE CONTINÚES LA MISIÓN DE JESÚS? ______________________________

+ ¿QUÉ CUALIDADES EN TI SON INDICADORES DE TU VOCACIÓN PARTICULAR? ______________________________, ______________________________ Y ______________________________

+ ¿TIENES DUDAS O CONFUSIONES SOBRE TU LLAMADO? ESCRÍBELAS Y DIALOGA SOBRE ELLAS CON JESÚS. ______________________________

LOS QUE TENEMOS PUESTA NUESTRA ESPERANZA EN CRISTO, SEREMOS UN HIMNO DE ALABANZA A SU GLORIA
Ef 1 12

ENCARNEMOS EL MENSAJE DE AMÓS 7, 12-15

Para responder a nuestro llamado y envío a la misión

Leer Amós 7, 12-15. Recordar que Amós pasó de ser un simple pastor a ser profeta escogido por Dios. Su misión se centra en el reino de Israel, que vive grandes tensiones sociales, por la riqueza y el dominio de los ricos y poderosos, frente a la miseria de los oprimidos.

+ ¿QUÉ MENSAJES DEL EVANGELIO SUELEN RECHAZAR MÁS LOS JÓVENES EN TU MEDIO AMBIENTE? ¿POR QUÉ?

+ ¿DE QUÉ FORMA TE HACE SENTIR JESÚS SU LLAMADO A QUE SEAS SU PROFETA?

+ ¿QUÉ MENSAJES DEL EVANGELIO DESEAS DE TODO CORAZÓN LLEVAR A LOS JÓVENES CON QUIENES CONVIVES?

+ ¿CON QUÉ DONES CUENTAS PARA REALIZAR TU MISIÓN?

¿QUÉ TE HACE FALTA?

+ ¿QUÉ PASOS TIENES QUE DAR PARA RESPONDER A ESTE LLAMADO E IR A DONDE JESÚS TE ENVÍA?

Enviados según nuestro llamado particular

Jesús formó una pequeña comunidad de discípulos a quienes capacitó para ser los cimientos de la comunidad (Mc 6, 7-13). También envió a otros discípulos/as en misión, como a los setenta y dos que menciona Lucas (Lc 10, 1-24).

Todos los bautizados formamos parte del pueblo de Dios y estamos llamados a construir su Reino. A los laicos nos toca construirlo principalmente en el mundo, en la sociedad, en lo temporal.

La palabra laico significa "del pueblo" y, como pueblo de Dios, nos toca encarnar el evangelio en el ambiente en que vivimos, empezando por la familia, la Iglesia doméstica, lugar privilegiado para descubrir, aprender y vivir el reino de Dios en lo más cotidiano de la vida. La vocación laical se realiza en diferentes estilos de vida. El más común es al matrimonio y a formar una familia; a otros les pide consagrar su vida al servicio del Reino y a vivir en comunidad, como a los religiosos/as, los llamados a vivir su consagración en el mundo, en institutos seglares o movimientos apostólicos.

Algunos bautizados son llamados a ser sacerdotes, unos diocesanos y otros religiosos. También hay laicos casados, llamados al diaconado permanente, y otros —solteros o casados— con vocación para servir en diversos ministerios pastorales eclesiales laicos, como colaboradores de los obispos, sacerdotes y diáconos.

La variedad de vocaciones particulares es inmensa. Lo bello es que todo cristiano es llamado por Jesús para continuar su obra de acuerdo con su propio estado de vida. Pide al Espíritu Santo su luz para que valores lo grandioso de tu vocación y puedas discernir en qué estado de vida quiere Dios que la cumplas.

SALMO DE LOS DISCÍPULOS MISIONEROS

Todos Gracias te damos, Padre,
por habernos escogido
y a través de nuestro bautismo
en profetas convertirnos.

Gracias a ti, Jesús,
por haber a la tierra venido
y por tu llamado grandioso
al mejor discipulado.

Gracias, Espíritu Santo,
por llenarnos de tu amor
y con tu luz y tu fuerza
capacitarnos para nuestra misión.

Izquierda

Rogamos por nuestro pueblo, que sufre por el pecado y la opresión, cosas que siempre nacen de la falta del amor.

Derecha

Clamamos por misericordia ante nuestra tibieza y temor, que seamos valientes y generosos para realizar nuestra vocación.

Izquierda

Ofrecemos nuestra vida, nuestro ser y nuestros dones, queremos ser colaboradores fieles y el Reino siempre construir.

Derecha

Nos duelen los muchos jóvenes que la muerte encontrando están, deseamos responder al llamado y vida nueva poder generar.

Izquierda

En tus manos nos ponemos, inunda nuestro corazón, de gran celo apostólico y disposición para la misión.

Derecha

Profetas de Esperanza entre tu pueblo nos llamas a ser, danos palabras sabias y apóyanos en nuestro quehacer.

Todos Repetir la oración trinitaria del comienzo

Enviados por Jesús para ser sus discípulos misioneros

1 Formar seis grupos pequeños y leer la siguiente introducción:

Jesús nos llama a vivir en comunidad cerca de él. Ahí nos nutre con su amor, nos enseña con su ejemplo y palabras sabias, nos sana de nuestras heridas..., nos prepara para ser discípulos misioneros.

2 Observar la ilustración de Jesús con la comunidad de muchachos y las palabras con las que nos llama a ser comunidad. ¿Cuáles de ellas son las más atrayentes para ti? Compartirlas con sus compañeros, indicando las razones por las cuales les atraen.

3 Asignar las siguientes lecturas a cada grupo:

Grupo 1: Éxodo 3, 1-15

Grupo 2: Jeremías 1, 1-10

Grupo 3: Isaías 6, 1-13

Grupo 4: 1 Samuel 3, 1-21

Grupo 5: Lucas 1, 26-38

Grupo 6: Hechos 9, 1-2

4 Dialogar brevemente sobre lo que entienden por llamado de Jesús y por vocación cristiana. Pedir que una persona describa en sus propias palabras el llamado del personaje que les correspondió. Las demás pueden corregir o completar el relato, si fuera necesario.

5 Reflexionar en silencio:

- ¿Qué te llamó más la atención en dicho llamado?
- ¿Qué parecido encuentras con tu llamado personal?

6 En el grupo pequeño:

- Compartir su reflexión personal.
- ¿De qué manera ilumina su vocación a renovar la Iglesia y a construir el reino de Dios en la sociedad?
- Decidir qué mensaje aportar a sus compañeros desde la perspectiva de la vocación que les tocó analizar.

7 En sesión plenaria, presentar su reflexión.

Respondiendo a nuestra elección como discípulos misioneros

Preparación

Llevar para cada participante una tarjeta como la que se presenta a pie de página.

Celebración

1 Entonar un canto que hable sobre ser elegido o la vocación de los elegidos, como "Grita, profeta", "Pescador de hombres" y "Pescador".

2 Proclamar Marcos 6, 7-13.

3 Observar la imagen de Jesús con los brazos abiertos e invitar a que cada quien pregunte a Jesús: ¿Para qué me has elegido a mí? ¿Dónde y cómo quieres que yo te sirva?

4 Orar con el Salmo de los discípulos misioneros, en la p. 105.

5 Entregar a cada joven la tarjeta que se preparó. Invitarlo a que anote lo más importante de su reflexión de hoy, y la tenga en su Biblia, para leerla de vez en cuando.

6 Terminar con un canto que hable de la misión, sea a evangelizar con la Palabra o en la construcción del Reino de amor, justicia y paz.

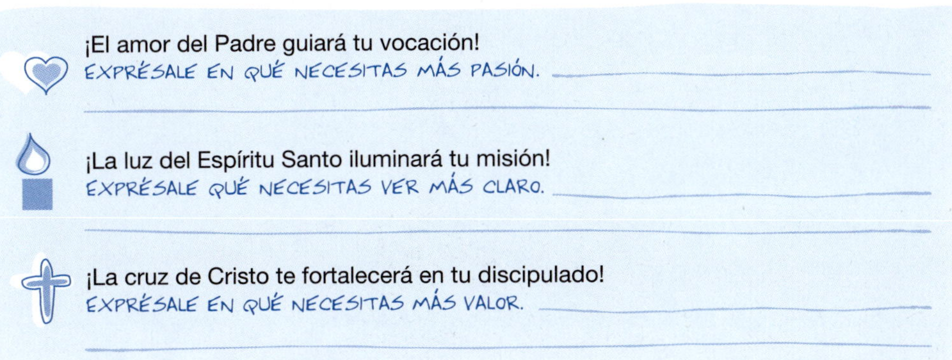

¡VEN! PLATÍCAME Y DESCANSA CONMIGO

Jeremías 23, 1-6 • Salmo 23 (22) • Efesios 2, 13-18 • Marcos 6, 30-34

EMPIEZA TU DIÁLOGO CON JESÚS

—Jesús, en medio del ajetreo diario que traigo y de tantas cosas que tengo en mi mente, quisiera tener un ratito de charla tranquila contigo...

—¡Magnífico! ¡Qué bueno que vienes a mí con este deseo! ¿De qué quieres platicarme?

+ A RATOS SIENTO QUE EL TIEMPO PASA MUY RÁPIDO Y

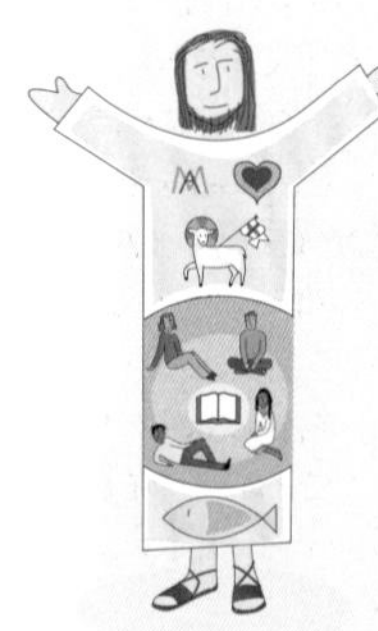

—¿Por qué tienes esa sensación?

+ PORQUE CON LA VELOCIDAD QUE LE METO A MI VIDA

—Y, ¿por qué te afanas tanto por saturarte de actividades?

+ TE PLATICO, EN PRIMER LUGAR PORQUE

ADEMÁS, PORQUE

Y TAMBIÉN PORQUE

—¡Bueno! En nuestra sesión de hoy le daremos más tiempo a que descanses junto a mí y platiquemos más que otras veces.

CONTINÚA ORANDO DESDE TU CORAZÓN

Me dirijo a ti como a Buen Pastor

Jesús, la vida corre día a día, mes a mes...

SÉ QUE TÚ ERES EL BUEN PASTOR QUE

Y SÉ QUE LOS PASTORES TIENEN PACIENCIA PARA

Y SON COMPASIVOS CON SUS OVEJAS CUANDO

ADEMÁS, LAS CONOCEN POR SU NOMBRE, Y ESO SIGNIFICA QUE

Y LAS OVEJAS LOS CONOCEN BIEN, Y POR ESO HOY TE DIGO

VENGO A TI, COMO OVEJA QUE

ME ACOJO A TI, COMO EL BUEN PASTOR, PARA QUE

Recíbeme y ayúdame a que cada día confíe y me acerque más a ti. Amén.

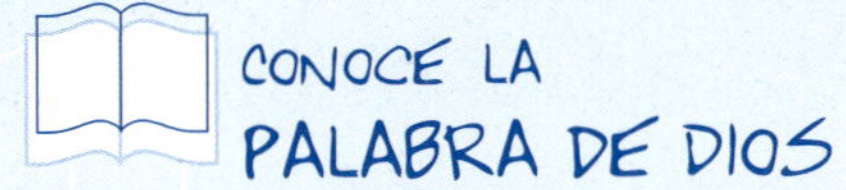

Leer Marcos 6, 30-34

+ ¿CUÁLES SON LOS TRES MENSAJES MÁS IMPORTANTES EN ESTE PASAJE? ____________

____________, ____________

Y ____________

Este pasaje nos deja penetrar en el corazón de pastor, en Jesús. Sus discípulos acaban de regresar entusiasmados de su primera misión. Le cuentan lo que hicieron y enseñaron, pues la Buena Nueva es palabra y obra, anuncio y acción (Mc 6, 30).

Jesús se revela como un buen maestro y un buen padre. Prepara a sus discípulos o hijos para una tarea y los envía a practicar, para que maduren. Cuando regresan, los escucha para reconocer lo que hicieron, pero sabe que eso no es todo; también tiene que cuidar de ellos y los invita: "Vengan ustedes solos a un lugar deshabitado, para descansar un poco" (v. 32).

No es sólo una invitación a estar a solas con él, sino a dejarse guiar por él, a estar con Jesús como discípulos en medio de la misión. Quiere que se apoyen en él, que descansen con él, pues la misión es exigente, como lo muestran los siguientes versículos.

El gentío, al verlos alejarse y reconocerlos, decidió seguirlos, y "no tenían ni tiempo para comer" (v. 31). La misión no espera…, la gente sigue a Jesús y Jesús se conmueve, pues los siente "como ovejas sin pastor, y se puso a enseñarles" (v. 34). Su misión de buen pastor sobresale en todo el texto, el cual es seguido del relato de la multiplicación de los panes, signo de la Eucaristía con la que alimenta a sus seguidores a lo largo de la historia.

Recibe la compasión de Jesús y pásala adelante

La imagen de pastor tenía una resonancia fuerte en los contemporáneos de Jesús, que descubren en él al pastor verdadero anunciado por los profetas (Jr 23, 2-6; Sal 23, 1-6; Ez 34). El evangelio de hoy muestra a dos grupos de personas siguiéndolo. Sus doce discípulos más cercanos y el gentío ansioso de esperanza y nueva vida.

La actitud de Jesús ante el gentío es de compasión. Jesús ve las necesidades y las razones de fondo por las que la gente lo busca, y reacciona desde el fondo de su corazón. Compasión quiere decir "padecer junto con el otro y actuar"; es una disposición del corazón que nace del amor y la misericordia de Dios. No es equivalente a lástima, sino de una decisión de liberarnos de aquello que nos oprime y darnos vida en abundancia.

Para eso escogió Jesús a sus discípulos, los capacitó y envió a predicar y hacer signos de la llegada del Reino, convirtiéndolos en "apóstoles" (Mc 6, 30) y formándolos como pastores. En este sentido, cuando hablamos de apostolado laico, movimientos apostólicos, vida apostólica… nos referimos a esta dinámica cíclica: ser enviados por Jesús a extender su Reino; regresar a contarle cómo nos fue y recibir nuevas fuerzas y enseñanzas, para ser enviados de nuevo a continuar su misión.

¡Qué bello y edificador es cumplir con nuestro apostolado! ¿De qué manera te ayudan estos Diálogos Semanales con Jesús a fortalecer tu apostolado?

Ven a mí, descansa en mí

Ven a mí...	Me llamas, pero a veces no te escucho. Me invitas, pero a veces te rechazo.
Ven a mí...	Quiero ir a ti, pero termino no haciéndolo. Quiero la vida, pero me dirijo a la muerte.
Ven a mí...	Sigues llamándome, pero busco otro camino. Me siento vacío/a, aunque tengo muchas cosas.
Ven a mí...	Mi vida no tiene sentido, aun con muchas actividades. El cansancio me agobia, pero sigo trabajando.
Ven a mí...	Siéntate a mi lado y escucha lo que quiero decirte. Déjate llenar de mi amor y ábrete a mis dones.
Ven a mí...	Ya he hecho lo que me has pedido. Gracias por invitarme a estar contigo.
Descansa conmigo...	¿Cómo descansar, si mi mente está llena de preocupaciones? ¿Si mi corazón está sufriendo y tensionado?
Ven... descansa en mí...	¿Dónde? ¿Cómo? Te busco..., me callo..., Me paro..., en el silencio te encuentro. Oh Señor..., eres mi descanso. Me das un abrazo, descanso en tu regazo. Y en ese descanso, encuentro nueva vida.[18]

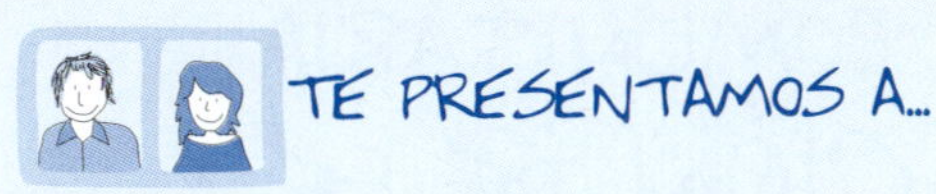

Eduardo Francisco Pironio (1920-1998)

Pastor como sacerdote, obispo y cardenal

Eduardo Francisco era argentino, el vigésimo segundo hijo de un matrimonio de inmigrantes italianos. Su vocación religiosa fue fomentada por su madre y a los 18 años ingresó al seminario.

Sirvió como rector del Seminario de Buenos Aires; fue decano de la Facultad de Teología en la Universidad Católica Argentina, y asesor de la Acción Católica. Consagró sus esfuerzos a la formación de los laicos.

Se le reconocía por su trato amable y delicado con la gente, su espiritualidad profunda y su compromiso con la Iglesia a todos los niveles. Irradiaba una calma contagiosa y tenía el don de la escucha incansable.

En 1964 fue nombrado obispo auxiliar de La Plata y tres años después quedó como obispo titular. Visitaba incansablemente a los sacerdotes, religiosos/as y laicos/as en su diócesis, y sirvió como secretario y presidente en la Conferencia Episcopal Latinoamericana (CELAM).

El papa Pablo VI lo elevó a cardenal en 1976, pero pronto empezó a recibir amenazas de muerte. Cuando el gobierno constitucional le ofreció protección, no la aceptó para no poner en riesgo a sus guardaespaldas.

El Papa le pidió que sirviera a la Iglesia desde el Vaticano, donde desempeñó varios puestos. Siendo presidente del Pontificio Consejo para los Laicos, fundó con el papa Juan Pablo II las Jornadas Mundiales de la Juventud. Fue un buscador y promotor incansable de la verdad a través de conferencias y escritos espirituales sobre Cristo y su madre. Su causa de beatificación se inició en 2005.

SIGAMOS LA OBRA DE JESÚS

Siendo pastores con quienes nos pida Jesús

Ser "buen pastor" era de suma importancia para Jesús. Sin eso sus enseñanzas radicales hubieran caído muy pesadas, los signos del Reino hubieran carecido de significado y su muerte en la cruz hubiera sido aún más incomprensible.

Los apóstoles y los primeros cristianos fueron aprendiendo a ser "buenos pastores" y el cardenal Pironio supo ser pastor de la comunidad eclesial en todas las posiciones en que le tocó servir. De igual forma te toca a ti.

+ ¿EN QUÉ OCASIONES TE SIENTES LLAMADO A SERVIR COMO "BUEN PASTOR/A"? ______

+ ¿QUÉ ACTITUDES PROPIAS DE UN "BUEN PASTOR" SUELES TENER? ______, ______ Y ¿CUÁLES TE HACE FALTA ADQUIRIR? ______ Y ______

+ ¿SIENTES ESPECIAL INCLINACIÓN A "PASTOREAR" A ALGUNOS GRUPOS EN PARTICULAR? ¿CUÁL/ES? ______ Y ______ ¿POR QUÉ? ______

+ ¿EN QUÉ ASPECTOS NECESITAS MÁS FORMACIÓN PARA SER UN "BUEN PASTOR/A"? ______ Y ______

ACTIVIDAD COMUNITARIA Y CELEBRACIÓN DE FE

Aprendiendo de Jesús, el Buen Pastor

Meditación personal

Crear un ambiente de recogimiento y oración e invitar a hacer la siguiente meditación personal, basada en algunos pasajes del evangelio de hoy:

"Le contaron todo lo que habían hecho y enseñado" (Mc 6, 30). Jesús, vengo ante ti para platicarte sobre la misión que me has encomendado:

APRENDÍ MUCHO AL ______

ENTRE MIS LOGROS DESTACAN ______ Y ______

LOS FRACASOS QUE MÁS ME DUELEN SON ______ Y ______

"Vengan ustedes solos a un lugar deshabitado, para descansar un poco" (v. 31). Jesús, quiero aprovechar estos momentos para descansar junto a ti:

ESTO ES LO QUE MÁS ME CANSA ______

NECESITO QUE ME LLENES DE ______ Y ______

"Fueron allá por tierra desde todos los pueblos, llegando incluso antes que ellos" (v. 33). Jesús, no es fácil recibir muy bien los imprevistos, ayúdame a manejarlos mejor y dejarme conducir por ti:

CUANDO LA GENTE ALTERA MIS PLANES, SUELO ______

QUISIERA CONTROLAR TODAS LAS SITUACIONES Y DETALLES DE MI VIDA, EN ESPECIAL ______

"[Jesús] sintió compasión de ellos, pues eran como ovejas sin pastor, y se puso a enseñarles muchas cosas" (v. 34). Jesús, no te imaginas cómo estas palabras del evangelio son para mí lo más cool que he escuchado, visto y vivido:

TU COMPASIÓN ES ESENCIAL ANTE ______

TU ALIENTO ES VITAL CUANDO ______

ME DAS MUCHA SEGURIDAD CUANDO ______

ME TRANQUILIZAS AL DECIR QUE ______

Jesús, siento tu corazón sintonizado con el mío y con mi vida. Y por eso te amo.

Actividad comunitaria

1 En grupos de tres, servir de "buen pastor/a" a sus compañeros, haciendo lo siguiente: un/a joven comparte las experiencias que recordó y sus reflexiones al hacer la meditación. Los otros dos, tomando el papel de "buenos pastores", lo afirman y retroalimentan para que mejore su apostolado en el futuro. Repiten el ejercicio con los otros dos.

2 En sesión plenaria, invitar a que algunos jóvenes compartan qué les llegó más profundo de la sesión de hoy y cómo puede ayudarles para ser "mejores pastores", al estilo de Jesús.

Celebración de fe

1 Regresar al ambiente de recogimiento que tenían durante la meditación.

2 Entonar como mantra el siguiente versículo del salmo de hoy: "El Señor es mi pastor, nada me falta" (Sal 23, 1) o cantar el Salmo 23 entero, en tono meditativo.

3 Hacer la oración "Ven a mí, descansa en mí", en la p. 110, de la siguiente manera: el facilitador/a hace la voz de Jesús, de manera motivadora. Todos leen en voz baja la respuesta, dejando que ésta penetre hasta el fondo de su ser, haciendo la oración realmente suya.

4 Terminar con el mismo mantra o cantando el salmo, ahora en tono alegre, festivo y lleno de gratitud.

EL SEÑOR ES MI PASTOR...
ME GUÍA POR LA SENDA DEL BIEN

Sal 23 1-3

17º Domingo Ordinario

LLAMADOS A DAR DESDE NUESTRA POBREZA

2 Reyes 4, 42-44 • Salmo 145 (144) • Efesios 4, 1-6 • Juan 6, 1-15

EMPIEZA TU DIÁLOGO CON JESÚS

—Mira a tu alrededor, ¡hay mucha gente que tiene hambre! ¿Qué puedes hacer por ella?

+ ANTE EL HAMBRE DE LA GENTE, YO

—¿Quieres ayudarme a darles de comer?

+ ME GUSTARÍA, PERO DESDE MI REALIDAD DE JOVEN YO SÓLO PUEDO

PORQUE

—¡Qué poca fe tienes en mí y qué poca confianza en ti! Piensa en lo que tienes para compartir.

+ PUEDO COMPARTIR ,

Y

—Okey, pues con eso podemos empezar, ya verás que sí.

CONTINÚA ORANDO DESDE TU CORAZÓN

Contigo podré hacer lo que tú desees, Señor Jesús

Jesús, de verdad que te amo y me apasiona y cautiva la belleza y nobleza de tu evangelio.

Pero a veces no puedo o no soy sensible al hambre de la gente.

AYÚDAME A ABRIR LOS OJOS Y

Otras veces soy indiferente a las necesidades de los demás.

AYÚDAME A ABRIR EL CORAZÓN ANTE

ADEMÁS, YO TAMBIÉN TENGO HAMBRE DE

Ayúdame a saciarla o a comprender que no necesito más, para que pueda compartir mis dones con los demás. Amén.

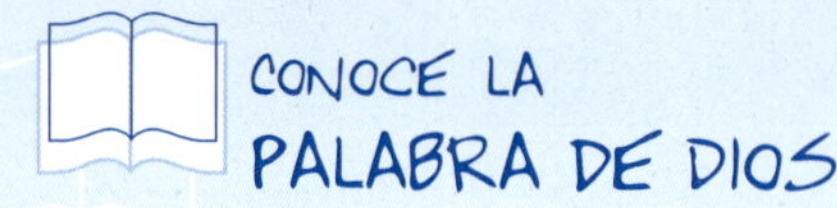

Leer Juan 6, 1-15

+ DESCRIBE TODAS LAS ACCIONES QUE EMPRENDE JESÚS EN ESTE PASAJE

Este pasaje tiene significados muy ricos. Jesús ha estado alimentando a la multitud con su Palabra, pero eso no basta. Es sensible a toda su persona y desea atender a su fatiga corporal y alimentarlos. Es momento de enseñar a sus discípulos a hacer presente el reino de Dios en la tierra a través de un signo con dimensiones humanas y teológicas vitales.

Por eso plantea a sus discípulos el problema y los hace pensar en cómo solucionarlo. Después les enseña a organizar a la gente y a bendecir los alimentos, sin importar que no hubiera suficiente. Finalmente los manda a distribuirlos entre todos, y hubo tanta comida que sobraron doce canastas.

El pueblo valora —aunque sin entender completamente el significado— que Jesús lo alimenta con su Palabra y también que enseña a sus discípulos a saciar sus necesidades físicas. Por eso quieren proclamarlo rey; pero Jesús se aleja, no ha llegado su hora y faltan otros signos para que comprendan el tipo de reinado que nos vino a traer, en el cual serán "Dichosos los que tienen hambre y sed de hacer la voluntad de Dios, porque Dios los saciará" (Mt 5, 6).

LO SEGUÍA MUCHA GENTE,
PORQUE VEÍA LOS SIGNOS QUE HACÍA

Jn 6 2

Jesús nos pide fe para superar la desproporción

Leer la primera lectura: 2 Reyes 4, 42-44. El profeta Elías reparte a una muchedumbre veinte panes que llevaba un piadoso israelita; comieron todos y sobró. En este evangelio, el joven ofrece sólo cinco panes de cebada y dos peces, de nuevo para otra multitud.

Es evidente, en uno y otro caso, que la comida no es suficiente para el gentío. Pero en el reino de Dios las operaciones matemáticas no valen; lo que se requiere es valorar las necesidades de los demás y tener fe en que, con la ayuda de Dios, podemos ayudar a mejorar su situación compartiendo desde nuestra pobreza.

En los dos eventos son los pequeños quienes ponen a disposición del profeta lo poco que tienen. El signo es claro y un desafío para la Iglesia: nos corresponde poner al servicio de la gente todo lo que tenemos.

Tener fe significa creer en Jesús; saber que él puede generar vida a partir de lo que tenemos para entregarle. Es abrirnos para que mueva nuestro corazón y nos haga capaces de compartir nuestros bienes con el necesitado.

Guillermo Rovirosa (1897-1964)

Guillermo nació España. Quedó huérfano de padre a los nueve años y su mamá —una mujer de gran fe y que se preocupaba de todos— estaba paralítica, lo que él consideraba gran injusticia por parte de Dios.

Eso y el desprecio de sus compañeros por ser pobre y saber menos, al entrar a un colegio católico, lo llevó a ver el cristianismo como una hipocresía, y al ateísmo. La muerte de su cuñado, en plena juventud, lo impulsó a buscar la verdad en otras religiones.

En París escuchó al cardenal Verdier decir que "el cristiano es un especialista en Cristo". Al percatarse de que no conoce a Jesús, su amor a la verdad le provoca un salto a la fe.

Entonces descubre que, al dejar la religión, había rechazado a Cristo, Dios encarnado para el bien de la humanidad. Al comprender que el evangelio se vive en solidaridad con los necesitados y que la perfección cristiana exige la entrega apostólica, tiene una conversión radical que lo lleva al servicio de los obreros.

Por encabezar el Comité Obrero en la empresa en la que era ingeniero industrial, lo meten a la cárcel. Ahí sirve a sus compañeros más abandonados y lastimados por la guerra civil que sufría su país.

Al salir de la prisión se incorpora a la Acción Católica, funda la Hermandad Obrera y recorre España evangelizando a los obreros, para que, conociendo y siguiendo a Jesús, recuperaran su dignidad de hijos de Dios. Para Guillermo, la pobreza evangélica es seguir las enseñanzas de Jesús sobre el uso y el compartir de los bienes, para el bien de toda la comunidad, y no equivale a la pobreza económica ni a la virtud de la austeridad o sobriedad.

SIGAMOS LA OBRA DE JESÚS

Atentos a las necesidades, ofrecemos todo lo que tenemos

Al conocer y seguir a Jesús, Guillermo se da cuenta de que muchos obreros no conocen su dignidad a los ojos de Dios ni han encontrado el consuelo y la salvación traída por Jesús. Su gozo al haber encontrado a Jesús y su conciencia de su misión fueron en realidad los cinco panes y los dos peces, que entregó para que Dios los fructificara.

+ ¿CÓMO PUEDES IDENTIFICAR A LOS "HAMBRIENTOS DE DIOS" EN TU TRABAJO, TU ESCUELA, TU FAMILIA, TU BARRIO...? ____

+ ¿CUÁLES SON LAS DOS "NECESIDADES MUNDANAS" PRIMORDIALES QUE EXPRESAN ABIERTA O INDIRECTAMENTE? ____ Y ____

¿SABÍAS QUE... 

La multiplicación de los panes, la Eucaristía y la Doctrina Social de la Iglesia están interrelacionadas

Juan dice que la muchedumbre seguía a Jesús por sus signos (Jn 6, 1; 14-15). Más adelante, en el mismo capítulo, Jesús ofrece dos discursos en los que interpreta el signo que acaba de hacer discípulos:

- En el "Discurso sobre el pan de vida" les explica que no fue Moisés quien dio de comer al pueblo el maná, en el desierto, sino que su Padre es quien da el pan verdadero y da la vida al mundo. Después se define diciendo: "Yo soy el pan de vida... El que viene a mí no volverá a tener hambre... Éste es el pan que ha bajado del cielo para que quien lo coma no muera" (vv. 22-50).
- En el "Discurso eucarístico" Jesús explicita su mensaje diciendo: "Yo soy el pan vivo bajado del cielo. El que come de este pan, vivirá para siempre. Y el pan que yo daré es mi carne. Yo la doy para la vida en el mundo" (vv. 51-59).

Las palabras de Jesús evocan la institución de la Eucaristía, en la Última Cena, como una vivencia anticipada de su muerte y resurrección, con las cuales alcanza nuestra salvación del pecado y la muerte. Esta salvación no es sólo para la vida eterna, sino una salvación que se realiza también en la vida del mundo, donde vivimos de manera limitada el reino de Dios y trabajamos para que se extienda.

De esta manera liga Jesús, clara e inequívocamente, la celebración de la Eucaristía a nuestro comportamiento en relación con las necesidades materiales de la humanidad. El evangelio dice que, después de estas explicaciones, "muchos de sus discípulos se retiraron y ya no andaban con él" (v. 66). Al verdadero discípulo, Jesús lo conoce y lo ama, reflejando con sus acciones el actuar de Jesús al servicio de los demás, para que otros tengan vida. Jesús nos recuerda que, en la realidad espiritual, nunca hay escasez, sólo abundancia.

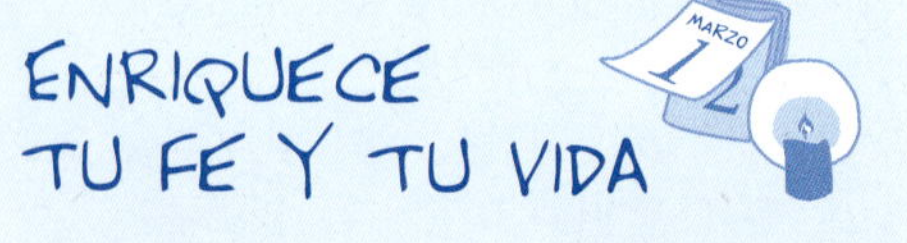

La Doctrina Social de la Iglesia nos guía en cómo vivir la Eucaristía en el mundo

La Doctrina Social de la Iglesia (DSI) es una manera de responder a los desafíos concretos del evangelio en el mundo, al enfrentar las problemáticas sociales que aquejan a las personas y pueblos a la luz de los valores del evangelio.

A continuación se presentan las áreas en que los cristianos estamos comprometidos a trabajar, para que la humanidad tenga la vida de Jesús en este mundo y lo que significa vivir la Eucaristía en cada área. Significar, en este contexto, quiere decir "ser signos al estilo de Jesús". Sólo si hacemos estos signos otras personas —cristianas y no cristianas— encontrarán a Cristo vivo en el mundo actual, reflejando así a la Iglesia como sacramento en el mundo, al mostrar a Cristo en la acción de cada una de las partes de su cuerpo.

ÁREAS DE COMPROMISO CRISTIANO PARA COMPARTIR LA VIDA DE JESÚS EN ESTE MUNDO, SEGÚN LA DOCTRINA SOCIAL DE LA IGLESIA (DSI)

Área de compromiso	La Doctrina Social de la Iglesia dice...
Familia	La familia cristiana constituye la Iglesia doméstica, una comunidad de fe producto de la alianza de vida entre un hombre y una mujer que buscan apoyarse mutuamente y recibir a los hijos como don inefable del amor de Dios. La familia cristiana debe ser un lugar seguro, lleno de amor, esperanza y fe para los esposos y sus hijos, donde se respeta la dignidad de todos sus miembros como hijos e hijas de Dios, y se promueve su desarrollo humano y cristiano. Vivir la Eucaristía en la familia significa: Que los padres de familia conocen al Jesús de los evangelios y orientan su vida según todas sus enseñanzas. Además de su testimonio de vida, facilitan que sus hijos conozcan a Jesús de manera integral, facilitando momentos de encuentros con él, conforme van creciendo, de modo que su proceso de madurez, el estilo de su vida, sus acciones y su vocación sean guiados por los valores del Reino.
Trabajo	El trabajo es una expresión humana, un amor que se hace tangible al convertirse en cooperación con el Creador. Por el trabajo se ha de recibir un salario justo que permita a la persona asegurar el sustento, mantener una familia, prestaciones de salud y vacaciones, así como conformar un patrimonio que lo apoye en sus años avanzados. Vivir la Eucaristía en el trabajo significa: Dar sentido cristiano a su labor, ofreciéndolo al Padre en unión con el trabajo de Jesús para la construcción de un mundo mejor, asegurándose de que con su trabajo no hace daño a las personas. Si ocupa un puesto directivo, velar por que existan condiciones justas y seguras para todos los trabajadores en la empresa, y para que las asociaciones empresariales también busquen la justicia para los obreros y el personal de servicio, que puede ser explotado con fines de lucro para la empresa o sus dueños.
Educación y cultura	El derecho a la educación integral comprende todas las dimensiones de la persona para ayudarla a desarrollar todas sus capacidades, habilidades y aptitudes. Toda persona tiene derecho a la educación, sin importar su cultura, edad, condición o estatus social. La tarea educativa pertenece a los padres; la escuela ofrece a los padres ayuda profesional en la educación académica, humana y moral de sus hijos. Vivir la Eucaristía en la educación y la cultura significa: Asegurar que todos los niños y jóvenes del país, tengan acceso a una buena educación y que el sistema escolar concuerde con los valores del evangelio. Esto conlleva velar por los enfoques y el nivel de calidad con que se realiza la educación en su dimensión académica, y la justa distribución de los recursos educativos. También implica luchar por que la educación gubernamental no afrente los valores de Jesús y la educación católica sea auténticamente cristiana.
Orden sociopolítico	Todo grupo social necesita ser orientado por una autoridad competente. El gobierno proviene de la naturaleza humana, por tanto, tiene a Dios como autor. La autoridad debe buscar siempre el bien común, lo que implica una atención especial a los sectores más necesitados. A su vez, los ciudadanos deben respetar y obedecer a las autoridades en todo aquello que no vaya contra su conciencia cristiana. Vivir la Eucaristía en el orden sociopolítico significa: Trabajar para que las leyes y sistemas de gobierno respeten la dignidad de las personas como hijas de Dios, haciendo esto siempre por medios pacíficos. Ejercer el derecho al voto tanto en relación con los gobernantes como a las leyes que nos gobiernan. Colaborar con instituciones centradas en mantener un orden sociopolítico inspirado en el evangelio.

Área de compromiso	La Doctrina Social de la Iglesia dice...
La mujer	Jesús valora a la mujer como persona con igual dignidad que el varón. La Iglesia promueve un equilibrio en las oportunidades de desarrollo humano y crecimiento cristiano entre las mujeres y los hombres. La diferencia de sexo jamás justifica opresión o discriminación. La promoción de la mujer exige reconocer el valor de su tarea materna y familiar; se ha de asegurar su protección y asistencia social para que lleve a cabo su misión. Vivir la Eucaristía en cuanto a la mujer respecta significa: Que las mujeres sean conscientes de su dignidad, actúen de acuerdo con ella y cuenten con el suficiente apoyo de la comunidad de fe y de la sociedad para exigir que sea honrada en toda circunstancia de la vida. Que los varones vean a las mujeres como compañeras en la jornada de la vida, tanto en el hogar como en el campo del trabajo y de las actividades socioculturales; usen sus dones para apoyar su desarrollo y nunca utilicen la fuerza y la violencia para imponer sus deseos sobre ellas.
Conflictos sociales	Ante los conflictos sociales, la DSI rechaza: • Todo tipo de discriminación: raza, sexo, cultura, religión, condición social o física... • La manipulación de la verdad por parte de los medios de comunicación • La guerra y el uso de armas para solucionar conflictos • La promoción del consumismo por la publicidad • La visión de la mujer como objeto de placer Promueve: • La paz integral • El respeto a la vida, la salud y el ecosistema • Los medios de comunicación para ayudar a la toma de conciencia • La solución de conflictos por la participación activa y pacífica de la sociedad Vivir la Eucaristía en cuanto a los conflictos sociales significa: Encarnar el evangelio con un enfoque profético que muestre nuestra autenticidad de vida cristiana, denuncie activamente lo que causa violencia al reino de Dios, y construya la esperanza cristiana viviendo y promoviendo los cuatro aspectos mencionados arriba. Implica elegir al menos una causa social en la que colaborar activamente, poniendo nuestros dones al servicio de ella, siendo así signos claros de la vida que Jesús trajo para el mundo y la humanidad.
Opción por los pobres	Pobre es quien carece de los bienes necesarios para vivir con libertad y creatividad su dignidad humana. La pobreza material genera pobreza cultural, familiar, política y religiosa. El amor a los pobres es característico en Jesús y sus discípulos, y la opción por los pobres se caracteriza por ser: • Una motivación que surge al hacer vida el evangelio • Incluyente, pues atiende a los pobres y a las personas con otras necesidades • Un compromiso a la acción, no sólo palabras de simpatía hacia los necesitados • Participativa, se basa en los principios de solidaridad y subsidiariedad de la DSI • Capaz de transformar estructuras injustas para eliminar el pecado social, mediante la intervención adecuada en procesos y proyectos sociopolíticos, económicos y legales. Vivir la Eucaristía en cuanto a la opción por los pobres significa: La entrega generosa de nuestro ser, tiempo, dones y recursos por el bien de nuestros hermanos y hermanas necesitados, fundamentada en un amor auténtico, desinteresado y que no espera nada a cambio. Esta opción la podemos vivir en lo cotidiano de la vida, en la manera como atendemos al prójimo que Dios pone en nuestro camino, así como en acciones organizadas, sea de índole caritativo o de lucha contra el pecado institucional.

ACTIVIDAD COMUNITARIA

Ver, juzgar y actuar

1 Formar grupos de tres jóvenes:

• Cada uno presenta las necesidades que identificó en el ejercicio "Atentos a las necesidades, ofrecemos todo lo que tenemos", p. 115. Explicar: (a) por qué las considera urgentes y (b) qué le molesta más de esa situación.

• Identificar la necesidad que los tres ven más prioritaria.

• Revisar las áreas de compromiso asumidas por la Doctrina Social de la Iglesia (DSI), pp. 117-118 y definir a qué área/s corresponde la necesidad identificada.

• Actualizar Juan 6, 1-15: Sustituir el hambre de la muchedumbre por la necesidad identificada y comentar qué haría Jesús para resolverla.

• Escribir tres acciones a su alcance, considerando: (a) su realidad de jóvenes, (b) la DSI, (c) la actitud de Jesús en el evangelio y (d) su generosidad evangélica.

2 En sesión plenaria:

• Compartir las necesidades prioritarias y sus posibles soluciones. Hacer una lista en un papelógrafo.

• Escoger una acción a realizar próximamente como comunidad.

CELEBRAMOS NUESTRA FE

Somos las manos de Jesús en el mundo

Preparación

Llevar agua bendita, cinco panes y dos peces recortados o de juguete, para colocarlos en una canasta, sobre el altar, y un refrigerio para compartir.

Celebración

1 Colocarse en círculo alrededor del altar en ambiente de oración.

2 La persona que preside la celebración dice en voz alta:

Señor Jesús, aquí estamos reunidos como la muchedumbre que te siguió al otro lado del lago de Tiberíades. Te seguimos porque queremos aprender más y más de ti.

Hoy hicimos un alto en nuestra rutina y reflexionamos sobre las necesidades de la gente que nos rodea. Escogimos estas necesidades... [Mencionarlas].

Decidimos ser tus manos para colaborar en la extensión del Reino. Sabemos que nuestra pequeñez no podrá borrar el hambre en el mundo. Confiamos en que, con tu ayuda, nuestra acción hará el bien en nuestro entorno. [Invitar a poner las manos en gesto de ofrenda y bendecirlas con el agua].

Recibe esta acción [Mencionar la acción que harán como comunidad]. Tómala como los cinco panes y los dos peces que el muchacho te ofreció. Te la ofrecemos para mitigar el hambre de los demás; multiplica sus frutos para que sean suficientes y a nosotros aliméntanos con tu amor.

3 Entonar un canto que recoja el mensaje de esta sesión.

4 Terminar con un refrigerio que celebre la vida y la abundancia de los bienes espirituales que nos da Jesús.

18º Domingo Ordinario

PAN PARA QUE TENGAMOS VIDA

Éxodo 16, 2-4. 12-15 • Salmo 78 (77) • Efesios 4, 17. 20-24 • Juan 6, 24-35

EMPIEZA TU DIÁLOGO CON JESÚS

—Jesús, no entiendo. A veces dices que atendamos a las necesidades materiales de la gente y otras, que no busquemos lo pasajero.

—¿Crees que una cosa se opone a la otra?

+ EN REALIDAD

—Okey. Ahora tengo un acertijo o adivinanza. Dime, ¿qué tipo de hambre quiero que se acabe y cómo se puede acabar consiguiendo que las personas tengan hambre?

+ POR LO MENOS HAY QUE ELIMINAR EL HAMBRE DE ,

Y

+ Y PARA ESO, NECESITAMOS TENER HAMBRE DE ,

Y

—Seguiremos platicando sobre este tema; es muy importante para mí.

CONTINÚA ORANDO DESDE TU CORAZÓN

Dame hambre de la que tú deseas

Jesús,

DAME HAMBRE DE

QUE NUNCA ME SACIE DE

QUE SIEMPRE ESTÉ DESEOSO/A DE

QUE NUNCA ME CONFORME CON

QUE NO BUSQUE SACIAR MI HAMBRE DE

QUE AYUDE A LOS QUE TIENEN HAMBRE DE

QUE SEA CAPAZ DE VALORAR

QUE PUEDA ABANDONAR

Dame hambre de siempre vivir según tu evangelio. Amén.

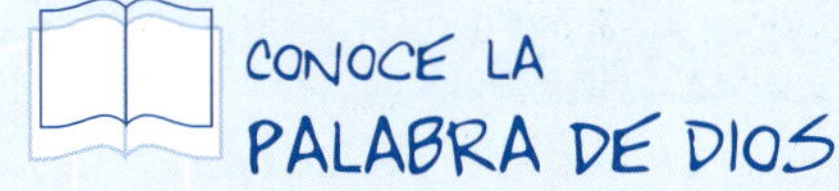

CONOCE LA PALABRA DE DIOS

Leer Juan 6, 24-35

+ ¿QUÉ TÍTULOS RECIBE O SE DA JESÚS EN ESTE TEXTO?

Juan se caracteriza por señalar que, para comprender los signos hechos por Jesús, hay que interpretarlos a la luz de la Palabra de Dios, y descubrir cómo Dios se revela en medio de su pueblo. De hecho, Juan usa la palabra "signo", del griego, seméion, 17 veces en su evangelio, en lugar de "milagro", pues en el "signo" hay intencionalidad de comunicar, mientras que en el "milagro" es fácil quedarse en la admiración de lo extraordinario.

Los milagros de Jesús son signos de la presencia de Dios en el mundo, del Reino que nos ofrece en la tierra como anticipación de su vivencia plena en la vida futura. Para dar énfasis a esta nueva realidad, Jesús:

- Ignora a quienes rápidamente lo querían proclamar rey, sin interesarles conocer el "por qué" y el "para qué" de sus acciones (Jn 6, 15).
- Reprocha a quienes sólo les interesaba comer hasta saciarse, sin profundizar en el "signo" de la multiplicación de los panes y los peces (v. 26).
- Explica que ya no tiene sentido buscar signos como el maná, pues él es "el sello o signo de Dios" (Jn 6, 27), el "pan de vida", y quien vaya a él nunca volverá a tener hambre ni sed (v. 35). Sólo quien tiene fe en Dios revelado en Jesús encuentra el alimento necesario para la vida verdadera.

VIVE LA PALABRA

Busca a Jesús por la vida que te quiere dar

Jesús quiere centrar el sentido de nuestra búsqueda para que encontremos en él la vida que nos quiere dar. El evangelio del domingo anterior y el de hoy muestran a personas buscándolo por motivos equivocados, superficiales o limitados.

A Jesús no le interesa restaurar el reino de Israel ni saciar a la gente con pan. Su intención es más profunda: Dios se hizo "carne" para introducirnos en el dinamismo del "Espíritu" y responder a las aspiraciones más profundas del ser humano.

Jesús desea que tengamos hambre de conversión continua. Es hambre de comunión con Dios, siempre abierta a la esperanza y la superación; hambre que no se sacia con lo material ni está marcada por la añoranza. Pablo lo expresa en la segunda lectura, al decirnos que debemos renovarnos siempre espiritualmente, revistiéndonos del "hombre nuevo creado a imagen de Dios, para llevar una vida verdaderamente recta y santa" (Ef 4, 23-24).

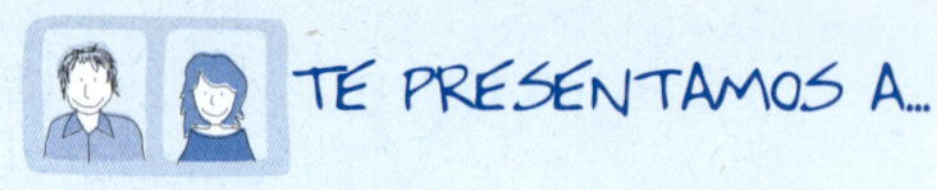

Katherine Drexel (1858-1955)

Patrona de la justicia racial

Katherine nació en una familia rica de Estados Unidos. Sus padres le enseñaron, de palabra y ejemplo, que Dios les había prestado su riqueza para compartirla con otros.

De joven, al constatar en un viaje la pobreza y destitución en que vivían los indígenas nativos, empezó a apoyar económicamente las misiones y fundó una escuela para ellos. En un viaje a Roma, le pidió al papa León XIII misioneros para las escuelas que estaba financiando, pero el Papa le sugirió que ella se hiciera misionera.

Después de discernirlo, decidió dedicar su vida y su herencia a Dios, en el servicio a los indígenas y los afroamericanos. Su deseo profundo de liberarlos de la opresión y la injusticia, con el mensaje del evangelio y la educación, la llevó a crear 60 escuelas y misiones, que ella sostuvo con su herencia. Creó la congregación de las Hermanas del Santísimo Sacramento, para compartir a Jesús Eucaristía, fuente de su amor a los pobres y oprimidos. Instituyó la Universidad Xavier para los afroamericanos, pues no eran admitidos en otras universidades.

Su labor levantó la conciencia de la Iglesia católica sobre la urgencia del ministerio con los indígenas y los afroamericanos. El papa Juan Pablo II la canonizó en el año 2000 por su gran amor a la Eucaristía, expresado en la unidad de todos los pueblos, sin distinción de raza; sus iniciativas proféticas para eliminar la injusticia social; sus esfuerzos para ofrecer educación de calidad para todos, y su entrega total al servicio de las víctimas de la injusticia.

SIGAMOS LA OBRA DE JESÚS

Haciendo de la vida una ofrenda eucarística

Eucaristía quiere decir "acción de gracias". Al multiplicar los panes y los peces, Jesús los tomó, dio gracias y los repartió (Jn 6, 11); lo mismo hizo en la Última Cena (Mt 26, 27; Mc 14, 23; Lc 22, 14-23).

Los papás de Katherine le enseñaron a ser agradecida con Dios, compartiendo la riqueza que les había prestado. Ella proyectó ese agradecimiento y su amor a Jesús Eucaristía en la evangelización, educación y liberación de la opresión de los indígenas y afroamericanos.

+ ¿CÓMO PROYECTAS TU GRATITUD A DIOS POR TODO LO BUENO QUE TE HA DADO, EN EL SERVICIO A LOS HERMANOS/AS MÁS NECESITADOS? ____________________

+ ¿QUÉ "RIQUEZAS" TE HA DADO DIOS PARA COMPARTIR? ____________________

+ ¿QUÉ GRUPOS ÉTNICOS O CULTURALES SON LOS MÁS OPRIMIDOS, DESTITUIDOS Y MARGINADOS EN TU PAÍS? ____________________
Y ____________________

+ ¿QUÉ PUEDES HACER POR ELLOS, PERSONALMENTE, CON TU COMUNIDAD JUVENIL O INVOLUCRANDO A TODA TU PARROQUIA, COLEGIO O MOVIMIENTO APOSTÓLICO? ____________________

PUEBLO MÍO,
ESCUCHA MI ENSEÑANZA,
ATIENDE A LAS PALABRAS DE MI BOCA

Sal 78 1

HAGAMOS VIDA
EFESIOS 4, 17. 20-24

Para renovarnos espiritualmente día a día

1 Leer Efesios 4, 17. 20-24 para comprender el mensaje completo de Pablo.

2 Leer el versículo 17 y responder:

+ ¿CÓMO CALIFICARÍAS LA MAYORÍA DE TUS PENSAMIENTOS?
(A) CENTRADOS EN OBTENER BIENES MATERIALES ;
(B) DIRIGIDOS AL BIENESTAR PERSONAL ;
(C) CONDUCENTES A VIVIR EL EVANGELIO Y LA MISIÓN DE JESÚS

3 Leer los versículos 20-24 y responder:

+ ¿QUÉ "APETITOS O TIPOS DE HAMBRE" CONTRARIOS AL EVANGELIO NECESITAS DEJAR EN EL PASADO, Y NO AÑORAR, PARA RENOVARTE ESPIRITUALMENTE?

+ ¿CUÁLES SON LAS TRES "CUALIDADES DE JESÚS" DE LAS QUE NECESITAS ALIMENTARTE MÁS, PARA QUE TU VIDA SEA RECTA Y SANTA? , Y

¿SABÍAS QUE... ?

Los títulos de Jesús nos revelan quién es

Juan presenta a Jesús con títulos distintos. Cada uno tiene un significado teológico profundo, y juntos revelan la grandeza del misterio de Jesús.

En el Antiguo Testamento, Dios se reveló al pueblo de Israel, usando la fórmula "Yo soy". A Abrán, como "Yo soy el Dios Poderoso" (Gn 17, 1); a Moisés, primero como "Yo soy el Dios de tu padre, el Dios de Abrahán, el Dios de Isaac y el Dios de Jacob" (Ex 3, 6), y cuando lo envió a liberar a su pueblo, como "Yo soy el que soy" (v. 14).

Al describirse como "Yo soy el pan de vida" (Jn 6, 35), Jesús sigue esa tradición. Se está revelando como Dios convertido en alimento para la vida.

Sus discípulos le dicen "Maestro" (6, 25) por su autoridad de enseñar. El título "Hijo del hombre" (v. 27) —que sólo se lo da Jesús a sí mismo y aparece 70 veces en los evangelios— indica que en él se cumplen las profecías de Daniel sobre la manifestación de Dios en el Mesías prometido en la historia humana.

En ocasiones se habla de Jesús como el nuevo Moisés, por ser el líder-profeta que guía al nuevo pueblo de Dios hacia su salvación eterna. Pero en este pasaje Jesús aclara que Moisés sólo transmitió al pueblo la Palabra de Dios; en cambio él es "el Hijo del hombre, porque Dios, el Padre, lo ha acreditado con su sello" (Jn 6, 27). En otras palabras, Dios está con nosotros en la persona de Jesús, quien se convierte en único alimento necesario para tener vida plena.

SALMO DE LA UNIDAD EN LA DIVERSIDAD RACIAL

Coro Hoy nos encontramos aquí,
somos nativos desde antaño,
de familias inmigrantes hace años
o llegados en tiempos cercanos.

Todos traemos con nosotros
la riqueza de nuestra cultura
y raza, el dolor de dejar lo que
amamos, la esperanza de una
vida mejor.

Izquierda

Jesús, maestro y amigo de todos,
no nos permitas caer en la tentación
de pensar que somos lo mejor.

¡Que nos veamos todos como hijos
e hijas de Dios!

Derecha

Jesús, centro de nuestra fe y unidad,
haznos capaces de eliminar el racismo
así como el clasismo que nos divide.

¡Que seamos signos de unidad,
y de aprecio y respeto a la diversidad!

Coro

Izquierda

Jesús, profeta e instaurador del Reino,
enséñanos a enfrentar los conflictos
con asertividad, justicia y paz.

¡Que aprendamos a hacer lo mismo
facilitando a todos la salvación en ti!

Derecha

Jesús, alimento en la jornada de la vida,
tú te encarnaste en todos y cada uno y
tu sangre corre por las venas de todos.

¡Que tu Espíritu nos dirija siempre
al construir la Civilización del Amor!

Coro

Izquierda

Jesús, Dios y hombre verdadero
que das sentido a la vida humana,
eleva la autoestima en todos.

¡Que siempre seamos tratados con
la gran dignidad de personas!

Derecha

Jesús, encarnado en el mundo,
reconcilia con tu santa justicia
a todos los sectores de tu pueblo.

¡Que tu amor liberador se convierta
en signo activo de tu presencia!

ACTIVIDAD COMUNITARIA

En búsqueda de la justicia racial

1 Formar grupos de tres. Escribir una canción, poema o declaración que promueva una visión de paz, unidad y amor fraterno entre personas y pueblos de diferentes razas, en especial entre los más racistas y los más maltratados en su país. Utilizar al menos diez de las siguientes palabras:

DIGNIDAD - ELIMINACIÓN - IGUALDAD - DERECHOS HUMANOS - RACISMO
PREJUICIO - LIBERTAD - SUPERIORIDAD - PROFETA - AMOR - MARGINACIÓN
RELACIONES HUMANAS - AMISTAD - SEGURIDAD - BARRERAS - COMPRENSIÓN
JUSTICIA - LIBERACIÓN - EDUCACIÓN - MISIÓN - CONDENABLE - GOBIERNO
IGLESIA - IDEALES - SOCIEDAD - PAZ - CONCIENCIA - DESARROLLO
SUPERACIÓN - ESPERANZA - INFERIORIDAD - CREATIVIDAD - BAJA ESTIMA

2 En sesión plenaria, realizar un concurso. Conforme cada grupo pequeño presenta su creación, cada persona la califica según los siguientes criterios y escala. Al terminar la presentación, decir las diez palabras de la lista utilizadas, para ver que se cumplió el requisito.

CALIFICACIÓN DEL CONCURSO

	Creatividad	Motivación	Belleza	Profundidad
Grupo 1	Pobre Regular Buena Excelente	Pobre Regular Buena Excelente	Pobre Regular Buena Excelente	Pobre Regular Buena Excelente
Grupo 2	Pobre Regular Buena Excelente	Pobre Regular Buena Excelente	Pobre Regular Buena Excelente	Pobre Regular Buena Excelente
Etcétera				

3 En un papelógrafo o haciendo uso de la computadora, obtener el promedio de cada creación para terminar el concurso. Felicitar a los ganadores y pedirles que lleven su obra a la celebración de fe.

4 Si la parroquia o el grupo tienen donde publicar las mejores obras, hacerlo.

CELEBRAMOS NUESTRA FE

Teniendo hambre de conversión del racismo

Preparación

Llevar un arco iris grande, con los colores de la tez de los diferentes grupos humanos, para colocarlo en el altar.

Celebración

1 Colocarse alrededor del altar, crear espíritu de oración e invitar a hacer la siguiente meditación:

Miremos el arco iris con los colores de la piel. Todas las personas estamos hechas a imagen y semejanza de Dios. Imaginemos a Jesús, Dios hecho carne, del color de la piel como lo visualizamos generalmente.

Identifica el color de tu piel... Busca los colores de la piel de personas hacia las que tienes más prejuicios por ser diferentes a ti... Deja que afloren los sentimientos negativos que sueles tener hacia ellas.

Ahora visualiza tu imagen favorita de Jesús... Habla unos minutos con él sobre los sentimientos que afloraste.

Por último, usa tu imaginación para poner en el Jesús que amas el color de la piel de las personas hacia las que sientes más racismo... Platica de nuevo con Jesús, ¿qué te dice él?... ¿Qué le respondes?

2 Invitar a recitar, cantar o proclamar la obra ganadora y a reflexionar sobre ella.

3 Proclamar a dos voces el "Salmo de la unidad en la diversidad racial", en la p. 124.

4 Terminar cantando el "Padre Nuestro", teniendo presente a personas de todas las razas.

19º Domingo Ordinario

JESÚS NOS PIDE VER CON LOS OJOS DEL CORAZÓN

1 Reyes 19, 4-8 • Salmo 34 (33) • Efesios 4, 30 – 5, 2 • Juan 6, 41-51

EMPIEZA TU DIÁLOGO CON JESÚS

—Jesús, en las sesiones pasadas, me retaste a descubrir y practicar la Doctrina Social de la Iglesia y a no ser racista...

—¿Y has visto la forma en que llevar lo que reflexionaste a la práctica?

+ PIENSO QUE PUEDO

Y

+ PERO ME CUESTA TRABAJO

Y

—Te sugiero dos cosas: haz algunas acciones intencionales y orienta tu vida diaria de manera que las hagas realidad. ¿Cómo visualizas hacerlo en la vida diaria?

+ CREO QUE DÍA A DÍA PUEDO

Y

Nuestros diálogos de hoy te ayudarán a ver lo que puedes hacer en tu vida cotidiana.

CONTINÚA ORANDO DESDE TU CORAZÓN

Deseo amarte y servirte toda mi vida

Jesús, amarte y servirte en la vida diaria, día a día, hora a hora, es mi deseo más profundo.

CAMINA JUNTO A MÍ PARA QUE ____________

CUANDO TE IGNORE, ____________

SI VES ALGO QUE QUIERAS QUE NOTE, ____________

HAZME MÁS SENSIBLE A ____________

"JÁLAME LAS OREJAS" CUANDO ____________

CONFIRMA LO QUE ESTOY HACIENDO BIEN, PUES ____________

TE LO PIDO SINCERAMENTE, PUES DE VERDAD DESEO ____________ AMÉN.

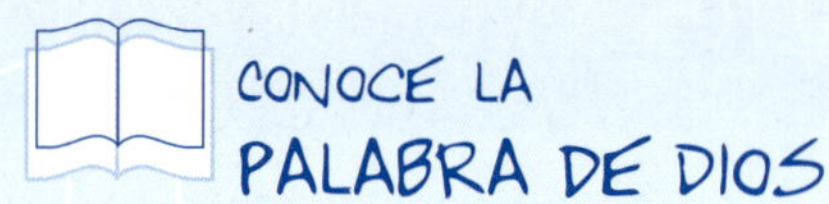

Leer Juan 6, 41-51

✚ ¿QUÉ PALABRAS USA JESÚS PARA PRESENTARSE COMO REVELACIÓN PLENA DE DIOS?

Juan empieza hablando de personas que murmuran porque no creen que Jesús sea el pan de vida bajado del cielo, que provenga de Dios, como lo proclama él (Jn 6, 38. 41-42). Sólo se fijan en lo temporal y no son capaces de ver con otros ojos una realidad más profunda que Jesús les presenta: la realidad trascendental que da sentido y significado a la vida. Después hace una síntesis de la fe en Jesús, que dinamizó a los primeros cristianos y alimenta a los seguidores de Jesús a lo largo de los siglos. Según este texto:

- El misterio de Jesús no puede ser comprendido sólo por un esfuerzo humano; requiere abrirnos a la realidad de Dios y su gracia mediante el don gratuito de la fe (vv. 44. 46).
- Los profetas lo habían anunciado y ahora Jesús da cumplimiento a lo que el pueblo de fe esperaba por tanto tiempo (v. 45).
- Dios se reveló en el Antiguo Testamento a través de signos que llamaron a la fe y a reconocerlo en su historia, preparándose así para su revelación plena en Jesús (v. 49).
- En Jesús obtenemos la vida verdadera y eterna, participando de su muerte y resurrección (vv. 47-50).
- La vida verdadera y final se alcanza al comer el pan que ofrece Jesús, reconociéndolo como el verdadero pan de vida (v. 51).

Ser discípulo de Jesús implica reconocerlo como el Señor de la vida y alimentarnos de él. La Eucaristía nos nutre de Jesús para seguirlo, continuar su misión y ser pan para el mundo.

Sobre tu fe en Jesús

El evangelio nos lleva a reflexionar sobre nuestra fe. Piensa en tu reacción ante quienes cuestionan tu fe, personalmente o en los medios de comunicación:

✚ ¿ALCANZAN A ESTREMECER TU FE O TE LLEVAN A BUSCAR A JESÚS COMO ALIMENTO QUE LA FORTALECE?

En el Antiguo Testamento Dios preparó a su pueblo para recibir su revelación plena en Jesús:

✚ ¿CÓMO TE AYUDA EL ANTIGUO TESTAMENTO A CONOCER MEJOR A JESÚS?

Jesús nos alimenta con su palabra y en la Eucaristía:

✚ ¿QUÉ GRACIAS TE DA JESÚS A TRAVÉS DE SU PALABRA DE VIDA?

✚ ¿CÓMO NUTRE LA EUCARISTÍA TU VIDA DIARIA?

Josemaría Escrivá de Balaguer (1902-1975)

Promotor de la santidad en lo ordinario del camino

Josemaría se crió en una familia católica española. La muerte de tres hermanas pequeñas y la ruina económica familiar, templaron su carácter y lo hicieron madurar.

A los 16 años intuye que Dios quiere que se entregue a él, sin saber para qué. Estudia para sacerdote y Derecho. Ordenado a los 23 años, se dedica al servicio de los pobres, enfermos y niños, extendiendo su apostolado a jóvenes universitarios, artistas, obreros e intelectuales. Imparte clases de leyes para apoyar a su madre y hermanos, pues es cabeza de familia. Estas experiencias lo preparan para su vocación particular.

A los 28 años descubre su llamado a promover la santidad y el apostolado de todo cristiano/a, con el único fin de identificarse con Jesús. Funda el Opus Dei, que quiere decir "Obra de Dios", convencido de que Jesús nos robustece para seguir su llamado y nos espera en el cielo para que gocemos con él la vida imperecedera.

Con el tiempo se incorporan a su obra sacerdotes, religiosos/as y laicos. También se unen cooperadores de otras religiones cristianas y no cristianas, que buscan hacer realidad los valores del Reino.

Como Josemaría decía, "Escrivá escribe". En Camino, una obra clásica de espiritualidad cristiana, traducida a muchos idiomas, ofrece pequeñas meditaciones para la vida diaria. Su meta es cuestionar el pasado, mejorar el presente y abrir caminos que lleven a tratar y amar a Dios, y a servir al prójimo.

SIGAMOS LA OBRA DE JESÚS

Caminando y actuando en la vida, nutridos por Jesús

En el camino de la vida, Dios nos nutre con sus dones, siendo el más grande Jesús. Siendo joven, Josemaría Escrivá contó con Jesús para emprender el camino que lo llevaría a descubrir su vocación particular. Posteriormente, creó un camino para que personas en cualquier estado civil puedan descubrir su vocación y seguirla en la vida diaria.

+ ¿QUÉ HORIZONTES TIENES ANTE TI PARA CAMINAR POR LA VIDA COMO UN/A JOVEN CRISTIANO/A?

+ ¿QUÉ PASOS HAS DADO HACIA LA REALIZACIÓN DEL PROYECTO DE VIDA QUE JESÚS DESEA PARA TI?

+ ¿QUÉ NUEVOS PASOS PUEDES DAR EN EL FUTURO PRÓXIMO?

+ ¿EN QUÉ NECESITAS QUE JESÚS TE ALIMENTE PARA NO DESFALLECER EN EL CAMINO?

Aportes para la espiritualidad en la vida diaria

Para seguir a Jesús, vivir su evangelio y darlo a conocer, el Opus Dei alimenta la espiritualidad con las siguientes máximas:[19]

Filiación divina

Como hijos e hijas de Dios, debemos tener un profundo sentido de dignidad de las personas y luchar por sus derechos humanos; confiar en su providencia divina; tratar con sencillez a Dios y con hermandad a los demás; amar al mundo y todo lo creado por Dios; enfrentar la vida con serenidad y optimismo.

Vida ordinaria

La santidad se alcanza en la realidad humana, que incluye la dimensión espiritual y material de la persona, poniéndolas al servicio de Dios y de la humanidad. La familia, el matrimonio, el trabajo, la ocupación de cada momento, son oportunidades de tratar y seguir a Jesús, practicando las virtudes humanas y cristianas.

Oración y sacrificio

La oración, participación en la misa y la lectura del evangelio diariamente, la confesión frecuente y la devoción a María llevan a Jesús. Ofrecer a Dios las molestias al cumplir nuestros deberes y hacer más agradable la vida a los demás, el ayuno y la limosna, fortalecen el espíritu.

Santificar el trabajo

El trabajo ordinario es lugar de encuentro con Cristo. Lo santificamos al esforzarnos por realizarlo bien, con competencia profesional, por amor a Dios y para servir a las personas.

Unidad de vida

Sólo existe una vida, con una dimensión interior —nuestra relación con Dios— y una dimensión exterior —la vida familiar, profesional y social—. Hay una única vida, hecha de carne y espíritu, y tiene que ser santa y llena de Dios.

Libertad

Los cristianos tenemos los mismos derechos y obligaciones que otros ciudadanos. En nuestro actuar político, económico, cultural..., debemos obrar con libertad y responsabilidad personal, respetando la libertad y las opiniones ajenas.

Caridad

Quien conoce a Cristo tiene un tesoro que no puede dejar de compartir. Por eso somos testigos de Jesucristo y difundimos su mensaje de esperanza entre parientes, amigos y colegas, con el ejemplo y con la palabra. Este afán de dar a conocer a Cristo es inseparable del deseo de contribuir a resolver las necesidades materiales y los problemas sociales del entorno.

ACTIVIDAD COMUNITARIA

Alimento para nuestro caminar con Jesús

1 Formar parejas para iniciar este ejercicio. Leer la siguiente introducción:

En el evangelio, Jesús recordó que los profetas habían nutrido y orientado la fe del pueblo mientras llegaba él y dejó en claro que él es el único alimento para la vida eterna. Las imágenes del alimento y del camino nos hacen visualizar el futuro. La fe se alimenta de experiencias pasadas —buenas o malas— que, al ser reflexionadas ante Dios, nos abren a nuevas formas de responderle en el presente y en la vida por venir.

Los "Aportes para la espiritualidad en la vida diaria", en la p. 130, son alimento para nuestra jornada cotidiana. Cuanto más amplios sean los horizontes del camino y cuanto más grandes los ideales de hacer realidad el reino de Dios, más fuerza nos da Jesús para realizar nuestra vocación.

2 En silencio, cada quien:

- Leer los siete aportes en la p. 130, subrayando lo que más puede enriquecer tu vida cristiana hoy día. Después, numerarlos en orden de importancia para crecer en tu espiritualidad en lo cotidiano de la vida.
- Identificar los dos aportes que le costaría más trabajo aprovechar y por qué.

3 En parejas, compartir los tres aportes más valiosos y los dos más difíciles de aprovechar, explicando las razones.

4 En sesión plenaria, invitar a que algunos jóvenes compartan de qué manera les sirvió haber hecho este ejercicio.

EL QUE CREE TIENE VIDA ETERNA.
YO SOY EL PAN DE LA VIDA
Jn 6 46

CELEBRAMOS NUESTRA FE

Nutriendo nuestra vida diaria con la Palabra de vida

1 Entonar un canto sobre vivir la fe en la vida diaria.

2 Proclamar Efesios 4, 30 – 5, 2. Volver a leer los versículos 30-31 e invitar a meditar:

- ¿Cuáles de estas acciones negativas cometes con más frecuencia?
- Volver a leer del 4, 32 al 5, 2 e invitar a meditar, ¿cómo se relacionan los consejos de Pablo con los de Josemaría?

3 Proclamar Juan 6, 27-29, del evangelio del domingo pasado. Después proclamar Efesios 4, 30 – 5, 2.

4 Invitar a meditar, ¿qué significa para ti el paralelo entre "ser Jesús el sello o signo del Padre" y "ser el Espíritu Santo un sello en ti"?

5 Invitar a profundizar su reflexión con el comentario "Aportes para la espiritualidad en la vida diaria", ¿cómo te ayudará tu reflexión, para ser signo del Espíritu Santo en tu vida diaria?

6 Terminar con un mantra invocando al Espíritu Santo. Empezar suave, ir subiendo el tono hasta llegar a una invocación apasionada; después irlo bajando, hasta llegar a un susurro que haga una paz profunda en el interior. Un mantra son palabras o frases que se repiten muchas veces para apoyar a una meditación, como ¡Ven, Espíritu Santo, ven!

20º Domingo Ordinario

LA EUCARISTÍA NOS HACE UNO EN CRISTO

Proverbios 9, 1-6 • Salmo 34 (33) • Efesios 5, 15-20 • Juan 6, 51-58

EMPIEZA TU DIÁLOGO CON JESÚS

—¡Hola! ¡Qué bueno que estás aquí! El haberme quedado en la Eucaristía es vital para mí.

+ Y PARA MÍ TAMBIÉN PORQUE

Y

+ AUNQUE A VECES ME CUESTA TRABAJO COMPRENDER

Y

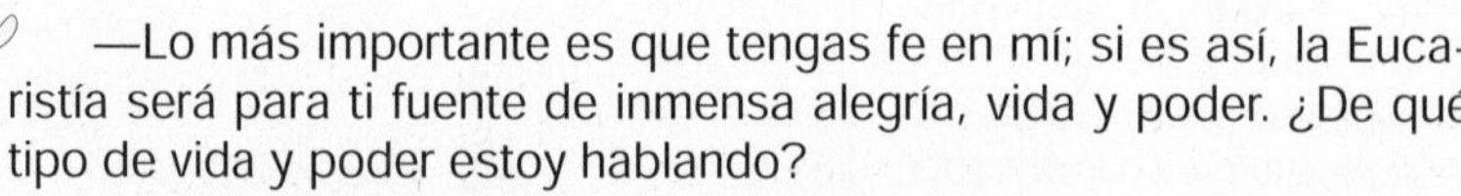

—Lo más importante es que tengas fe en mí; si es así, la Eucaristía será para ti fuente de inmensa alegría, vida y poder. ¿De qué tipo de vida y poder estoy hablando?

+ YO CREO QUE HABLAS DE LA VIDA

+ Y QUE EL PODER AL QUE TE REFIERES ES

—Me hace muy feliz el poder compartir mi vida y la gracia de Dios con todos y cada uno en la Eucaristía. Quiero que siempre se sientan fortalecidos.

CONTINÚA ORANDO DESDE TU CORAZÓN

Quiero gozarte y aprovecharte más en la Eucaristía

Señor Jesús,

Quiero de verdad gozar de tu entrega a mí, a través de la Eucaristía.

LO QUE MÁS ME IMPIDE HACERLO ES

CON FRECUENCIA

QUIERO PEDIRTE PERDÓN POR

DESEO QUE ME AYUDES A

LO MÁS IMPORTANTE PARA MÍ AL RECIBIRTE ES

ASÍ QUE PREDISPÓN MI CORAZÓN PARA

Ayúdame a participar en los diálogos de hoy con corazón abierto y a fortalecer mi fe en ti, con la reflexión, el compartir con mis compañeros y la oración. Amén.

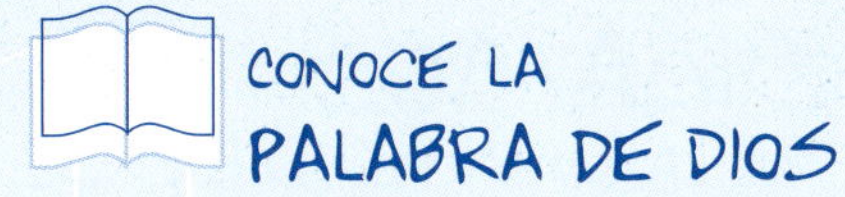

Leer Juan 6, 51-58

+ ¿QUÉ VERSÍCULO TIENE UN SIGNIFICADO MÁS FUERTE PARA TI Y POR QUÉ?

Estamos ante el "Discurso eucarístico" de Jesús, que sigue a su "Discurso sobre el pan de vida" (Jn 6, 22-50), presentado los domingos anteriores. En ellos Jesús se identificó con el "pan de vida", como el enviado de Dios y alimento de vida eterna, para quienes creen en él. Su énfasis estaba en la fe, en alimentarnos con su palabra de vida y escudriñar el sentido de sus signos, sin quedarse en el plano de los milagros (vv. 22-29).

El "Discurso eucarístico" acentúa el carácter sacramental de "comer la carne y beber la sangre" de Jesús, al recibir la vida de Dios mediante nuestra relación íntima con Jesús. Así lo dijo él mismo: "el que come mi carne y bebe mi sangre, vive en mí y yo en él" (v. 56), desde ahora "para siempre" (v. 58).

El misterio de la Eucaristía siempre está unido al sacrificio de la cruz donde Jesús da su vida para la salvación del mundo, al hacer la voluntad del Padre. Comer el pan y beber la sangre es revivir sacramentalmente la donación de Jesús, Dios hecho carne, en plena comunión con el Padre.

En este relato, Juan nos ofrece una teología de la Eucaristía, ya que no lo hace al relatar la última cena de Jesús, como los otros evangelistas. En su lugar, Juan describe el lavado de los pies por Jesús, para enfatizar el servicio que debe caracterizar a sus seguidores (13, 1-20).

La Eucaristía se vive con la inteligencia del corazón

Aceptar el don de la Eucaristía implica creer en Jesús como plena revelación de Dios. Significa aceptar que su carne se haga carne en nosotros, su sangre corra en la nuestra y la vida de Dios nos revitalice continuamente.

¡Incomprensible! ¡Inaudito! Por eso los judíos discutían esta enseñanza (Jn 6, 52) y sus mismos discípulos la consideraban inadmisible (v. 60). Esta verdad es escándalo para quienes no creen en Jesús. El misterio de Dios encarnado en nosotros solamente se vive y se goza al contemplarlo con fe, pues es incomprensible a la razón sola.

En la vida espiritual, la inteligencia es una forma de conocer, que usualmente se pregunta, ¿cómo es posible esto? En contraste, la fe y la inteligencia juntas cuestionan, ¿por qué y para qué hace Dios esto? Es la inteligencia del corazón la que nos permite ver el sentido de la vida según la sabiduría de Dios y poder dar razón de nuestra fe. Pide al Espíritu Santo que aumente tu fe; a Jesús, que te llene con su vida; al Padre, que te inunde con su amor.

María de San José (1875-1967)

Primera Beata de Venezuela

Laura Evangelista Alvarado Cardozo se consagró a Dios a los 13 años, al hacer su primera Comunión. A partir de los 18 años se dedicó al servicio de los más pobres; a los 24 años era directora de un hospital. A los 28 años asumió el puesto de superiora de la recién creada comunidad religiosa de las Agustinas Recoletas en Venezuela, donde tomó el nombre de María de San José.

Los dos grandes apoyos de Laura para su fe, su energía y su sabiduría al hacer la obra de Dios fueron: su Bautismo y la Eucaristía. A Jesús le escribía:

> Ya he hallado a Aquel que tanto anhelaba mi corazón; ya soy toda tuya y tú todo mío. ¡Oh, amor mío sacramentado!... Oh, amantísimo Esposo, oh dulce Jesús, ¿podrá vivirse sin ti? ¿Podrá hallar el alma consuelo sin tener la dulce unión, esa unión íntima del alma con la adorable Eucaristía?... Sólo tú puedes satisfacer el hambre que me devora, la sed que me abrasa... ¿Cómo pueden vivir sin recibirte las almas? ¿Dónde tienen fuerzas no alimentándose con tu cuerpo sacramentado que es la Vida?[20]

La congregación, dirigida por ella, realizó innumerables obras: orfelinatos, asilos para mendigos, casas maternas, hospitales, escuelas, albergues... para los pobres. Vivió hasta la edad de 92 años, alimentada de Jesús Eucaristía, para llevar la vida de Jesús a los pobres en quienes lo veía hecho carne. Su vida de oración le ayudó a purificar y elevar su espíritu y a encontrar una paz interior que irradiaba de manera extraordinaria.

SIGAMOS LA OBRA DE JESÚS

Nutriéndonos con la Eucaristía para llevarlo a los demás

Jesús habló de su carne y su sangre como verdadera comida y verdadera bebida para la vida en el mundo y la vida imperecedera. María de San José experimentó la vida de Jesús en ella a través de la Eucaristía, valorando su intimidad y la vitalidad de Dios actuando a través de ella. Las personas a las que ella y las religiosas de su congregación atendieron recibieron la vida de Jesús a través de su servicio, tal y como Jesús lo pide de sus discípulos y apóstoles.

+ ¿CON QUÉ FRECUENCIA TE ALIMENTAS TÚ DE JESÚS EUCARISTÍA?

+ ¿QUÉ TAN CONSCIENTE ERES DEL MILAGRO QUE SE ESTÁ DANDO EN TI A TRAVÉS DEL SIGNO DEL PAN Y EL VINO, CONVERTIDOS EN EL CUERPO Y LA SANGRE DE JESÚS?

+ ¿QUÉ MENSAJE DE ESTA SESIÓN TE AYUDARÁ A VIVIR MÁS INTENSAMENTE LA COMUNIÓN Y, EN CONSECUENCIA, A SER MÁS DINAMIZADO/A POR LA VIDA DE DIOS EN TI?

HAGAMOS VIDA
EFESIOS 5, 15-20

Para ser sabios según el Espíritu de Dios

1 Leer Efesios 5, 15-20 para comprender el mensaje completo.

2 Volver a leer los versículos 15-18.

+ ¿QUÉ ASPECTOS DE LA SABIDURÍA DE DIOS SON ESPECIALMENTE ADECUADOS PARA SUPERAR LOS DESAFÍOS DE NUESTRA ÉPOCA ACTUAL?

______________________________,
____
Y______________________________

3 Leer los versículos 18-19.

+ ¿CUÁLES SON LAS CAUSAS QUE LLEVAN A TANTOS ADOLESCENTES Y JÓVENES AL ALCOHOL Y A LAS DROGAS HOY EN DÍA? MENCIONEN TRES:

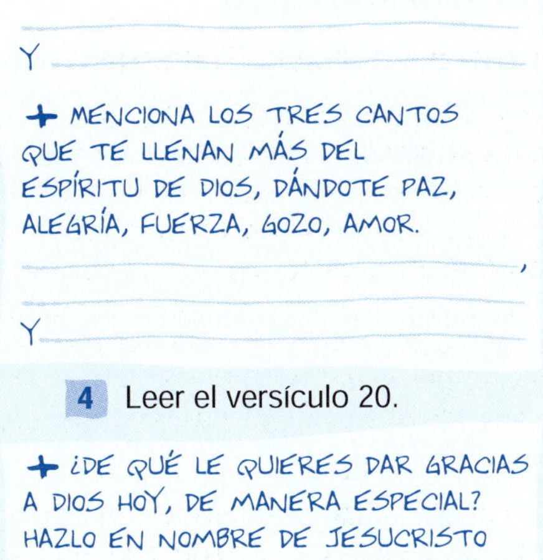

______________________________,
____
Y______________________________

+ MENCIONA LOS TRES CANTOS QUE TE LLENAN MÁS DEL ESPÍRITU DE DIOS, DÁNDOTE PAZ, ALEGRÍA, FUERZA, GOZO, AMOR.

______________________________,
____
Y______________________________

4 Leer el versículo 20.

+ ¿DE QUÉ LE QUIERES DAR GRACIAS A DIOS HOY, DE MANERA ESPECIAL? HAZLO EN NOMBRE DE JESUCRISTO

____
____
____

ENRIQUECE TU FE Y TU VIDA

Seamos eucaristía para los demás

Pablo dice a los Efesios que aprovechen el momento presente, pues se acercan días malos (Ef 5, 16). Parece que es un pronóstico de catástrofes que se avecinan. Pero este consejo toma un sentido diferente, visto a la luz de la fe en Jesús; el Señor que nos muestra y él mismo es el camino de la vida, quien es el dador del Espíritu del que habla Pablo (vv. 17-18). Pablo nos exhorta a vivir de una manera diferente, descubriendo la sabiduría de Dios en los acontecimientos de la historia.

También en los días malos, unidos a Jesús podemos producir frutos. En momentos y situaciones desastrosas, en medio de la guerra, terremotos, pésima economía..., ahí nos toca a los cristianos construir el reino de Dios.

Los días buenos y tranquilos son para cargar baterías y fortalecer el espíritu dedicando tiempo a orar y meditar. En tiempos malos, el servicio al hermano tiene prioridad; en ellos alimentamos nuestro espíritu al identificarnos con Jesús sufriente, siempre dispuesto a entregar la vida para dar nueva vida. El pozo de nuestro interior se llena cuanto más nos entregamos por aquellos que sufren y necesitan.

Sea cual sea la situación, Jesús "pan de vida" es fuente de energía, sabiduría, poder, compasión, amor... A través del Espíritu guía y modela nuestra vida para nuestra acción en el mundo, haciéndonos nosotros mismos eucaristía para los demás.

ACTIVIDAD COMUNITARIA

Somos una comunidad juvenil eucarística

1 Formar grupos de cinco personas. Después, hacer la siguiente introducción:

> Como Iglesia, reconocemos a Jesús en la comunidad, nos alimentamos de Jesús en la mesa de la Palabra y en la mesa de su Cuerpo y Sangre. Nos nutrimos de Jesús, creyendo en la Palabra, acogiendo su vida en nuestro ser y dejándonos movilizar por ella.

2 En silencio, revisar las tres sesiones anteriores y anotar todas las "Buenas Noticias" que les ha dado Jesús al revelarse como pan de vida a través de la Palabra. Escribirlas.

3 En los grupos pequeños:

- Conjuntar sus "Buenas Noticias", anotándolas en un papelógrafo e indicando las que están repetidas.
- Reflexionar: ¿Cuáles son las más comunes? ¿Cuáles las más personalizadas?
- Invitar a que los jóvenes que indicaron "Buenas Nuevas" poco comunes las expliquen en forma breve.
- Reflexionar: ¿Qué podemos hacer para lograr que estas "Buenas Noticias" lleguen a más jóvenes?

4 En sesión plenaria:

- Invitar a que varios jóvenes compartan en qué les sirvió haber hecho este ejercicio.
- Decidir si hay algo que pueden hacer, como comunidad juvenil, para llevar estas "Buenas Noticias" a otros jóvenes.

CELEBRAMOS NUESTRA FE

Orando como comunidad eucarística

1 A los mismos grupos de cinco personas, asignarles los siguientes temas de oraciones eucaríticas. Repetirlos si fuera necesario.

Grupo 1: Confesión de fe en Jesús, pan de vida

Grupo 2: Ofrenda de amor a Jesús y, en unión con él, al prójimo

Grupo 3: Compromiso en el servicio a los necesitados

Grupo 4: Esperanza en la vida de Dios hoy y siempre

Grupo 5: Adoración a Jesús Eucaristía

Grupo 6: Comunión espiritual

2 En ambiente de recogimiento, invitar a que cada joven deje nacer en su corazón una oración según el tema que le tocó. Escribirla o anotar frases clave, de manera legible, en un papel.

3 En silencio reverente, cada persona pasa a su compañero de la derecha su oración. Él o ella la lee y toma alguna frase o idea que enriquezca su propia oración.

4 Leer en voz alta cada oración y elegir una para rezarla con todo el grupo.

5 Rezar con las oraciones preparadas comunitariamente. Después de cada una, proclamar: "¡Gusten y vean qué bueno es el Señor!" (Sal 34, 9).

6 Terminar con un canto eucarístico.

CANTEN Y TOQUEN
PARA EL SEÑOR DE TODO CORAZÓN
Ef 5 19

21° Domingo Ordinario

NUESTRA OPCIÓN POR CRISTO, ¿QUÉ IMPLICA?

Josué 24, 1-2. 15-18 • Salmo 34 (33) • Efesios 5, 21-32 • Juan 6, 55. 60-69

EMPIEZA TU DIÁLOGO CON JESÚS

—¡Qué novedoso tu lenguaje cuando nos hablas del Pan Vivo! Quisiera poder entender todo lo que implica...

—¿Qué entiendes y sientes cuando digo que "Yo soy el Pan Vivo"?

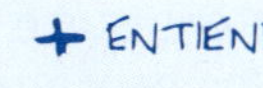

+ ENTIENDO QUE
+ SIENTO QUE

—Te doy mi cuerpo y mi sangre para que te alimentes y te sostengas. ¿De qué tienes hambre o sed? ¿En qué te sientes débil o enfermo?

+ ALIMÉNTAME PARA QUE
+ FORTALÉCEME ANTE

—Recuerda que siempre estoy aquí para ti, para escucharte y darte valor.

—¡Gracias, amado Jesús!

CONTINÚA ORANDO DESDE TU CORAZÓN

¿A quién iremos?

Señor, gracias por invitarme a ser tu discípulo/a. Soy consciente de la libertad que me das y quiero usarla bien. Por eso, ayúdame a dirigirme siempre a ti.

QUE TE CONSIDERE SEÑOR DE MI VIDA CUANDO ____________________

QUE ACUDA A TI COMO MAESTRO ANTE ____________________

QUE CONFÍE EN TI COMO MESÍAS CUANDO ____________________

QUE TE VEA COMO PROFETA ANTE ____________________

QUE TE HABLE COMO HIJO DE DIOS Y HERMANO MÍO CUANDO ____________________

QUE ME DIRIJA A TI COMO BUEN PASTOR CUANDO ____________________

Amigo Jesús: ¿A quién iré cuando haya perdido toda esperanza? Sólo tu aliento me podrá rescatar y dar vida. ¡Que siempre me dirija a ti! Amén.

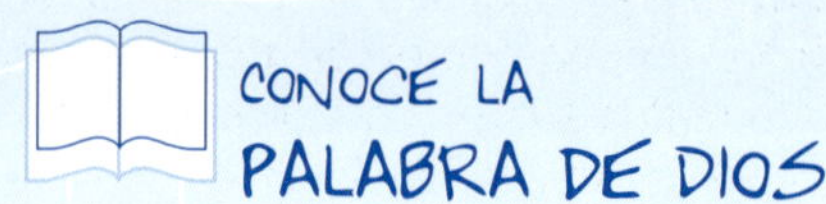

Leer Juan 6, 55. 60-69

+ ¿POR QUÉ CREES QUE ALGUNOS DISCÍPULOS DE JESÚS LE DIERON LA ESPALDA?

Este domingo leemos la reacción contrapuesta de dos grupos de personas al "Discurso sobre el pan de vida": la incredulidad de muchos (Jn 6, 60-66) y la confesión de Pedro en nombre de los Doce (6, 67-71).

Ante las palabras de Jesús, explicando que su carne es verdadera comida y su sangre verdadera bebida, muchos discípulos le expresan que es difícil aceptar su doctrina y deciden dejarlo (vv. 55. 66). Jesús les responde ampliando aún más su misterio, al aludir a su Resurrección-Ascensión y afirmar la obra del Espíritu como dador de vida (vv. 61-63).

Al ser un misterio, sólo es aceptable por la fe; por eso añade que sólo pueden seguirlo quienes reciben ese don del Padre (v. 65). Como es necesario estar abiertos al don de la fe y desear responder a él, Jesús pregunta a su comunidad de los Doce: "¿Acaso también ustedes quieren irse?" (v. 67).

Pedro responde, en nombre de todos, con la certeza que le da su fe: "Señor, ¿a quién iríamos? Tus palabras dan vida eterna. Nosotros creemos y sabemos que tú eres el Santo de Dios" (v. 69). Su respuesta deja ver claro lo que pasa en los seguidores de Jesús: primero se tiene la experiencia de vida con Jesús; luego se cree en él, y hasta después se conoce y se capta el significado de su mensaje.

Pedro estaba seguro de que los Doce seguirían con él, pasara lo que pasara. Pero Jesús presentía que uno de ellos lo iba a traicionar (vv. 70-71).

Del testimonio de vida a la fe

En su "Discurso sobre el pan de vida", Jesús se ofrece a sí mismo a sus discípulos, como fuente de vida, alimento que nutre para la vida del reino que predica. La mayoría no lo comprende o quiere escuchar otro tipo de promesas; por eso lo dejan.

Jesús se entristece, se siente solo y fracasado. Por eso nos entiende y nos acompaña ante nuestra soledad, incomprensión y fracaso.

Como sabe que varias de sus enseñanzas son nuevas y radicales, Jesús pregunta a sus discípulos cercanos qué quieren hacer. Ser seguidor de Jesús requiere un compromiso libre y sin condiciones, una opción de corazón por él y su proyecto del Reino.

Al responder Pedro: "Señor, ¿a quién iríamos?" (Jn 6, 68), muestra el valor y convicción de seguir vinculado a Jesús. Prefiere un maestro coherente en su ser, decir y hacer, aunque enseñe algunas doctrinas difíciles de entender, que maestros sin amor o hipócritas. Y tú, ¿qué tipo de maestro prefieres?

Frederick Ozanam (1813-1853)

Fundador de la Sociedad de San Vicente de Paúl

Frederick nació en Italia, en una familia acomodada, religiosa y muy generosa. Se educó en Francia como abogado, entrando en una fuerte crisis de fe debido al ambiente anticristiano de la universidad.

En lugar de sucumbir a la crisis, Frederick buscó ayuda en la Iglesia. Quizá la persona que más lo ayudó fue Ampére, un científico católico que le decía: "Estudia las cosas de este mundo con un solo ojo y mantén el otro constantemente fijo en la luz eterna".

Al salir de la crisis le promete a Dios dedicarse al servicio de la verdad, donde había hallado la paz. Se convirtió en miembro activo del apostolado intelectual y proclamaba que la única ley que debe gobernar los actos humanos es la del amor.

A los 20 años fundó las Conferencias de la Caridad que evolucionaron en la Sociedad de San Vicente de Paúl. Sus metas eran consolidar la fe y la caridad de la juventud católica, y establecer relaciones entre personas marginadas y enfermas, con quienes pudieran darles apoyo humano y espiritual.

Se casó a los 28 años y siguió su apostolado junto con su esposa. Cuatro años más tarde, nació su hija María.

Frederick utiliza una expresión nueva en su tiempo: justicia social. Propone el salario familiar, censura el trabajo de los menores, sugiere la reglamentación de las relaciones entre patrones y obreros, y toma partido por el pueblo pobre mal atendido y con pocos derechos reconocidos.

La franqueza de sus opiniones y su trabajo social le ganaron enemigos y calumnias, en las que se decía que sus acciones iban contra la fe. Enfrenta esa nueva prueba con entereza, defendiendo su lealtad a su fe y a su Iglesia, e intensificando su vida de oración.

El papa Juan Pablo II lo beatificó en 1997. Hoy día, la Sociedad de San Vicente de Paúl, tiene cerca de 900,000 miembros en 131 países.

Siendo como Jesús, pan de vida para ellos

Frederick tuvo una fuerte crisis de fe, pero en lugar de abandonar a Jesús buscó quien lo ayudara y encontró el apoyo deseado. Convencido de la verdad y el amor propuestos por Jesús, puso sus dones y profesión al servicio de sus semejantes. Como él, se vio incomprendido y hasta calumniado en lo más querido, su fe.

Su opción por Cristo no fue fácil, pero sí grande. Fue un joven que vivió su compromiso y respondió a las necesidades de su tiempo, con los criterios cristianos, de amor y entrega, dando incontables frutos por cerca de dos siglos.

+ ¿CUÁLES SON LAS NECESIDADES DE TUS AMIGOS Y COMPAÑEROS DE ESTUDIO Y/O TRABAJO?

+ ¿CUÁLES LAS DE LOS TRABAJADORES MÁS HUMILDES DE TU COMUNIDAD?

+ ¿CÓMO APLICARÍAS LOS CRITERIOS DE CRISTO PARA ENCONTRAR UNA SOLUCIÓN A AMBOS TIPOS DE NECESIDAD?

+ ¿QUÉ DIRÍA CRISTO DE LO QUE HACES TÚ POR LOS MÁS NECESITADOS?

NOSOTROS CREEMOS Y SABEMOS QUE TÚ ERES EL SANTO DE DIOS

Jn 6 68-69

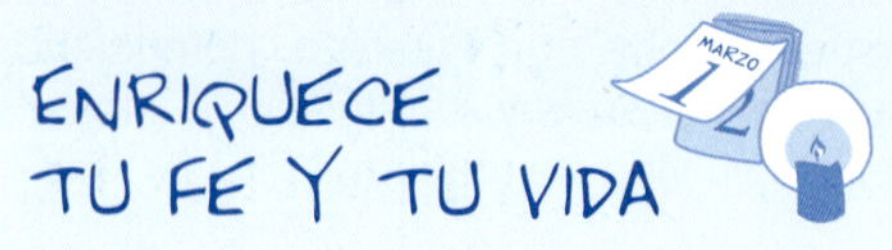

Otras opciones para vivir según el evangelio de Jesús

Leer la segunda lectura de hoy: Efesios 5, 21-32. Presenta dos reflexiones entretejidas: sobre la relación matrimonial y sobre la relación de Cristo con su Iglesia, o sea, con nosotros.

La relación entre esposo y esposa, marcada por la cultura de la época, presenta un avance significativo a la luz del evangelio de Jesús:

- El esposo a de amar a su esposa como Cristo a su Iglesia..., total e incondicionalmente..., poniéndose a su servicio para darle vida.
- La esposa a de ser dócil a su esposo, como al Señor, con la misma libertad que Jesús dejó a sus discípulos.

La estructura patriarcal continúa. Pero la calidad de la relación entre los esposos ha cambiado y este cambio es congruente con el trato de Jesús a las mujeres y sus enseñanzas sobre la fidelidad mutua y la indisolubilidad del matrimonio.

En cuanto a la relación mutua entre Jesús y nosotros, su Iglesia:

- Jesús ama a su Iglesia sin condiciones, la alimenta y la cuida; se ha convertido en un solo cuerpo con ella, a pesar de su debilidad y faltas.
- La Iglesia le corresponde tratando de ser fiel y dócil a su cabeza, aunque por debilidad humana siempre sea pecadora.

A nosotros, como miembros de la Iglesia, nos toca amarla igual que Cristo, con sus dones y limitaciones, esperanzas y frustraciones, virtudes y pecados... Así fue la Iglesia que fundó Jesús, hecha de personas, con nuestra grandeza, miserias y contradicciones.

¿Has pensado en lo que significa la opción de vivir en matrimonio amando como Cristo a su Iglesia? ¿Qué significa para ti ser miembro de una Iglesia que Cristo ama y sirve, sin que el pecado de sus miembros aminore su amor liberador y misericordioso? ¿Verdad que vale la pena vivir estas dos opciones según el evangelio de Jesús?

Sobre la evaluación que haces de tus opciones en la vida

Es hora de decidirnos. Hemos de escoger entre el seguimiento de Jesucristo y el seguimiento de otros mesías, de personas que presentan ante nosotros teorías exóticas, enseñanzas engañosas, proposiciones que en lugar de llevar a amar causan egoísmo y explotación de otros.

+ ¿Qué tan crítico/a eres ante teorías de superación personal que sólo se centran en tu propio desarrollo, sin considerar el de los demás?

+ ¿Qué tan crédulo/a eres ante las ofertas de felicidad que continuamente hacen quienes promueven objetos que desean que compremos?

+ ¿Qué tanto te dejas engañar por personas que ofrecen adivinaciones sobre tu futuro, sin tomar en cuenta la trascendencia de la vida?

+ ¿Qué tipo de evaluación haces ante alternativas de diferentes estilos de vida que se te presentan en tu caminar por la historia?

+ ¿Qué procesos de discernimiento realizas ante los llamados o atracciones a distintas profesiones, estado de vida, compromisos sociales o pastorales?

+ ¿Qué bases utilizas para reflexionar sobre las enseñanzas de la Iglesia ante las costumbres, tradiciones y conductas morales?

ACTIVIDAD COMUNITARIA

Nuestra opción en la vida

Preparación

Llevar recortes de revistas y periódicos.

Actividad

1 Formar siete grupos y asignarles los siguientes temas:

Grupo 1: Millonario/a, en la cúspide de la pirámide socioeconómica nacional

Grupo 2: Intelectual respetado/a, ganador/a de varios premios nacionales e internacionales

Grupo 3: Líder capaz de inspirar y guiar al pueblo y de manejar grupos sociales

Grupo 4: Persona atractiva física, sicológica, social y sexualmente

Grupo 5: Artista reconocido/a, capaz de atraer a las grandes masas o a elites conocedoras

Grupo 6: Profesional con ideales y metas que tienen alta posibilidad de ser alcanzados

Grupo 7: Persona pobre, sin educación, que no ha podido romper el círculo de la pobreza

2 En un papelógrafo, dibujar la silueta de una persona y pegar sobre ella recortes de imágenes y encabezados de artículos que den vida al perfil de la persona que les fue asignada.

3 Reflexionar: ¿Cómo sería la vida de una persona cristiana con ese perfil, en relación con: (a) su crecimiento personal, (b) su vida familiar, (c) la transformación de la sociedad, (d) la cultura y sus valores, (e) la vida y misión de la Iglesia. Tomar notas.

4 Ver si los recortes y textos en el perfil dan testimonio cristiano.

5 En sesión plenaria, compartir lo más significativo de la reflexión grupal.

CELEBRAMOS NUESTRA FE

Colocando a Cristo como cimiento de la vida

1 Colocar los siete perfiles en el suelo y sentarse alrededor de ellos.

2 Hacer la siguiente introducción:

Lo primero que se coloca al construir un edificio son los cimientos, y Cristo es la piedra angular sobre la cual los cristianos construimos nuestra vida. En la juventud trazamos los planos de nuestro futuro, pero muchas veces esto se reduce a elegir la carrera, la futura pareja y el trabajo. Si en la juventud se hacen los planos del porvenir, entonces es el momento de decidirse a poner a Cristo como el cimiento de la vida adulta.

3 En los mismos grupos que antes, preparar una oración sobre la opción de seguir a Cristo en el aspecto que le tocó:

Grupo 1: Educación y formación personal

Grupo 2: Vida familiar

Grupo 3: Profesión y trabajo

Grupo 4: Grupo o pequeña comunidad de fe

Grupo 5: Relación con la sociedad

Grupo 6: Vida social y de esparcimiento

Grupo 7: Misión evangelizadora como iglesia

4 Cada grupo hace su oración, respondiendo: "¡Jesús, queremos seguirte siempre!"

5 Terminar con un canto de compromiso cristiano.

22°
Domingo
Ordinario

JESÚS REDIRIGE EL CORAZÓN DE LA PERSONA

Deuteronomio 4, 1-2. 6-8 • Salmo 15 (14) • Santiago 1, 17-18. 21-22. 27 • Marcos 7, 1-8. 14-15. 21-23

EMPIEZA TU DIÁLOGO CON JESÚS

—Suelo escuchar de algunos de tus amigos, que se sienten jalados interiormente, que tienen ruido adentro o que se sienten sucios. ¿Has sentido algo semejante tú? ¿Cuándo?

✚ PUES SÍ, A VECES SIENTO ,

O

✚ Y ME PASA CUANDO ,

Y

—¿Por qué crees que te sucede eso?

✚ PIENSO QUE ES PORQUE

—Con frecuencia esas reacciones se deben a un remordimiento de conciencia por haber realizado algún mal o tener la intención de hacerlo. ¿Ante qué acciones o falta de acciones te remuerde a ti más la conciencia? Platícame de eso en tu oración.

CONTINÚA ORANDO DESDE TU CORAZÓN

Jesús, que mis remordimientos sirvan de algo

Jesús,

SÉ QUE CUANDO SIENTO REMORDIMIENTOS ES PORQUE O

EN PRIMER LUGAR QUIERO PEDIRTE PERDÓN POR Y

A VECES LA GENTE MAYOR ME DICE QUE ESTOY HACIENDO MAL Y YO SIENTO QUE ESTOY HACIENDO BIEN. POR EJEMPLO:
Y

¡Deseo ser fiel seguidor/a tuyo/a! Ayúdame a ver claro lo que debo hacer, y luego a tener la fuerza de hacer lo que corresponde. No quiero ofenderte a ti ni hacer daño a nadie. De verdad que necesito tu ayuda. Amén.

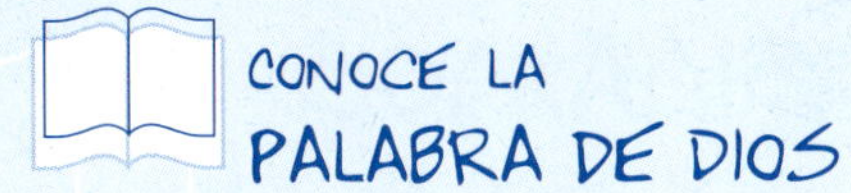

¿SABÍAS QUE...

Leer Mc 7, 1-8. 14-15. 21-23

+ ¿EN QUÉ SE DIFERENCIAN LAS TRADICIONES JUDÍAS Y LA LEY DE DIOS?

Los fariseos observaban estrictamente los 613 minuciosos preceptos del Talmud o ley judía, lo que los llevó a un formalismo, rigorismo e hipocresía religiosa. Uno de esos preceptos o mitzvot era lavarse las manos y los pies antes de cualquier servicio (v. 3-4).

Los fariseos y maestros de la ley solían estar pendientes de lo que Jesús y sus discípulos hacían y decían, con el fin de encontrarlos violando la ley o en algún error teológico. Jesús —quien conocía bien las Escrituras— siempre tenía una respuesta sensata que los llevara a notar el sentido profundo de la ley de Dios, reflexionar sobre lo importante y relacionarla con la necesidad pastoral de la persona.

En este pasaje Jesús aprovecha para enseñar que la moralidad auténtica se fundamenta en la conciencia personal y en la decisión libre de actuar de acuerdo con o en contra de ella (v. 14). Explica que es del interior de la persona de donde sale la maldad que le hace daño a sí misma y que hiere a su prójimo, como la envidia, la codicia, el adulterio, la injuria, el libertinaje... (vv. 21-23).

El ser humano tiene la capacidad de decidir cómo actuar y esas acciones deben ser fruto de lo que existe en su corazón. No hay separación entre la fe y la vida; de ahí que Jesús nos desafíe a mantenernos siempre en relación de amor con Dios y el prójimo, y a no escondernos detrás de actitudes puritanas y costumbres ritualistas.

El cristianismo no está centrado en la moral

Jesús es el centro de nuestra vida y su mandamiento máximo es el amor. Las normas morales se desprenden de la vivencia del amor y se forjan en nuestra conciencia, a la luz de la palabra de Dios, en especial de los evangelios. De ahí que estén marcadas por nuestra capacidad de distinguir el bien y el mal, según los criterios de Dios y por la cualidad fundamental de nuestra libertad.

La moral cristiana nace de la fe en Jesús; se origina como consecuencia de nuestra relación con él, como hermanos/as y discípulos/as suyos. Está fundamentada en nuestra alianza con Dios. A partir de nuestra relación de amor con el Padre, el Hijo y el Espíritu Santo, se generan las posibilidades y exigencias de nuestro estilo de vida y práctica evangélica.

Somos libres para decir sí o no a vivir en alianza de amor con Dios, compartiendo ese amor con nuestro prójimo, en particular con los más necesitados. Tomar sus enseñanzas como mandatos impuestos es desvirtuar la naturaleza de Dios y la nuestra. Seguir tradiciones o costumbres opuestas a su evangelio es ignorar su mensaje. Es nuestra relación con Dios, nuestra fe, la que nos cambia y nos debe impulsar a compartir lo que experimentamos en esa relación.

¿Qué pensamientos y sentimientos despiertan en ti estas verdades de nuestra fe en Jesús? ¿A qué te motivan?

Antonio de Santa Ana Galvão (1739-1822)

Primer santo brasileño

Antonio nació en Brasil, en una familia profundamente cristiana. Sus padres eran personas generosas y caritativas. A los 13 años entró al seminario de los padres jesuitas, donde destacó en sus estudios y en la práctica de la vida cristiana.

A los 21 años se cambió con los padres franciscanos, fue ordenado sacerdote dos años después. Siguió sus estudios teológicos y a los 29 años fue nombrado predicador, confesor y portero del convento.

Fray Galvão se distinguió por su disponibilidad para servir al pueblo. Tenía fama de consejero, pacificador de las almas y de las familias, dispensador de caridad en particular en favor de los pobres y los enfermos. Era muy buscado para las confesiones, pues era sabio y prudente. Su gran amor a Dios hacía que no quisiera verlo ofendido y eso lo llevaba a motivar con pasión la conversión de los pecadores.

Fue nombrado confesor de un Recolhimento o "casa de retiro para religiosas". Ahí fue confesor y guía espiritual de sor Helena María del Espíritu Santo, con quien funda un Recolhimento, donde sirvió como guía de vida interior y disciplina religiosa.

El día de su canonización, el papa Benedicto XVI recordó su oración a Dios el día de su consagración: "Quítame la vida antes de que ofenda a tu bendito Hijo, mi Señor". Destacó y puso como ejemplo su vida transparente, su alma clara y su inteligencia sencilla, totalmente dedicadas al bien de quien necesitaba reconciliación y paz interior.

SIGAMOS LA OBRA DE JESÚS

Reconciliándonos para encontrar la paz

Fray Galvão acompañó a muchas personas a encontrar la paz interior a través del sacramento de la Reconciliación. Las personas lo buscaban por su capacidad de escuchar y aconsejar, y Jesús actuaba a través de él, pues se dejaba mover por el Espíritu Santo.

+ NOMBRA A TRES PERSONAS DE MÁS CONFIANZA PARA PLATICAR SOBRE ASUNTOS IMPORTANTES ____________, ____________ Y ____________

+ ¿CÓMO TE SIENTES DESPUÉS DE PLATICAR CON ELLOS/AS SOBRE LAS COSAS QUE TE PREOCUPAN? ____________

+ ¿CON QUÉ FRECUENCIA PLATICAS CON JESÚS SOBRE LAS COSAS QUE TE PREOCUPAN? ____________

¿CÓMO TE SIENTES SABIENDO QUE SIEMPRE TE COMPRENDE, TE PERDONA Y TE LIMPIA EL CORAZÓN? ____________

+ ¿QUÉ PUEDES HACER PARA PERMANECER CON EL CORAZÓN LIMPIO? ____________

HAGAMOS VIDA
SANT 1, 17-18. 21-22. 27

Para aprovechar los dones de Dios y tener un corazón puro

1 Leer en silencio Sant 1, 17-18. 21-22. 27. para percibir el mensaje completo.

2 Volver a leer los versículos 17 y 18.

+ ESCRIBE TRES REGALOS O DONES QUE EL "PADRE DE LAS LUCES" TE HA DADO ______, ______ Y ______

3 Volver a leer los versículos 21 y 22. Responder las tres preguntas:

+ ¿QUÉ INTENCIONES CONTRARIAS AL QUERER DE DIOS SUELEN NACER EN TU CORAZÓN CON CIERTA FRECUENCIA?
______, ______ Y ______

+ ¿QUÉ VICIOS O HÁBITOS DAÑINOS TIENES? ______ Y ______

+ ESCRIBE TRES FRASES DE JESÚS O DE LA BIBLIA QUE TE AYUDEN A ALINEAR TUS DESEOS CON EL QUERER DE DIOS Y A SUPERAR TUS ADICCIONES.
______
______

4 Volver a leer el versículo 27. Responder a la pregunta:

+ ¿QUÉ ACCIONES PUEDES HACER PARA NO DEJARTE CONTAMINAR POR ATRACCIONES QUE TE SEPARAN DE DIOS Y TE CAUSAN DAÑO A TI O A TUS SEMEJANTES? ______ Y ______

5 Pide al Padre de la luz, que te ayude a ver cómo puedes aprovechar los tres dones que te dio para con ellos purificar tus intenciones y superar tus malos hábitos.

+ DON 1 ______ ME PUEDE AYUDAR A ______ Y ______

+ DON 2 ______ ME PUEDE AYUDAR A ______ Y ______

+ DON 3 ______ ME PUEDE AYUDAR A ______ Y ______

ACTIVIDAD COMUNITARIA

Reconciliación en la acción

1 Formar ocho grupos y asignarles las siguientes frases del Catecismo de la Iglesia Católica.

Grupo 1: "Es conveniente hacer un examen de conciencia" (no. 1454).

Grupo 2: "La confesión de los pecados nos libera y facilita nuestra reconciliación" (no. 1455).

Grupo 3: "Por la confesión, nos enfrentamos a nuestros pecados, asumimos nuestra responsabilidad y nos abrimos de nuevo a Dios y a los demás" (no. 1455).

Grupo 4: "Confesar todos los pecados que se recuerdan, teniendo fe en que estamos ante la misericordia divina para su total perdón" (no. 1456).

Grupo 5: "La confesión habitual de los pecados ayuda a dejarse curar por Cristo, a formar conciencia, a luchar contra las malas inclinaciones, a progresar en la vida del Espíritu" (no. 1458).

Grupo 6: "El pecado hiere y debilita al pecador mismo, así como sus relaciones con Dios y con el prójimo" (no. 1459).

Grupo 7: "La absolución quita el pecado, pero no remedia todos los desórdenes que el pecado causó; hay que reparar el daño, es decir, hacer penitencia" (no. 1459).

Grupo 8: "La penitencia puede consistir en la oración, en ofrendas, obras de misericordia, servicios al prójimo, privaciones voluntarias, sacrificios y la aceptación de alguna situación que no se puede cambiar" (no. 1460).

2 Reflexionar en silencio, ¿cómo te ayuda esta frase a comprender mejor el sacramento de la Reconciliación?

3 En el grupo pequeño:

- Compartir su reflexión personal.
- Con base en las reflexiones de todos, crear un comercial para la televisión de 20 segundos, que promueva que los jóvenes se acerquen al sacramento de la Reconciliación.

4 En sesión plenaria, presentar los comerciales. Se pueden calificar como concurso; ver la p. 125.

CELEBRAMOS NUESTRA FE

Purificando nuestro corazón

Preparación

Llevar una cruz de madera en la que se pueda clavar, un martillo, un rollo de papel higiénico, un clavo y un bolígrafo o pluma por participante, un recipiente lleno de agua. Si es posible, invitar a un sacerdote.

Celebración

1 Hacer un círculo alrededor de la cruz. Ponerse en presencia del Señor persignándose en el nombre del Padre, del Hijo y del Espíritu Santo.

2 Invitar a dibujar, en un cuadrito de papel higiénico, un símbolo de tres pecados que ensucian su corazón y que tengan el deseo sincero de eliminar de su vida.

3 Hacer la siguiente introducción:

Al pecar, nos alejamos de Jesús, herimos a otras personas y a nosotros mismos. Para simbolizarlo clavaremos en la cruz nuestros pecados, conscientes de que Jesús alcanzó su perdón en la cruz.

4 Pasar uno a uno a clavar sus pecados. Decir en voz alta: "Jesús, ayúdame, quiero un corazón limpio".

5 Dirigir la siguiente oración en voz alta:

Jesús, te damos gracias por tu cruz. Gracias por dar la vida por nosotros; por tu infinita misericordia el pecado murió.

Te pedimos perdón. En ocasiones se nos olvida o no sabemos cómo mantener nuestro corazón limpio, y cada vez que pecamos nos alejamos de ti.

Ayúdanos, límpianos el corazón, perdona nuestros pecados, estamos arrepentidos.

6 Invitar a dos personas para que, en nombre del grupo, quiten los papeles de la cruz y los pongan en el recipiente con agua, agitándolos un poco hasta que se deshagan.

7 Conducir esta meditación:

El agua simboliza el perdón de Jesús, la purificación de nuestros pecados, como el agua en nuestro Bautismo. Los papeles que contienen nuestros pecados, se deshicieron. Jesús ya nos perdonó; limpió nuestros pecados. Pero aún nos falta enmendar nuestras faltas. Pensemos qué podemos hacer para reparar el daño que hemos hecho, a nosotros mismos y a los demás.

8 Terminar con un canto de reconciliación y vida nueva.

PONGAN, PUES,
EN PRÁCTICA LA PALABRA
Y NO SE CONTENTEN CON OÍRLA

Sant 1 22

23º
Domingo
Ordinario

JESÚS NOS FORTALECE EN EL DOLOR

Isaías 35, 4-7 • Salmo 146 (145) • Santiago 2, 1-5 • Marcos 7, 31-37

EMPIEZA TU DIÁLOGO CON JESÚS

—¡Hola! ¿Qué experiencia tienes de estar enfermo? Te pregunto porque hoy platicaremos sobre mi amor especial a los enfermos.

+ CUANDO ESTOY ENFERMO DEL CUERPO

+ CUANDO ANDO DEPRIMIDO/A O ANGUSTIADO/A

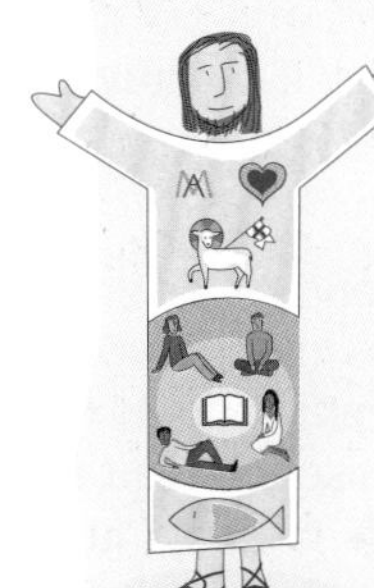

+ CUANDO MI ESPÍRITU ESTÁ HERIDO

—Estoy aquí para sanar tus heridas, levantarte, ayudarte a escuchar y a hablar, para guiarte y darte inspiración y esperanza.

+ ME ENCANTARÍA SANAR DE Y DE
LO QUE SÍ VEO URGENTE ES PORQUE

—Confía en mi amor y mi compasión. En ocasiones no te sentirás sanado, pero quiero que sepas que siempre contarás con la fuerza que te da mi Espíritu.

CONTINÚA ORANDO DESDE TU CORAZÓN

Sáname, Jesús, para darte gloria

JESÚS, SANA LAS HERIDAS DE MI CUERPO PARA

CURA MIS HERIDAS SICOLÓGICAS Y EMOCIONALES PARA

Quiero descubrir tu presencia en mi corazón; estar abierto/a a tu voluntad hacia mí; llenarme de tus palabras sabias y dadoras de vida.

ARRANCA DE MÍ TODO LO QUE ENFERMA MI ESPÍRITU, COMO ,
Y

SÉ QUE CON TU AYUDA PODRÉ

Sáname y dame la fuerza que necesito para servirte y amarte siempre. Amén.

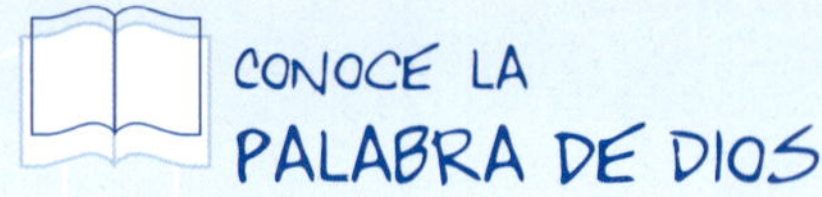

Leer Marcos 7, 31-37

Jesús va de ciudad en ciudad transmitiendo su mensaje de esperanza y salvación. Durante su recorrido sanó muchos enfermos; siempre se compadeció de los que sufrían, sobre todo de los más pobres. Marcos insiste en que Jesús pedía discreción a los testigos de sus milagros, pero su fama se extendió por toda el área. La gente, guiada por la fe y maravillados ante los prodigios que hacía, se acercaba más y más a él.

En el pasaje de hoy, le llevan un sordomudo y Jesús lo cura. Lleva al hombre a un lugar apartado, mete un dedo en sus oídos y le toca la lengua con saliva (Mc 7, 33). Con estos gestos, sensibles y claros para una persona que no oye, se hace entender por él, disponiéndolo a acoger con fe su palabra eficaz.

Después ora al Padre profundamente por su sanación (v. 34). Finalmente ordena a los órganos atrofiados que se abran, diciéndoles: Effatha, que quiere decir "ábrete" (v. 35).

Estos gestos de Jesús pasaron a formar parte de los ritos bautismales de las primeras comunidades. En ellos se repetía la palabra aramea de Jesús: Effatha, para que el bautizado escuchara la Palabra de Dios.

Al igual que muchos otros milagros, éste provocó que quienes lo observaran se convirtieran en testigos de Jesús. Admiraban su bondad y reconocían que "Todo lo ha hecho bien" (v. 37).

TODO LO HA HECHO BIEN.
HACE OÍR A LOS SORDOS
Y HABLAR A LOS MUDOS

VIVE LA PALABRA

El sacramento de la Unción de los enfermos

Jesús siempre vio con piedad a los afligidos: sanaba sus males y les perdonaba sus pecados. Los apóstoles siguieron haciendo lo mismo en nombre de Jesús. Ésta es la base del sacramento especial para los enfermos.

Por varios siglos el sacramento se daba sólo a los agonizantes y se llamaba "Extremaunción", aunque se oraba por su curación. El Concilio Vaticano II restituyó su sentido propio y le dio el nombre de "Unción de los enfermos".

El ministro impone las manos a los enfermos, unge su frente y sus manos con aceite bendito y dice: "Por esta santa unción, y por su bondadosa misericordia te ayude el Señor con la gracia del Espíritu Santo, para que, libre de tus pecados, te conceda la salvación y te conforte en tu enfermedad".[21] Esta gracia ayuda a unirse a la pasión de Jesús, al consagrarle su sufrimiento y darle sentido redentor. También obtiene el perdón de Dios por sus pecados, si no se pudiera confesar.

Ricardo Pampuri (1897-1933)

Modelo de consagración a los enfermos

Ricardo era italiano. Fue huérfano, por lo que creció con sus tíos y abuelos.

Estudiaba medicina cuando estalló la Primera Guerra Mundial, en la que prestó servicios médicos. Al terminar la guerra, terminó sus estudios en medicina y se convirtió en un médico rural.

Su identificación con Jesús se dio en sus años de joven laico profesionista. Evangelizaba a otros jóvenes, ansioso de llevarlos a Dios, quien llenaba su vida. Se distinguía en la manera activa como vivía su fe y atendía a sus enfermos, a quienes visitaba de día o de noche, ofreciendo recursos a quienes necesitaban.

Recibía frecuentemente la Eucaristía; le gustaba hacer adoración frente al sagrario y era muy devoto de la Virgen y del Rosario. Estaba activo en varias asociaciones de seglares y colaboraba con el párroco. Fundó el Círculo de la Juventud de la Acción Católica, organizó una banda de música y tandas de Ejercicios Espirituales para los jóvenes del Círculo, trabajadores del campo y obreros.

A los 30 años, abrazó la vida religiosa en la Orden Hospitalaria de San Juan de Dios, que se dedica a la atención de los enfermos. Quería vivir consagrado a Dios en el servicio a los enfermos, lo que prodigó incansablemente, con gran amor.

Por tres años vivió como religioso, creciendo en el camino de la transformación en Jesús y siendo modelo de caridad para todas las personas que lo conocían. Murió de pleuritis, enfermedad que contrajo al servir en el ejército. Fue canonizado en 1989.

SIGAMOS LA OBRA DE JESÚS

Cuidando y orando por los enfermos

Ricardo dedicó su vida al cuidado de los enfermos. Al igual que Jesús, se caracterizó por su trato especial hacia los que padecían algún mal o enfermedad.

Además de sanación, los enfermos necesitan compañía y alegría. Nosotros podemos apoyarlos, alimentar su fe y ayudarlos a sobrellevar su dolor.

+ ¿CUÁL HA SIDO TU EXPERIENCIA VISITANDO ENFERMOS? ____________

+ ¿QUÉ NECESIDADES GRANDES TIENEN LOS ENFERMOS: EN TU COMUNIDAD ________, EN TU PUEBLO O CIUDAD ________, EN TU PAÍS? ________

+ ¿CÓMO PUEDES AYUDAR A PERSONAS ENFERMAS? ________, ________ Y ________

+ ¿TE INVITA JESÚS A DEDICAR TU VIDA A LOS ENFERMOS? ________ ¿TE ESTÁS PREPARANDO PARA ELLO? ________ ¿EN QUÉ LUGARES HACE MÁS FALTA TU SERVICIO? ________

+ ¿QUÉ PUEDE HACER TU GRUPO O PEQUEÑA COMUNIDAD PARA APOYAR A LOS ENFERMOS? ________

ACTUALICEMOS
EL SALMO 146

Para alabar a Dios por sus bendiciones

1 Leer el Salmo 146, orando con cada versículo. Luego leer los versículos marcados y terminar la frase incompleta después de ellos.

2 Leer los versículos 1-2.

+ HOY TE ALABO ESPECIALMENTE POR ______

3 Leer los versículos 3-5.

+ HE PUESTO MI CONFIANZA EN ESTAS PERSONAS, QUE ME HAN DEFRAUDADO ______, ______ Y ______

+ ME HE OLVIDADO DE CONFIAR EN TI, EN PARTICULAR ______

4 Leer los versículos 7-9.

+ RECUÉRDAME, SEÑOR, TU AMOR LIBERADOR Y HAZ QUE LO SIENTA EN CARNE PROPIA, CUANDO ______ Y ANTE ______

+ QUE SEA YO PARA OTROS MENSAJERO DE ______

5 Leer el versículo 10.

+ REINA, SEÑOR, EN TODO MOMENTO, EN ESPECIAL ______

+ REINA EN MI GENERACIÓN, PARA QUE ______, ______ Y ______

+ QUE LOS JÓVENES DE HOY PONGAMOS COMO CIMIENTO DE TU REINO PARA LAS SIGUIENTES GENERACIONES ______ Y ______. AMÉN.

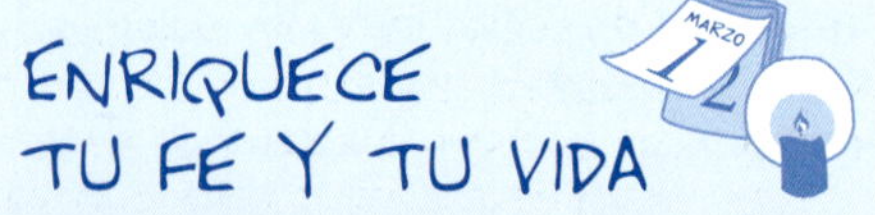

Oramos como Iglesia por los enfermos

El sacramento de la Unción de los enfermos otorga una gracia de consuelo, paz y ánimo para superar las dificultades propias de la enfermedad o la fragilidad en la vejez. Es un don del Espíritu Santo que renueva la confianza y la fe en Dios, y fortalece ante el desaliento y la angustia frente a la muerte.

Se ofrece a quienes padecen enfermedades terminales o tendrán una cirugía de alto riesgo. A las personas en peligro de muerte se les da la comunión, llamada Viático, por ser la gracia que ayuda en el paso de la muerte a la vida, de este mundo al Padre. Los ancianos y enfermos crónicos la reciben una vez al año, en la Jornada Mundial de los Enfermos, el 11 de febrero.

El Espíritu Santo quiere conducir al enfermo a su sanación espiritual y en algunos casos lograr su curación. Además, si ha pecado, es perdonado (Sant 5, 15); si está inconsciente, el sacerdote pide a Dios que vea su intención.

En la Eucaristía, la Iglesia universal siempre ora para que el Señor conceda su bendición y sane a quienes carecen de salud. Encomendamos, de modo especial, a personas de la comunidad, a familiares y amigos que sufren una enfermedad difícil, tendrán una operación delicada o están por morir.

¿Has asistido a una celebración comunitaria donde se imparte la Unción a los enfermos? Te invitamos a hacerlo. Es una manera de solidarizarte con los enfermos de la comunidad y con Jesús, que se hace presente en medio de los que sufren y/o están por morir.

ACTIVIDAD COMUNITARIA Y CELEBRACIÓN DE FE

Viendo, comprendiendo y orando por los enfermos

Preparación

Llevar un crucifijo, ocho velas y un mapamundi grande al altar.

Actividad

1 Formar grupos de seis personas. Invitar a pensar en familiares o conocidos cercanos que sufran alguna enfermedad crónica o terminal; sean ancianos o hayan tenido una cirugía delicada.

2 Invitar a que dos personas compartan su experiencia o recuerdo de una persona enferma, sin revelar datos confidenciales. Los demás le harán preguntas sobre su situación física y emocional.

3 Leer el comentario, "Vive la Palabra", p. 148. Reflexionar, ¿cómo ayudarían los frutos del sacramento a esa persona?

4 Sugerir maneras de ser más sensibles a las necesidades de los enfermos, ancianos o discapacitados con los que se encuentren cada día.

5 En sesión plenaria, invitar a que varios jóvenes compartan lo que aprendieron sobre los enfermos y sobre sí mismos al hacer este ejercicio.

Celebración

1 Colocarse en círculo alrededor del altar, el cual estará en el suelo.

2 Invitar a que un/a joven se arrodille y ore por una persona enferma, diciendo sólo su nombre. Con el Cristo, hará la señal de la cruz, para bendecirla. Pasar la cruz a la derecha, hasta terminar.

3 En el mapamundi, colocar dos velas en cada punto cardinal, diciendo: "Jesús, por tu misterio pascual, da sentido al dolor de los enfermos en esa parte del mundo".

4 Hacer la siguiente oración a dos voces:

- Oremos por los que padecen de enfermedades terminales: que reciban el alivio que necesitan y se acerquen a Dios, padre amoroso, en este momento crucial.
- Oremos por los que viven siempre con dolor o tienen una enfermedad mental: que descubran a Cristo y encuentren consuelo, esperanza y creatividad en el transcurso de su enfermedad.
- Oremos por los discapacitados: que cuenten con nuestro apoyo, puedan desarrollarse al máximo según sus habilidades y sepan enfrentar los desafíos que tienen.
- Oremos por los ancianos: que no se sientan inútiles ni abandonados, que sean atendidos por sus familiares y la sociedad.
- Oremos por los que van a someterse a una cirugía: que tengan valor, confíen en tu voluntad y encuentren alivio a su enfermedad.
- Oremos por quienes padecen adicción a las drogas, el alcohol, la violencia, la depresión u otra enfermedad mental: que descubran a Jesús como fuerza liberadora en su vida, acepten la ayuda necesaria y no sean discriminados.
- Oremos por los que desconocen qué es estar enfermo: que, con tu amor, sepan comprender a los dolientes y les hagan más llevadera su enfermedad.
- Bendice a los que cuidan de los enfermos, para que los atiendan con amor y paciencia.

5 Terminar con un canto adecuado.

24º
Domingo
Ordinario

JESUS TE PREGUNTA Y TE INVITA

Isaías 50, 5-9 • Salmo 115 (113B) • Santiago 2, 14-18 • Marcos 8, 27-35

EMPIEZA TU DIÁLOGO CON JESÚS

—Jesús, a veces tengo dudas sobre mi vocación...

—¿Qué tipo de dudas? ¿En qué no te sientes seguro/a?

+ QUIERO COLABORAR CONTIGO EN TU MISIÓN; DE ESO NO ME CABE DUDA. PERO A VECES ME PREGUNTO

—Yo soy quien llama a seguirme por determinado camino de vida. ¿Qué llamados sientes que has recibido de mí?

+ A VECES CREO QUE QUIERES

Y EN ALGUNAS OCASIONES SIENTO

—Hay personas a las que invito a consagrar su vida exclusivamente a mí, para la misión del Reino. ¿Has sentido esta invitación de mi parte?

+ PUES

—Hoy platicaremos sobre varios caminos de vida consagrada, que complementan los caminos de vida cristiana y apostolado de los laicos. Espero que te ayude seguir platicando conmigo al respecto.

CONTINÚA ORANDO DESDE TU CORAZÓN

Jesús, que sepa escuchar tu llamado

Jesús, ayúdame a identificar el camino en el que quieres que te sirva.

VEO CLARAMENTE QUE

PERO AÚN ESTOY CONFUNDIDO/A ANTE

SIENTO QUE PUEDO SERVIRTE MEJOR EN

PERO TAMBIÉN TENGO DONES PARA

Quiero conocerte y conocerme también a mí mismo/a mejor, para saber cómo me toca ayudarte.

ME SIENTO MUY ATRAÍDO/A A PROYECTAR TU AMOR SALVADOR AL

Y TAMBIÉN SÉ QUE PUEDO LLEVARLO A TRAVÉS DE

Ábreme a tu voluntad a lo largo de toda mi vida, pues sé que siguiéndola seré verdaderamente feliz y ayudaré a muchas personas. Amén.

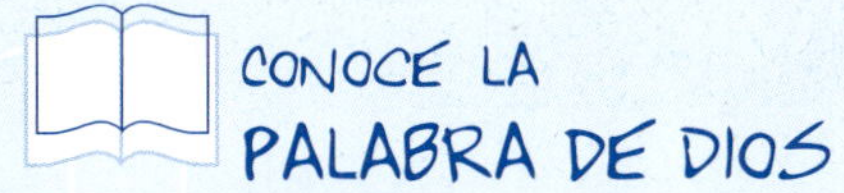

Leer Marcos 8, 27-35

+ ¿CUÁL CONSIDERAS QUE ES EL MENSAJE CENTRAL DE ESTE TEXTO?

Jesús empieza preguntando quién dice la gente que es él (Mc 8, 27-28). Las respuestas son aproximadas; es cierto que se parece a los profetas, pero es más que ellos. Después hace la misma pregunta a sus discípulos; la respuesta de Pedro, en nombre de ellos, "Tú eres el Mesías" (v. 29), es correcta.

Para que su mesianismo se comprenda, Jesús les da el primer anuncio de su misterio pascual (v. 31). No se trata de un mesianismo triunfalista ni el de un salvador político. Enfatiza que la salvación que cumplirá pasa a través de la cruz (v. 31), y señala que sus seguidores que deseen alcanzar la salvación también deberán cargar su cruz (v. 34).

En el evangelio de Marcos, Jesús anuncia su misterio pascual tres veces, siempre seguidas de la incomprensión de los discípulos. ¡Claro que era un honor estar con el Mesías! Pero el miedo al dolor y a la derrota en la cruz hizo que Pedro ni cuenta se diera de que también hablaba de su resurrección, y tratara de disuadirlo de recorrer el camino de la pasión (v. 32).

La salvación de Dios se da por medio del amor hasta las últimas consecuencias. Al seguir al Mesías, podemos llenarnos de la bondad, la verdad, el amor de Dios, y encontrar respuestas a nuestras preguntas más profundas, a nuestros anhelos y necesidades más íntimos. De aquí la trascendencia de nuestra respuesta hoy a la pregunta de Jesús: "Y según ustedes, ¿quién soy yo?" (Mc 8, 29).

Responde a la pregunta de Jesús con tu vida

Cuando Jesús nos pregunta, ¿quién dices que soy yo? espera que sepamos decirle quién es, porque "lo conocemos a él", no sólo porque "sabemos de él". Luego nos pide que lo sigamos en las buenas y en las malas (v. 34), con una fidelidad como la de María. Éste es un proceso continuo de cuatro pasos a lo largo de la vida:

Búsqueda. Necesitamos buscar el sentido de los designios de Dios, como hizo María en la Anunciación. La búsqueda del "rostro del Señor" es la base de nuestra fidelidad; si no lo conocemos, ¿cómo podemos amarlo y serle fieles?

Acogida, aceptación. Conocer la grandeza de Jesús nos lleva a acoger su misterio y estar dispuestos a aceptarlo, con la misma apertura que María al recibir a Alguien más grande que su propio corazón. Acoger la acción del Espíritu Santo en nosotros es el siguiente paso hacia la fidelidad.

Adhesión, coherencia. Es el mismo Espíritu quien nos ayuda a llevar una relación íntima con Jesús y nos motiva e ilumina para vivir según su evangelio. La coherencia entre la fe y la vida es la esencia de nuestra fidelidad, aunque haya aspectos doctrinales o de nuestra vida que no comprendamos bien.

Constancia. Sólo hay fidelidad si se pasa la prueba de la lealtad a lo largo de la vida, no sólo en momentos de alegría, sino también en la tristeza y el cansancio, como mostró María al pie de la cruz: ser fiel es nunca traicionar en las tinieblas lo que aceptamos en momentos de luz.

¿Cómo andas en cada uno de estos pasos en esta etapa de tu vida?

COMPRENDE ESTE SÍMBOLO

La lámpara de aceite

La lámpara de aceite encendida simboliza estar preparados para el encuentro con el Padre, apoyados en Jesús. La flama corresponde a la luz del Espíritu Santo recibida en nuestro bautismo, y significa nuestra fidelidad a Dios.

Todos los cristianos hemos de ser fieles a Dios viviendo nuestra consagración bautismal en la vida diaria, y para quienes han contraído matrimonio, esta fidelidad se extiende a la relación mutua entre los esposos. Las personas que consagran su vida a Dios en el servicio de su pueblo, han de ser fieles a los compromisos que escogieron vivir, según su carisma propio. Este carisma abarca una espiritualidad particular o vivencia de un rasgo específico de Jesús, como su amor a los pobres, su profetismo, su vida célibe... proyectada en una misión específica, como la atención a los enfermos, la oración por el mundo, la lucha por los derechos humanos...

El resto de la sesión trata de este tipo de vocaciones. Conviene preguntarse, ¿me llama Jesús a consagrar mi vida a él, dedicándola a realizar su misión?

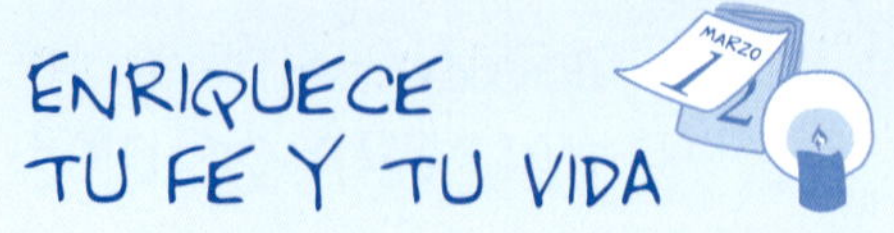

Ser llamado a consagrar la vida a Jesús es don

Consagrar la vida a Jesús es responder a su pregunta "¿quién dices que soy yo? diciéndole: "¡Jesús, tú eres mi todo!, en ti tengo todo lo que necesito y tú sólo me bastas". Es querer vivir el Bautismo hasta sus más radicales consecuencias.

Las personas consagradas a Dios por amor a Jesús, aceptan libremente llevar un estilo de vida que les ayude a entregar su ser a Dios y a su servicio ininterrumpidamente. Algunas dejan toda distracción; renuncian a afectos complementarios y bienes materiales; se comprometen a vivir el querer de Dios manifestado a través de sus superiores, y hacen votos o promesas de vivir los consejos evangélicos, en especial la pobreza, castidad y obediencia.

Esta alianza con Dios es el camino para su pleno desarrollo humano; les aporta la libertad espiritual necesaria en su estilo de vida, y los hace solidarios universales en el amor de Cristo y cooperan en la edificación de la Civilización del Amor.

Cada consagrado responde al llamado de Dios, entregando su vida y trabajo a él. Se convierten así en expresión visible de la misión de la Iglesia. Son un signo manifiesto de la alianza nupcial de Cristo con la Iglesia. Prefiguran la plenitud del reino de Dios, la iglesia escatológica donde nadie tendrá esposo/a ni bienes materiales y se vivirá en plena comunión con el Padre.

Rafael María Arnáiz Barón (1911-1938)

El joven del Ferrari que llegó a trapense

Rafael nació en España en una familia rica. Mientras estudiaba arquitectura, participó en el Apostolado de la Oración, la Adoración Nocturna y la Congregación Mariana. Le fascinaba su Ferrari y otros lujos, pero su vocación a consagrar su vida a Jesús en el monasterio de la Trapa fue contundente. Escribe: "Es tanto lo que quiero a Jesús que no quiero nada fuera de él, y Jesús me quiere tanto, que moriría de pena si supiera que amo a alguien más que a él".

Poco después de ingresar en la Trapa tuvo que salir por año y medio, debido a una diabetes juvenil fulminante. Fue llamado a servir en el ejército, pero no pudo por razones de salud y retorna al monasterio, de donde vuelve a salir al agravarse su enfermedad. Con un abandono total en manos de Dios, escribía: "Sólo trato de aprender a querer lo que él quiera".

Regresa a la Trapa como oblato, es decir, sin votos. Llevaba una regla atenuada por su mala salud y definía su identidad religiosa así: "No soy religioso..., no soy seglar..., sólo soy un enamorado de Cristo".

Quiso consagrarse a Cristo por amor..., y creció en el amor al participar de su cruz. Escribió; "Mi vocación es sufrir junto a Jesús por mis hermanos, las necesidades de la Iglesia y los pecados del mundo".

Rafael hizo sus votos perpetuos y le impusieron el hábito justo antes de morir; fue una excepción única en la historia de la Trapa. Su testimonio y escritos han llevado a muchas personas a Dios. Juan Pablo II lo propone como modelo a los jóvenes a quienes Jesús pide una opción total por él y su misión. Lo beatifica en 1992.

SIGAMOS LA OBRA DE JESÚS

Realizando con Jesús nuestro proyecto de vida

Rafael conoció a Cristo y, cada vez que la cruz de la enfermedad se atravesaba en su vida, descubría que era feliz siguiendo la voluntad de Dios. Comprendió que su proyecto de ser trapense era secundario, mientras pudiera seguir a Jesús como él se lo pidiera.

+ ¿QUIÉN ES JESÚS PARA TI?
+ ¿CÓMO MANIFIESTAS TU RESPUESTA EN HECHOS?
+ ¿ANTE QUÉ DECISIONES EN TU VIDA ACTUAL NECESITAS DISCERNIR LA VOLUNTAD DE DIOS PARA TI?
+ ¿CÓMO HA SIDO TU RELACIÓN CON JESÚS EN MOMENTOS DE CONTRADICCIÓN A TUS PROYECTOS?
+ ¿QUÉ PUEDES APRENDER DE RAFAEL QUE TE AYUDE A SER FIEL SEGUIDOR/A DE JESÚS?

¿SABÍAS QUE...

Dios invita a consagrarle la vida en el servicio a su Reino

Hay muchas personas a las que Dios les pide que le consagren su vida de manera especial en el servicio al Reino. Su amor a Dios y a la misión salvadora de Jesús se proyecta en un estilo de vida dedicado a él y su evangelio. Estas vocaciones han ido cambiando y multiplicándose a lo largo de la historia, para responder a los signos de los tiempos. Aquí se presentan las más comunes, que varían según los países y culturas.

1. Vocación clerical y laical En la Iglesia católica hay dos caminos vocacionales muy definidos: las personas llamadas al sacramento del Orden, o clérigos, que sólo pueden ser varones, y las personas que viven su vocación como laicos.

En el clero se distinguen varios grados de ordenación: los diáconos, que pueden ser básicamente de dos tipos: transitorios, cuando reciben el orden diaconal como un paso para su ordenación como sacerdotes, y permanentes, cuando son ordenados para vivir su diaconado toda la vida. En el primer caso, al igual que los sacerdotes hacen votos o promesa de celibato; en el segundo, tienen que ser casados, y sus esposas comparten de alguna forma su vocación, para mantener su integridad como matrimonio, y sus hijos acepten libremente la vocación de su padre.

2. Vocación sacerdotal Su misión es hacer presente a Cristo como cabeza de su cuerpo, pastor de su rebaño, sumo sacerdote del sacrificio redentor. El sacramento del Orden Sacerdotal les comunica un "poder sagrado" en orden a los sacramentos, en particular la Eucaristía.

Los sacerdotes dedican su vida a evangelizar a través de su ministerio. Su vocación se puede vivir bajo dos modalidades: como clero diocesano y como religiosos.

Los sacerdotes diocesanos son ordenados para el servicio de una diócesis particular, por lo que sirven en sus parroquias. El día de su ordenación, hacen promesa de obediencia a su obispo y eligen llevar una vida célibe, renunciando al matrimonio, por el reino de Dios y el servicio a la iglesia. El obispo tiene autoridad sobre todos los sacerdotes. Los párrocos tienen autoridad sobre los vicarios o asociados, sólo respecto a los ministerios parroquiales.

Los sacerdotes religiosos hacen votos de pobreza, obediencia y castidad. Viven según el carisma y las reglas propias de su orden o congregación, sea llevando una vida apostólica o contemplativa.

3. Consagraciones religiosas

Existen congregaciones religiosas femeninas y masculinas. En las masculinas, puede haber sacerdotes y hermanos. La mayoría de ellos viven en comunidad, aunque algunos, por poder servir a alguna comunidad laica específica, tienen permiso de vivir solos o compartiendo con miembros de otra congregación. Sus miembros hacen votos de pobreza, castidad y obediencia, con el fin de seguir a Jesús y dedicarse totalmente a su misión.

Se organizan por provincias, bajo la autoridad de un superior/a y un consejo directivo. Hay congregaciones de vida activa y contemplativa. Las primeras se dedican a diversos apostolados, sea en la provincia a la que se pertenece o en misiones en países extranjeros. Sus ministerios pueden ser al interior de la Iglesia, como evangelización y catequesis, y en la sociedad, como atención a los enfermos, los pobres, los presos...

La misión de las congregaciones de vida contemplativa es ser el corazón de la Iglesia. La Palabra de Dios meditada y vivida con intensidad se convierte en fuente de gracias también para el resto de la Iglesia.

4. Institutos seculares

Se llama instituto secular a las comunidades de personas laicas que se comprometen a vivir los consejos evangélicos realizando una profesión en el mundo. Algunos institutos sólo aceptan personas célibes; otras tienen matrimonios y familias.

Los miembros hacen ciertas promesas en cuanto a su estilo de vida, según la constitución particular del instituto; con algunos haciendo promesas de pobreza, obediencia y castidad. En unos institutos, sus miembros viven en comunidad; en otros, pueden también vivir independientemente. En el primer caso, ellos mismos eligen cómo organizarse para facilitar la vida común.

Las personas con esta vocación viven en un ambiente secular y sirven a la Iglesia y/o la sociedad a través de diversas profesiones o trabajos. Buscan su santificación y la de los demás, siendo levadura y fermento en el mundo, transmitiendo el mensaje del evangelio y practicando la justicia social según la espiritualidad particular del instituto.

5. Sacerdotes regulares o religiosos

Hay personas que son llamadas a vivir una consagración personal, sin pertenecer a una congregación ni a un instituto secular. Este tipo de vocación dedicada de manera especial a Dios en el servicio al Reino ha sido mucho más común en la época actual.

Existen dos estilos de vida que sobresalen en este tipo de consagración. Hay personas que hacen votos de pobreza, obediencia y celibato ante su obispo, y que reciben el título de vírgenes consagrados/as. La mayoría ofrece su vida en el apostolado en la iglesia o en la sociedad, y otras se dedican a la oración y vida contemplativa.

Otras personas consagran su vida entera al ministerio eclesial de una manera profesional. Siguen estudios académicos o pastorales que los capacitan como ministros eclesiales laicos. Desarrollan su vocación al servicio del obispo en diversos departamentos de la curia diocesana o como directores de algún o de varios ministerios parroquiales. Pueden ser casados o solteros; en el primer caso, les toca mantener un sano equilibrio entre su dedicación a la familia y al ministerio.

ACTIVIDAD COMUNITARIA

Eligiendo una vocación para consagrar la vida a Dios y al Reino

1 Formar cinco grupos y asignarles una de las vocaciones, según el comentario "¿Sabías que...?", en las pp. 156-157.

2 Hacer dos subgrupos. Cada uno reflexionará sobre la vocación asignada, desde una de las siguientes perspectivas, con el fin de dialogar con el otro subgrupo:

Subgrupo 1: Son personas en proceso de discernimiento. Están seguras de que Dios las llama a servirlo en ese estilo de vida, pero dudan del valor que ve el laicado en esa vocación, para el servicio de la comunidad eclesial y el mundo.

Subgrupo 2: Son personas laicas, casadas o solteras, comprometidas con la misión de la iglesia, sin una dedicación especial. Están convencidas del gran valor de esa vocación a consagrar la vida a Dios, en el servicio de la comunidad eclesial y la sociedad.

3 Llevar a cabo el diálogo. El primer subgrupo expone sus dudas; el segundo, trata de convencerlas del valor que tiene ese camino de vida consagrada en la misión evangelizadora de la iglesia. Elegir a una persona de cada subgrupo que presente un resumen de su reflexión en la sesión plenaria.

4 En sesión plenaria:

- Presentar los valores sobresalientes en cada vocación de consagración de la vida a Dios.
- Dialogar sobre cómo se complementan todos los estilos de vida.

CELEBRAMOS NUESTRA FE

Orando por ser fieles a nuestra vocación

1 Entrar en ambiente de oración.

2 Proclamar Santiago 2, 14-18.

3 Reflexionar, ¿en qué camino de vida quiere Jesús que viva mi fe y la traduzca en obras?

4 Hacer la siguiente oración en espíritu de meditación, dejando suficiente tiempo entre cada párrafo para interiorizar lo que se dice. Toda la comunidad lee los párrafos que le corresponden y una persona responde en nombre de Jesús.

CUENTA CONMIGO, JESÚS

C Jesús hoy he escuchado tu pregunta y te he respondido... ¡Cuenta conmigo, Jesús!

J Necesito tus manos para seguir bendiciendo. Necesito tus labios para seguir hablando.

C Heme aquí, Señor. He aquí mi cuerpo, mi corazón, mi alma.

J Necesito tu corazón para seguir amando. Necesito tu cuerpo para seguir actuando.

C Que sea bastante grande para abarcar el mundo. Que sea bastante fuerte para llevarlo a hombros.

J Te necesito para seguir salvando. Te necesito y quiero contar contigo.

C Concédeme ser tierra de encuentro. Que sea camino que lleve a los demás a ti.[22]

5 Invitar a hacer algunas oraciones espontáneas por las personas que están en procesos de discernimiento vocacional y para que todos los cristianos seamos fieles a nuestra vocación particular.

6 Terminar con un canto de compromiso con Jesús y su misión.

LA FE: SI NO TIENE OBRAS, ESTÁ COMPLETAMENTE MUERTA

Sant 2 17

25º Domingo Ordinario

SER LÍDERES COMO JESÚS ES DADOR DE VIDA

Sabiduría 2, 12. 17-20 • Salmo 54 (53) • Santiago 3, 16 – 4, 3 • Marcos 9, 30-37

EMPIEZA TU DIÁLOGO CON JESÚS

—Jesús, ¿por qué insistes tanto en que seamos servidores?

—Porque sirviendo se ayuda a otros y se crece personalmente; además, necesito personas como tú, que lleven mi palabra de vida a la gente joven. ¿A quiénes prefieres llevarles mi amor?

✚ A ,

Y

—¿Cómo lo haces ahora ya y cómo piensas hacerlo en el futuro?

✚ POR EL MOMENTO

Y PARA EL FUTURO PIENSO

—Servir a los demás es servir a mi Padre. ¿Ves tú algún otro proyecto más importante que ése? ¿Por qué?

✚ PIENSO QUE

PORQUE

—Seguiremos platicando. El mejor modo de ayudar a extender el reino de mi Padre es sirviendo desde tu vocación particular; si lo haces, ¡nunca te pesará ser servidor/a de los demás!

CONTINÚA ORANDO DESDE TU CORAZÓN

Quiero servirte a ti en los demás

Señor, soy tu siervo/a.

AQUÍ ESTOY PARA

GRACIAS POR HABERME ELEGIDO. ME SIENTO ;
LLÉNAME DE ; AYÚDAME A

JESÚS, QUIERO SER SIEMPRE TU SERVIDOR/A, PERO ME CUESTA

CONCÉDEME HUMILDAD Y SABIDURÍA PARA

Ayúdame a comprometerme con los más pequeños, los más necesitados y todos aquellos que necesitan descubrir tu amor. Amén.

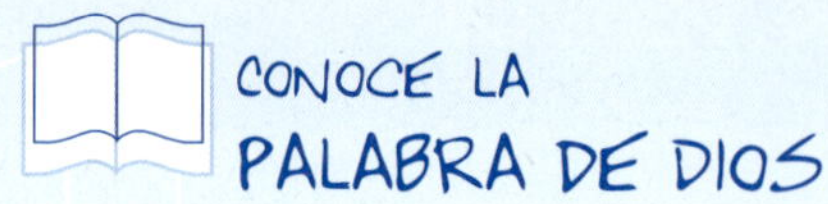

Leer Marcos 9, 30-37

+ ¿QUÉ LES IMPRESIONA MÁS EN ESTE PASAJE?

Jesús está solo con sus discípulos, preparándolos para su Pascua. Por segunda vez les anuncia su muerte en manos de traidores.

Resalta la gravedad de lo que les dice Jesús sobre la discusión que tenían sobre los títulos de grandeza y los puestos que ocuparían en el futuro Reino. Ve que no han entendido la naturaleza del reino de Dios y les expone claramente que las condiciones para entrar en su Reino son el servicio y la humildad ante los demás.

Para eso tendrán que volverse como niños, lo cual implica todo un proyecto de vida. Ser como niño es vivir abandonado en las manos del Padre; no tener anhelos de gloria; carecer de bienes y posesiones; dejarse dirigir por quien sabe. Llegar a esto implica un proceso de conversión; de ahí la enseñanza de Jesús de que tenemos que ser como niños.

VIVE LA PALABRA

El liderazgo de Jesús es el nuestro

La sociedad presenta varios modelos de liderazgo. La política y el mundo corporativo ofrecen modelos jerárquicos, de carácter individualista y utilitario, en el que sobrevive el más fuerte. En ellos se promueve la competencia, el deseo de sobresalir ante los demás y la capacidad de perpetuarse en el poder.

En contraste, el liderazgo de Jesús es comunitario y servicial, con atención especial a los más débiles. La autoridad y el poder se usan para atender a las necesidades del otro, en particular los más pobres. Es un modelo de servidores y amigos (Mc 9, 35; Jn 15, 15) en que el liderazgo es compartido: todos servimos y somos servidos, todos amamos y nos sentimos amados, nos reconocemos todos como iguales, con la misma dignidad y valor.

El líder cristiano colabora activamente en la construcción del Reino y se esmera para que los demás conozcan a Jesús y su Buena Nueva, y promuevan el amor, la justicia, el perdón y la paz en la sociedad. De ahí que haya que dejar y denunciar modelos que no ayudan a construir un mundo más humano y justo.

En la Iglesia estamos llamados a vivir un liderazgo compartido, donde unos a otros nos facilitamos el desarrollo de nuestro potencial. El buen líder trabaja e inspira a que los demás trabajen; crece y permite que otros crezcan; ama e invita a la transformación de los demás para que amen. Oremos para que entre nuestros grupos y comunidades de fe se promueva un liderazgo al estilo del de Jesús servidor y amigo.

SIGAMOS LA OBRA DE JESÚS

Marcelino Champagnat (1789-1840)

Fundador de los Hermanos Maristas

Marcelino nació en Francia. Su padre era alcalde del pueblo; por defender su fe sufrió mucho durante la Revolución Francesa. Su mamá era muy devota de la Virgen María, le transmitió ese amor a su hijo y lo consagró a ella.

De niño le leían historias de santos y, aunque creció sin asistir a la escuela, estas lecturas y las devociones caseras lo fueron formando en su fe. Siendo joven, un sacerdote lo entusiasmó a entrar al seminario, pero, por dificultades en los estudios, casi lo echaron fuera. Su buena conducta y disponibilidad lo ayudaron a sobrevivir.

Junto a Marcelino estudiaba otro joven, a quien también se le dificultaba estudiar. Era Juan María Vianey, que con el tiempo sería el Santo Cura de Ars, famoso en todo el mundo.

Ya ordenado, la facilidad para atraer a la juventud e instruirla lo motivaba a llevar a los jóvenes a Jesús, por lo que fundó la comunidad de Hermanos Maristas para servir como catequistas en las parroquias. Fomentó el canto y la participación activa de los alumnos, para que las clases fueran más alegres y eficaces.

Su lema era: "Todo en honor de Jesús, pero por medio de María. Todo por María, para llevar hacia Jesús", pues sabía que la devoción a María siempre lleva a Jesús.

Al morir Marcelino, había 40 casas de Hermanos Maristas. Hoy existen más de 6,000 hermanos en 870 casas, dedicados a educar a niños y jóvenes en muchos países. El papa Juan Pablo II canonizó a este sacerdote ejemplar en 1999.

El líder cristiano responde a las necesidades que lo rodean

Marcelino supo responder a las necesidades de su época y se convirtió en un servidor de los demás a imagen de Jesús. Posteriormente la Comunidad Marista tuvo que enfrentar la persecución y la expulsión de Francia. En la actualidad continúa su labor educadora en todo del mundo. Es importante analizar la realidad que nos rodea y tener la capacidad de responder a las necesidades que vemos a lo largo de nuestra jornada de fe.

+ ¿CUÁLES SON LAS NECESIDADES PRINCIPALES QUE VES EN TU VECINDARIO, TU PARROQUIA Y TU PAÍS?

EN MI VECINDARIO ______

EN MI PARROQUIA ______

EN MI PAÍS ______

+ ¿QUÉ CUALIDADES O HABILIDADES TIENES PARA OFRECER? FÍJATE EN LO POSITIVO, PUES CON ELLO PODEMOS SUPERAR MUCHAS DE NUESTRAS LIMITACIONES. ______, ______ Y ______

+ ¿POR QUÉ LA EVANGELIZACIÓN Y EDUCACIÓN DE NIÑOS Y JÓVENES ES UNA PRIORIDAD EN TODA ÉPOCA Y LUGAR? ______

¡QUÉ HONOR SERVIR A JESÚS EN LOS DEMÁS!

ENRIQUECE TU FE Y TU VIDA

Jesús, los niños y tú

En la juventud, la infancia ha quedado atrás, pero es reciente, sobre todo en la adolescencia. Aún no se tienen hijos, pero la mayoría de los jóvenes se casará y los tendrá en un futuro más o menos cercano. Además, muchos jóvenes ayudan a cuidar a sus hermanos menores y otros son catequistas. Cualquiera que sea la situación, siempre hay que pensar en los niños.

Jesús ofrece una bella lección al tomar a un niño, abrazarlo y darle protagonismo ante la comunidad adulta. Se identifica con él y va aún más lejos, al decir que quien recibe a un niño, acoge al Padre que lo envió (Mc 9, 37).

Acoger a un niño/a es ser benévolo con él/ella en todo, cuidar su cuerpo y su vida espiritual, proveerle una educación integral para que desarrolle su potencial en todas las dimensiones de su ser. Sin embargo, la cultura actual favorece la competencia entre los niños, entre amigos, en la familia y en la escuela. Esa competitividad puede producir ansiedad y miedo al fracaso y tiende a traducirse a su ambiente social, fomentando una competencia con el cónyuge, entre hermanos, con los vecinos, amistades..., que puede ser muy nociva e incluso destructiva.

Además de promover logros intelectuales, físicos y sociales en los niños, hay que ofrecerles una educación en el amor y la libertad, enseñarlos a ser solidarios y a compartir. No basta con decir y recalcar que los niños son el futuro; serán palabras vacías si no creamos una generación en la que aprendan a vivir según los valores del Reino en el servicio a los demás.

EL QUE QUIERA SER EL PRIMERO,
QUE SEA EL ÚLTIMO DE TODOS
Y EL SERVIDOR DE TODOS

Sal 9 35

ENTRA EN ORACIÓN

Cantando con la comunidad marista

Como a Marcelino Champagnat le encantaba utilizar cantos en su ministerio, han surgido muchos cánticos en las comunidades maristas. Puedes obtener algunos en su portal: www.educadormarista.com/letras/menu-letras.asp

Ora con los fragmentos de los siguientes tres cantos. Lee cada uno y medita sobre qué te dice Jesús a través de estas palabras y qué le quieres responder tú.

JESÚS ESTÁ ENTRE NOSOTROS

Él vive hoy y su Espíritu a todos da.
Jesús, razón de nuestra vida,
es el Señor, nos reúne en pueblo
de amor. Cambia nuestras vidas
con tu fuerza. Guárdanos por siempre
en tu presencia. Tú eres verdad,
tú eres la paz.

CANTARÉ AL SEÑOR UN HIMNO GRANDE

Yo cantaré al Señor un himno grande,
yo cantaré al Señor una canción.
Mi alma se engrandece,
mi alma canta al Señor.

Proclama mi alma la grandeza de Dios,
se alegra mi espíritu en Dios
mi salvador. Porque ha mirado,
la humillación de su sierva,
la humillación de su sierva. Cantad
conmigo la grandeza de Dios. Todas
las naciones alabad al Señor.

JESÚS ES LA VERDAD, LA LUZ

Jesús es la verdad, la luz, camino y
vida. Es nuestro Señor. Tú, que triste
vas y en el dolor no hallas respuesta.
Tú, que crees tener razón, sin más.
Tú, que quieres gritar la libertad como
propuesta... Tú, que al dejar de ser tú
ya no ves a dónde vas.

ACTIVIDAD COMUNITARIA Y CELEBRACIÓN DE FE

El liderazgo cristiano de la generación joven de hoy

Actividad comunitaria

1 Formar grupos de cuatro personas. Asignar a cada grupo cuatro testigos de la fe distintos.

2 Hacer la siguiente introducción:

En los inicios de la Iglesia les tocó a los apóstoles y primeros evangelizadores ser los líderes que llevaron la fe a sus contemporáneos. Marcelino Champagnat, Juan María Vianey y otros muchos líderes respondieron a las necesidades humanas y espirituales de su generación.

A mediados del siglo pasado, sacerdotes, religiosos/as y laicos/as, dieron un nuevo impulso a la Iglesia, a la luz del Concilio Ecuménico II. Nosotros hemos enriquecido nuestra fe y crecido en nuestra espiritualidad con el legado de muchos discípulos fieles de Jesús. Ahora nos toca a nosotros.

3 Reflexionar:

- Identificar las necesidades humanas y espirituales más fuertes que existen en los niños y en los preadolescentes de su vecindario o parroquia.
- Compartir algunas experiencias de cómo han ayudado a algún/os niños o preadolescentes a desarrollarse como personas cristianas.
- Leer cada uno el perfil de un testigo de la fe y pensar, ¿cómo ilumina su testimonio lo que tendríamos que hacer como Iglesia hoy, para el beneficio de los niños?
- Dialogar sobre cómo colaborar, con su liderazgo de jóvenes cristianos, para llevar la Buena Nueva a la juventud actual, en particular a los niños y preadolescentes.
- Pensar si podrían ofrecer una actividad atractiva a los niños, en la que tengan una preciosa experiencia de fe en comunidad, adecuada a su edad.
- Hacer un resumen de sus respuestas en un papelógrafo.

Celebración de fe

1 Colocarse en círculo alrededor del altar. Entrar en ambiente de oración y hacer la siguiente meditación:

- Invitar a que un grupo pequeño comparta su reflexión.
- Invitar a hacer algunas oraciones espontáneas a Jesús, que nazcan de la presentación, iluminada por las reflexiones de esta sesión. Todos responden: "¡Queremos ser servidores como tú, líderes que ayuden a nuestra Iglesia hoy y en el futuro!
- Continuar haciendo las presentaciones, seguidas de su respectiva oración.

2 Guiar la siguiente oración personal con Jesús:

- Entra en profundo silencio interior y escucha lo que quiere decirte Jesús a través de todos los diálogos en esta sesión.
- Responde a lo que te dice o te inspira, desde el fondo de tu corazón.
- Escucha de nuevo su respuesta.
- Termina el diálogo con él, por esta vez.

3 Entonar un canto adecuado, para terminar la celebración.

LA FE CRISTIANA ABRAZA A TODOS

Números 11, 25-29 • Salmo 19 (18) • Santiago 5, 1-6 • Marcos 9, 38-43. 45. 47-48

EMPIEZA TU DIÁLOGO CON JESÚS

—Jesús, conozco a algunas personas que son muy buenas y no son cristianas o no practican su fe. ¿Qué pasa con ellas?

—Déjame preguntarte yo, ¿de quién provienen el amor y el bien que comparten?

✢ YO CREO QUE VIENE DE

—El poder de mi Espíritu es infinito y actúa de manera misteriosa en el corazón de las personas, aunque no sepan que es mi amor el que los mueve a actuar. Dime, ¿qué reacción tienes cuando ves a alguien actuando con amor?

✢ ME HACE SENTIR ,

Y Y ME DAN GANAS DE ,

Y

—Acuérdate que la salvación es para todas las personas de buena voluntad. Deja que mi amor y mis enseñanzas guíen tu actuar.

CONTINÚA ORANDO DESDE TU CORAZÓN

Guíame, Jesús

Señor Jesús, quiero ser tu discípulo, llevar tu Palabra, actuar en tu nombre, hacer tu voluntad.

TÚ ME HAS ENSEÑADO A AMAR Y SERVIR A LOS POBRES; GUÍAME PARA

TÚ ME LLAMASTE PARA COLABORAR CONTIGO; GUÍAME PARA

TÚ AMASTE DE MANERA ESPECIAL A LOS NIÑOS Y PEQUEÑOS; GUÍAME PARA

TÚ QUIERES QUE ATIENDA A MI PRÓJIMO; GUÍAME PARA

TÚ DESEAS QUE TODOS VIVAMOS UNIDOS; GUÍAME PARA

Lléname de tu amor y de tu Espíritu, para siempre actuar como deseas de mí. Amén.

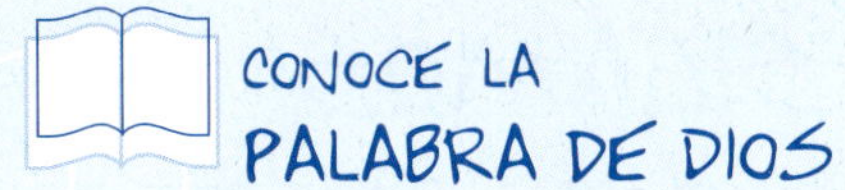

Leer Mc 9, 38-43. 45. 47-48

En el evangelio del domingo pasado, los discípulos discutían sobre quién era más importante, mostrando su egocentrismo y ambición de privilegios; en el de hoy, revelan sus ansias de exclusividad como comunidad. Jesús los desafía y les enseña que el bien puede venir de otros lados. El contraste es fuerte:

- Los discípulos aparecen como un grupo sectario, exclusivista, intolerante, con un celo grupal que los centra en su propio brillo y éxito, impidiendo la expansión de la salvación, al prohibir que alguien fuera de su grupo saque demonios (Mc 9, 38).
- Jesús es abierto, inclusivo, participativo; sabe que el espíritu de Dios actúa dentro y fuera de su comunidad; lo importante es que las personas dejen el pecado, y todo aquel que colabora a ello contribuye a su misión (vv. 39-40).

Después, Jesús los corrige severamente por ser causa de pecado para los pequeños, al ignorar la acción del Espíritu Santo fuera de su grupo (v. 42). Se pueden encontrar los valores del Reino sin ser discípulos de Jesús, pues son el querer del Dios del amor, para toda la humanidad.

Finalmente, con lenguaje figurativo, exige tajantemente a sus discípulos eliminar cualquier tropiezo que impide ver y actuar a las personas con amor. Jesús nos pide firmemente que permanezcamos libres de pecado, arrancando de raíz toda actitud negativa.

Si deseas hacer de lado a una persona que quiere participar del Reino, arráncate ese deseo e inclúyela. El privilegio de ser discípulo de Jesús está en la apertura a descubrir la acción y voluntad de Dios en su vida.

Cuida de no ser ocasión de pecado para los pequeños

Jesús amonesta seriamente a quien es causa de pecado entre los pequeños, o sea, personas con una fe tierna, débil o no madura. La falta de testimonio y el generar dudas sobre el mensaje de Jesús pueden ocasionar que se separen de Dios.

Pelearse por ser el primero en la comunidad y discriminar a personas que construyen el reino de Dios no es cristiano. Dios da su Espíritu con generosidad a muchas personas, de manera imprevisible. Resaltar la experiencia personal de fe y la propia comunidad como lo máximo es pretender limitar al Espíritu para que no se manifieste fuera de nosotros.

Al actuar así, no sólo herimos a los pequeños, sino que fomentamos entre nosotros la mezquindad, la intolerancia, el sectarismo, la agresividad y no crecemos en la realidad amplia de Dios. Es en la comunidad cristiana donde debemos aprender a ser inclusivos y acogedores, como enseñó Jesús a sus discípulos. Ella es una escuela de amor al estilo de Jesús. Conociéndolo a él aprendemos que la fe cristiana abraza a toda persona de buena voluntad, y todo lo que es bueno y santo en la vida de los demás.

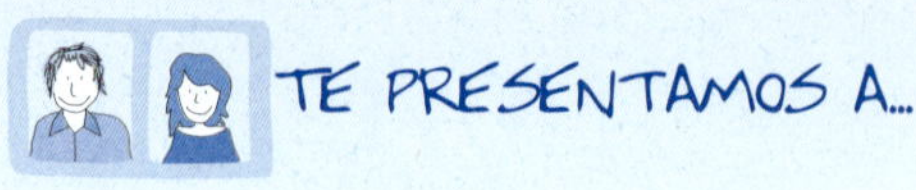

Chiara Lubich

Campeona de la unidad en el amor (1920-2008)

Silvia Lubich nació en Italia. Su familia vivió en extrema pobreza, pues su papá perdió el trabajo por estar contra el gobierno fascista, lo que se agravó por la Segunda Guerra Mundial.

A los 20 años, en ese ambiente de divisiones, odios y violencia, Silvia encontró a Dios. Al descubrir al Amor que nada ni nadie puede destruir, lo comunicó apasionadamente a sus amigas íntimas. Su vida cambió y decidieron vivir bajo un solo principio, que quedaría inscrito en sus tumbas: "Hemos creído en el amor".

Silvia se cambió de nombre a Chiara, por Santa Clara de Asís, y empezó el movimiento Focolare, palabra que significa "fogata del hogar" en italiano. Crearon pequeñas comunidades para ayudar a las personas más pobres y necesitadas por causa de la guerra.

En la década de 1960, Chiara motivó a la juventud que se rebeló contra las injusticias de su época a vivir el mensaje radical del amor y cambiar el mundo con él. Desde entonces, muchos jóvenes se han unido al movimiento.

Chiara se distinguió por su fidelidad a la Iglesia católica a lo largo de toda su vida. Desde ella, los Focolari han extendido sus ideales a otros cristianos y a personas de diversas religiones.

A la muerte de Chiara, el papa Benedicto XVI reconoció su capacidad profética de leer los signos de los tiempos y difundir el mensaje evangélico a través de todo tipo de persona. Su lema, "Padre... que sean uno, como tú y yo somos uno" (Jn 17, 11), ha dado pie al desarrollo de una espiritualidad universal de la unidad, presente en 182 naciones y que alcanza a millones de personas.

SIGAMOS LA OBRA DE JESÚS

Abriéndonos al dinamismo del Espíritu

Jesús hizo ver a sus discípulos que el Espíritu Santo también mueve a las personas no cristianas a actuar por el reino de Dios. Después les pidió, de manera exigente, que siempre dieran testimonio del evangelio y que erradicaran todo lo que es ocasión de pecado.

Chiara descubrió el amor de Dios de manera imprevisible, en medio de la falta de amor, y eso transformó su vida y la de otra mucha gente. Vivir el amor y tratar de promoverlo la llevó a buscar colaboradores también fuera de la Iglesia católica, y a lanzar un movimiento mundial en favor de la unidad, cooperando significativamente en el diálogo ecuménico.

+ ¿QUÉ TAN SECTARIO/A SUELES SER?

+ ¿EN QUÉ PERSONAS FUERA DE TU CÍRCULO CERCANO VES AL ESPÍRITU DE DIOS ACTUANDO POR EL BIEN DE LA HUMANIDAD?

+ ¿QUÉ TIPO DE UNIDAD CREES QUE HAY QUE FOMENTAR CON MÁS URGENCIA?

+ ¿CÓMO PUEDES PROMOVER LA UNIDAD CON LA AYUDA DEL ESPÍRITU SANTO?

ENCARNEMOS EL MENSAJE
DE NÚMEROS 11, 25-29

Para abrirnos más a la acción del Espíritu

1 Leer Números 11, 25-29 para comprender el mensaje completo.

2 Volver a leer los versículos 24-25, recordando que el número 7 significa completo, y 70 sería 10 veces completo, o muy completo.

+ ¿SIENTES TÚ QUE TIENES LA MISMA FUERZA DEL ESPÍRITU QUE OTRAS PERSONAS EN LA IGLESIA? ¿POR QUÉ?

3 Volver a leer los versículos 25-26. No sabemos por qué dejaron de profetizar los ancianos.

+ ¿QUIÉNES SON LOS PROFETAS DE HOY?

+ ¿CUÁNDO O POR QUÉ DEJAN DE PROFETIZAR?

4 Volver a leer los versículos 27-30.

+ ¿QUÉ JÓVENES FUERA DE TU COMUNIDAD JUVENIL TE COMUNICAN EL MENSAJE DE DIOS?

+ ¿QUÉ PERSONAS DE OTRAS IGLESIAS O RELIGIONES TE HACEN SENTIR EL AMOR DE DIOS?

+ ¿QUÉ TAN ALERTA ESTÁS PARA DESCUBRIR LA ACCIÓN DEL ESPÍRITU A TRAVÉS DE PERSONAS DE QUIENES NO LO ESPERAS?

ENRIQUECE TU FE Y TU VIDA

MARZO 12

Jesús salva a todos

En los tiempos de Jesús, la sociedad estaba conformada por muchos grupos tanto étnicos como religiosos: judíos, romanos, fariseos, saduceos, levitas, esenios, samaritanos, herodianos, zelotas, escribas, ancianos, los discípulos de Juan el Bautista, los recaudadores de impuestos, mujeres, niños, enfermos, ricos, libres, esclavos, gobernadores, reyes, soldados, pobres, pescadores, pastores, gentiles y los seguidores de Jesús. En ese sentido, la situación de ese entonces era similar a la de hoy.

Desde el anuncio del ángel a los pastores, Dios expresó que la paz llega a toda persona que goza de su amor (Lc 2, 13). Jesús se acercó a personas de todo grupo social y las hizo partícipes de su Buena Nueva. Cuando expresa "el que no está contra nosotros está a favor nuestro" (Mc 9, 40), abre a sus discípulos el horizonte. Toda persona que ama y hace el bien es parte de su obra salvadora: los que caminan junto a él; los que actúan en su nombre, y los que sin conocerlo, hacen el bien.

Jesús no es exclusivo de los cristianos; actúa en todo y en todos. Los auténticos seguidores y amigos de Dios se gozan en la libertad del Espíritu y tienen un sentido universal de la familia de Dios, que se favorece a través del respeto y el diálogo interreligioso.

Entre seres humanos no cabe la división ni la discriminación bajo pretexto de las diferencias. Las diferencias de género, edad, lengua, nacionalidad, religión..., enriquecen a la humanidad; no deben ser usadas para justificar la desigualdad, la discriminación, la hostilidad, la guerra...

ACTIVIDAD COMUNITARIA

¡Mira cuántos están a nuestro favor!

1 Formar grupos de cuatro:

- En silencio, revisar las frases que escribieron en la oración "Guíame, Jesús".
- En un papelógrafo, hacer una lista de agrupaciones, personas e instituciones no católicas que practican las enseñanzas de Jesús que escribieron en su oración.

2 En sesión plenaria, compartir su trabajo y analizar lo que tienen en común estas agrupaciones.

3 En los pequeños grupos, reflexionar:

- ¿Qué podemos aprender de Chiara para fomentar el amor y la unidad en el mundo que nos rodea?
- ¿Qué podemos hacer, como grupo de discípulos jóvenes de Jesús, al saber que el Espíritu de Dios está con nosotros? Escoger una acción que proponer a todo el grupo.

4 En sesión plenaria:

- Compartir su reflexión y escoger la acción más valiosa y factible, para llevarla a cabo como grupo.
- Definir las estrategias, recursos, tiempo, organización..., para llevarlas a término.

CELEBRAMOS NUESTRA FE

Preparándonos para actuar en el nombre de Jesús

1 Entrar en procesión, con la persona que va al frente, llevando una cruz en alto. Entonar un canto adecuado al tema de hoy.

2 Colocarse alrededor del altar, donde se habrá colocado la cruz, y proclamar en voz alta:

> Jesús, aquí estamos reunidos en tu nombre con el deseo de que tus enseñanzas y tu amor guíen nuestro actuar. En el mundo hay muchas personas con necesidades y nosotros queremos ser tus manos, tus ojos y tus pies, y lograr que con nuestro testimonio, de palabra y obra, otros muchos jóvenes también lo sean.

3 Invitar a hacer algunas oraciones espontáneas, pidiendo perdón a Dios por ocasiones en que han sido fuente de escándalo para otros, en la línea del mensaje de hoy.

4 Proclamar en voz alta:

> Jesús, mira qué hemos escogido hacer ______________________ para dar testimonio de ti a los que nos rodean. Ayúdanos a arrancar de raíz aquello que nos estorba para llevarlo a cabo y haz resplandecer sobre nuestro rostro tu paz.

5 Invitar a hacer algunas oraciones espontáneas, pidiendo ayuda al Espíritu Santo para erradicar aquello que pudiera dificultar la acción que se propusieron o los frutos que buscan que dé.

6 Terminar con el mismo canto y otra procesión.

LOS JUICIOS DEL SEÑOR SON VERDAD: TODOS JUSTOS POR IGUAL

Sal 19 10

27º Domingo Ordinario

LO QUE DIOS UNIÓ, QUE NADIE LO SEPARE

Génesis 2, 18-24 • Salmo 128 (127) • Hebreos 2, 8-11 • Marcos 10, 2-16

EMPIEZA TU DIÁLOGO CON JESÚS

—¡Qué novedoso tu lenguaje cuando nos hablas del Pan Vivo! Quisiera poder entender todo lo que implica...

—¿Qué entiendes y sientes cuando digo que "Yo soy el Pan Vivo"?

+ ENTIENDO QUE
+ SIENTO QUE

—Te doy mi cuerpo y mi sangre para que te alimentes y te sostengas. ¿De qué tienes hambre o sed? ¿En qué te sientes débil o enfermo?

+ ALIMÉNTAME PARA QUE
+ FORTALÉCEME ANTE

—Recuerda que siempre estoy aquí para ti, para escucharte y darte valor.

—¡Gracias, amado Jesús!

CONTINÚA ORANDO DESDE TU CORAZÓN

¿A quién iremos?

Señor, gracias por invitarme a ser tu discípulo/a. Soy consciente de la libertad que me das y quiero usarla bien. Por eso, ayúdame a dirigirme siempre a ti.

QUE TE CONSIDERE SEÑOR DE MI VIDA CUANDO

QUE ACUDA A TI COMO MAESTRO ANTE

QUE CONFÍE EN TI COMO MESÍAS CUANDO

QUE TE VEA COMO PROFETA ANTE

QUE TE HABLE COMO HIJO DE DIOS Y HERMANO MÍO CUANDO

QUE ME DIRIJA A TI COMO BUEN PASTOR CUANDO

Amigo Jesús: ¿A quién iré cuando haya perdido toda esperanza? Sólo tu aliento me podrá rescatar y dar vida. ¡Que siempre me dirija a ti! Amén.

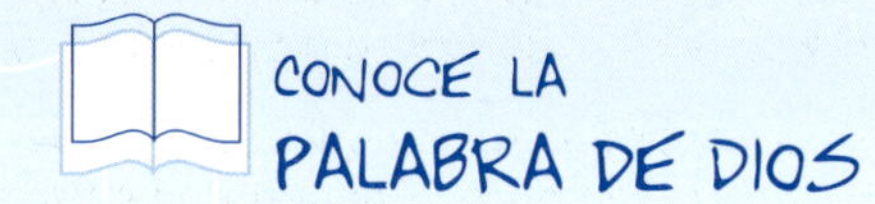

Leer Marcos 10, 2-12

+ ¿QUÉ ES LO MÁS IMPORTANTE EN LA ENSEÑANZA DE JESÚS?

Los fariseos vuelven a poner a prueba a Jesús, cuestionándolo sobre la unión conyugal según la ley de Moisés. La respuesta de Jesús es más radical de lo que esperan, pues se remonta al plan original de Dios sobre la unión del hombre y la mujer.

Señala que ambos tienen igualdad de derechos y están llamados a la fidelidad mutua. Les dice que, por su incapacidad para entender los planes de Dios, Moisés tuvo que aligerar la ley de Dios y permitir el divorcio pedido por el hombre y su dureza ante el adulterio en la mujer.

Jesús sabía que el matrimonio estaba en crisis porque la mujer era tratada como inferior. Por eso recuerda el relato de la creación: los esposos son una sola carne, piezas inseparables de un solo ser (Gn 1, 23-24). No deben interpretar un pasaje de la Escritura aisladamente, sin referirse al origen de su enseñanza, donde se expresa el plan de Dios.

Igualdad y unidad esencial en el hombre y la mujer

Leer la primera lectura de hoy: Génesis 2, 18-24. Este texto pertenece a la tradición yahvista y fue escrito en el siglo V a.C. Al igual que el capítulo 1 —de origen sacerdotal y escrito cinco siglos después— es una reflexión teológica sobre el origen de la creación, narrada con lenguaje poético.

Dios crea a Adán del polvo de la tierra (2, 7) y crea ríos y un huerto, para que lo cultive y lo cuide (vv. 8-15). Después reflexiona críticamente, "no es bueno que el hombre esté solo" (v. 18), y crea a los animales, pero no son el tipo de compañía que necesita Adán (vv. 19-20).

Entonces crea a la mujer de la costilla de Adán (v. 21), no del polvo como a él. Adán reacciona maravillándose ante la igualdad de ambos: "¡Es hueso de mis huesos y carne de mi carne!" (v. 23).

Dios está satisfecho; el hombre dejará a sus padres para unirse a la mujer y ser uno solo (v. 24). La unión de la pareja humana ha sido creada; es una unión íntima, que nace de su igualdad ante Dios, como señalan las palabras hebreas: ish e ishsha, ambas con la misma raíz y conteniendo una letra del nombre de Dios, iod y he, lo que no pasa en hombre/mujer.

Jesús conoce y valora esta igualdad esencial, que da los mismos derechos y obligaciones al hombre y a la mujer ante Dios. Por eso, refiere a los fariseos a este pasaje que tan bien expresa el plan de Dios sobre la unidad y fidelidad de la pareja humana.

Y tú, ¿vives tu relación con el otro sexo según esta igualdad esencial? ¿Te preparas para vivir el matrimonio según el querer de Dios?

Jacques y Raïssa Maritain

Una pareja que busca y encuentra la Verdad

Jacques nació en Francia, en 1882. Fue el apóstol laico más influyente del siglo pasado. Se crió en una familia protestante y estudió filosofía en la Universidad de la Sorbona, donde conoció a Raïssa Oumansoff, que estudiaba ciencias. Raïssa era una joven rusa, hija de judíos piadosos, que habían huido de la discriminación racial en su país.

Ambos deseaban encontrar la Verdad. Jacques tenía inquietudes metafísicas, que trascendían el positivismo de su época, centrado en la verdad científica. Raïssa quería encontrar al Dios personal de su pueblo, en medio del sufrimiento.

Tan pronto se conocieron fueron inseparables, se hicieron novios y juntos asistían a los mismos cursos. Al no encontrar respuesta, decidieron buscar fuera de la universidad.

Su amistad con Léon Bloy, un novelista católico que denunciaba el positivismo y se dedicaba a la caridad y la doctrina social del papa León XIII, hicieron que encontraran el evangelio de Jesús en la Iglesia católica y una comunidad desde la cual promover amor, paz, verdad, libertad y justicia.

Se casaron en 1904; su matrimonio duró 55 años. Llevaron una vida de oración y reflexión profunda, y una bella armonía como pareja. Escribieron varios libros juntos. En su casa se celebraba la Eucaristía y había reuniones que atrajeron a jóvenes y a otros estudiosos a la fe.

Jacques realizó su apostolado como filósofo, escritor y profesor. Seguía la línea tomista y se mantenía al día sobre la realidad europea y de América. Reconocía el pluralismo religioso e ideológico y veía necesidad de nuevos métodos en el apostolado, por lo que recibió grandes críticas.

Al morir Raïssa, Jacques se fue a vivir a la Comunidad de los Pequeños Hermanos de Jesús. En 1963 recibió el Gran Premio de las Letras de Francia y en 1965 el papa Pablo VI le entregó públicamente las actas del Concilio Vaticano II, pues muchas ideas del Concilio estaban fundamentadas en su filosofía.

SIGAMOS LA OBRA DE JESÚS

Preparándonos para el matrimonio

La inmensa mayoría de los jóvenes tienen vocación al matrimonio. Jacques y Raïssa dieron verdadero testimonio de fidelidad y vida cristiana personalmente, como esposos y en el apostolado. Juntos buscaron la verdad, pasaron una etapa de conversión y experimentaron el rechazo de sus padres, dos guerras mundiales, el exilio y la crítica. Así es nuestra vida, una jornada con momentos de felicidad, vacío, crisis... que podemos enfrentar y superar si confiamos en el amor de Dios.

- ¿QUÉ EXPECTATIVAS TIENES DEL MATRIMONIO?
- ¿PIENSAS QUE EL MATRIMONIO ES UNA OPCIÓN PARA TU VIDA? ¿POR QUÉ?
- ¿CUÁLES SON LAS SITUACIONES MÁS DIFÍCILES QUE ENFRENTAN LOS MATRIMONIOS DE HOY?
- ¿TE SIENTES PREPARADO/A PARA ENFRENTARLAS? ¿POR QUÉ?

DEJARÁ EL HOMBRE
A SU PADRE Y A SU MADRE,
SE UNIRÁ A SU MUJER
Y SERÁN LOS DOS UNO SOLO

Mc 10 7

ENRIQUECE TU FE Y TU VIDA

Comprende mejor el matrimonio

El ideal del matrimonio estable y feliz es parte de la más auténtica tradición bíblica. Es maravilloso conocer parejas que fundamentan la estabilidad familiar y su compromiso con la Iglesia y la sociedad en la solidez de su amor mutuo. Esto requiere madurez humana en los dos; ambos necesitan esforzarse en crecer humana y espiritualmente y ayudarse a desarrollar las habilidades para amarse sin egoísmos.

El proceso de madurez en el amor empieza en la propia familia y se intensifica en la adolescencia y la juventud, al relacionarse con personas del sexo opuesto. En el matrimonio este proceso es bendecido por Dios y se vive al respetar y aceptar a la pareja sin dominarla y al construir una relación amistosa e íntima, sin prometer lo que no podemos cumplir ni intentar sacar ventaja.

Muchos matrimonios fracasan porque no se conocieron bien antes de casarse, porque descubrieron sus cuerpos antes que sus almas, o por la incapacidad de entender que todos tenemos deficiencias que, poco a poco, vamos madurando. La relación de noviazgo debe fundamentarse en una verdadera amistad, en la que también hay atracción física, el deseo de ser uno con el otro, en cuerpo y alma, de la misma manera que Jesús y su Iglesia son uno.

Ya casados es vital renovar el matrimonio día tras día, fomentar la buena comunicación y procurar que la pareja experimente libertad y amor. Un matrimonio basado en el amor de Dios que alimenta el respeto, fidelidad, perdón, comprensión y pasión mutuos, dura para siempre.

Bendición por los matrimonios

Bendice, Señor, a todos los
matrimonios de nuestra comunidad.

Que en su relación encuentren
el amor como fuente de su felicidad.

Que sepan darse el espacio
para crecer y desarrollarse.

Que se caractericen por el respeto
y la comprensión mutuos.

Que descubran en sus hijos
la realización del amor de Dios en ellos.

Que siempre exista afecto y pasión
en ellos.

Que no se cansen de admirar
las virtudes del otro.

Que sean dignos ejemplos de fidelidad
y amor perpetuo.

Que abran siempre un espacio
a la presencia de Dios en sus vidas.

Que sepan perdonarse lo pequeño
y lo grande.

Que oren juntos y también
personalmente. Amén.

ACTIVIDAD COMUNITARIA

Cine foro sobre la película Shrek o reflexión comunitaria

Preparación

Conseguir la primera película Shrek. Llevar palomitas de maíz y otras golosinas para compartir durante la película. Si no es posible ver la película, se puede hacer la actividad dialogando sobre las preguntas centradas en las relaciones interpersonales.

Actividad

1 Antes de ver la película, motivar a los jóvenes para que se fijen en las relaciones humanas entre Shrek y Fiona, y en los procesos interiores que se dan en ellos. Invitar a que tomen algunas notas, si creen que les servirán para el cine foro.

2 Después de ver la película, formar grupos pequeños y dialogar sobre los siguientes puntos:

- ¿Qué tiene que hacer Shrek para conquistar a Fiona?
- ¿En qué sentido nos cambia una relación humana profunda?
- ¿Hasta qué punto el cambio causado por una relación es beneficioso y cuándo puede resultar perjudicial?
- ¿Cómo se muestra Fiona a Shrek, y qué siente al comenzar a revelarse ante él?
- ¿Por qué es importante mostrarnos tal como somos ante la persona que amamos?
- ¿Qué enseña el Burro a Shrek y como le ayuda esa enseñanza a Shrek para la relación posterior con su pareja?
- ¿Qué importancia tiene la amistad en una relación de novios o esposos?
- Cada persona cita un matrimonio ejemplar desde la perspectiva cristiana, señalando los dos o tres puntos más importantes de su testimonio como pareja.

3 En sesión plenaria, invitar a que varios jóvenes compartan lo que más les ayudó de su reflexión.

CELEBRAMOS NUESTRA FE

Orando por los matrimonios

Preparación

Llevar una página con ocho imágenes de corazones, como se indica abajo, para cada participante.

Celebración

1 Proclamar Génesis 2, 18-24.

2 Proclamar Marcos 10, 2-12.

3 Invitar a orar por matrimonios en la familia, de amigos o de conocidos:

- Escribir en cada imagen los nombres de un matrimonio por quien desean orar.
- Dar, en silencio, la bendición total en la p. 172 a todos los matrimonios cuyos nombres escribieron en su página.
- Buscar una bendición especial para cada pareja y escribirla en la línea de abajo. Doblar la página para que no se vean sus nombres, y escribir por atrás el propio nombre para que le regresen su página.

4 Invitar a que cada joven pase a colocar su página en el altar y haga una oración en voz alta por algún matrimonio en crisis, sin mencionar sus nombres. Todos responde: "¡Bendícelos, Señor, y ayúdalos a ser un matrimonio santo!"

5 Regresar las páginas diciendo a cada joven: "_____, regálales tu oración durante esta semana".

6 Terminar con un canto sobre el amor.

28º
Domingo
Ordinario

SEGUIR A JESÚS REQUIERE DE TODO NUESTRO SER

Sabiduría 7, 7-11 • Salmo 90 (89) • Hebreos 4, 12-13 • Marcos 10, 17-30

EMPIEZA TU DIÁLOGO CON JESÚS

—Jesús, ¿qué puedo hacer para que mi vida tenga valor pleno y pleno sentido?

—¿Qué tal sigues mi gran mandamiento del amor a Dios y al prójimo como a ti mismo/a?

✚ MMMM... SINCERAMENTE TE DIGO QUE

—¿Hay algo en tu vida interior que te estorba para abrirte más a mi amor y poder proyectarlo?

✚ LO QUE ME PASA ES

—¿Hay algo en tu medio ambiente, entre tus posesiones, que te dificulta compartir con otros el amor que sientes brotar en tu corazón?

✚ LA VERDAD, ESTOY DEMASIADO APEGADO/A A ,

—Te invito con mucho cariño a que, con mi ayuda, dejes todo lo que te estorba. ¡Sígueme con pasión; necesito tu ayuda en mi misión!

CONTINÚA ORANDO DESDE TU CORAZÓN

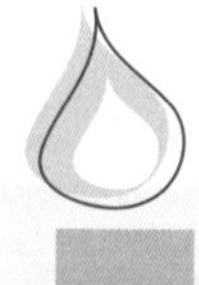

Gracias por tu cariñosa invitación

TU INVITACIÓN CARIÑOSA SIGNIFICA MUCHO PARA MÍ PORQUE

LO QUE MÁS VALORO DE TU INVITACIÓN ES

AUNQUE A VECES ME SIENTO CONFUNDIDO/A ANTE

PERO DE TODOS MODOS QUIERO

ME ENCANTA QUE ME DES LIBERTAD PARA

Y QUE ME HAGAS PENSAR EN

Quiero responder a tu invitación con el mismo cariño, y con la pasión que me pides, pues tu proyecto de amor es lo que más necesita el mundo de hoy. Amén.

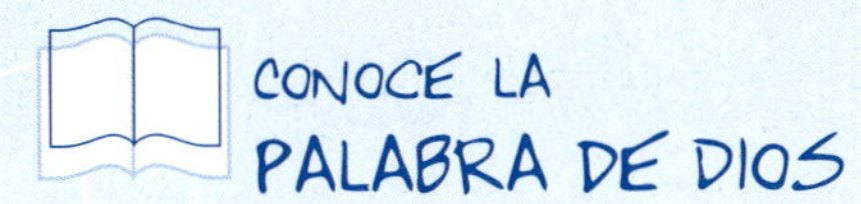

Leer Marcos 10, 17-30

+ ¿CUÁLES SON LOS TRES MENSAJES QUE DA JESÚS SOBRE LA RIQUEZA?

Alguien se acerca a Jesús y le dice: "Maestro bueno", mostrando su deseo auténtico de seguir sus enseñanzas. Luego le pregunta: "¿Qué debo hacer para heredar la vida eterna?" (v. 17).

Jesús le contesta con una pregunta que él mismo responde, diciéndole que "sólo Dios es bueno" (v. 18). No es común que Jesús se distinga del Padre, pero aquí recalca que Dios es la fuente de todo bien.

Después le recuerda varios mandamientos; él responde que los guarda desde joven y Jesús le pide algo más mirándolo con cariño: que venda todo, lo dé a los pobres y después venga para seguirlo (v. 21). Esta petición radical cambia el clima del encuentro; el hombre se va triste, pues no quiere dejar su riqueza. Es una vocación frustrada por apego a los bienes materiales.

Jesús aprovecha la ocasión para enseñar a sus discípulos: la riqueza puede ser un serio impedimento para entrar en el reino de los cielos (vv. 23-24). Como la riqueza era vista como bendición divina, sus discípulos le preguntan: "Entonces, ¿quién podrá salvarse?" (v. 26). Jesús gira el rumbo de su enseñanza, señalando que si es difícil para un rico salvarse, "Para Dios todo es posible" (v. 27).

Pedro le recuerda que ellos han dejado todo por seguirlo. Jesús les promete que recibirán en tiempo presente, cien veces lo que han dejado, y después la vida eterna, aunque no quita que sufrirán persecuciones.

Deja lo que Jesús te pida y síguelo

La riqueza puede ser un fuerte impedimento para seguir a Jesús. El evangelio de hoy habla de una riqueza material considerable, pero también puede ser acumulación de conocimientos para el bien personal o aferrarse a los pocos bienes que uno tiene. De hecho, los apóstoles no eran ricos, y también tuvieron que dejar todo para seguir a Jesús.

Es evidente que Jesús no quiere la pobreza de las personas. Por eso busca que se haga justicia a los pobres y pide al rico que comparta su riqueza con ellos.

Jesús llama a ciertas personas a dejar por completo sus posesiones y les pide que también dejen a su familia para seguirlo y continuar su misión. Jesús tuvo otros muchos discípulos y no a todos pidió lo mismo. Lo que sí nos pide a todos es reconocer nuestra vocación personal y no esclavizarnos a los bienes terrenos, pues eso nos quita libertad para seguirlo y cumplir nuestra misión.

¿Has descubierto ya qué te pide Jesús a ti? ¿Hay algunas ataduras que te evitan seguir su invitación?

Melchora Saravia Tasayco (1895-1951)

La Melchorita

Melchorita nace en Perú, en un pueblo indígena, de gente humilde y sencilla. Su familia combinaba el trabajo en las haciendas, cosechando algodón y limpiando acequias, con la producción de artesanía de caña verde y junco.

Sus padres —personas generosas, que atendían a los enfermos graves y los ayudaban a bien morir— guiaron a Melchorita en la fe. Le hubiera encantado estudiar, pero sólo estudió el primer año de la escuela. En cambio, se aprendió el catecismo de memoria, que enseñó siempre a los niños.

De niña aprendió a tejer canastillas, cestos y sombreros, que su familia vendía. Usaba sus ganancias para dar de comer a enfermos y personas que padecían hambre.

Cuando tenía 26 años, la crisis campesina y obrera en su país provocó más hambre y pobreza en su pueblo. Instaló un puesto de venta de frutas y otros productos, y con las ganancias preparaba ollas con comida para dar de comer a los enfermos y más necesitados.

Tres años después ingresó en la Tercera Orden de San Francisco. Era una persona muy alegre y su sonrisa invitaba a ser su amiga. Dedicó su vida a Dios y a los pobres, compartiendo generosamente desde su propia pobreza.

Murió con un doloroso cáncer de seno, que enfrentó con serenidad y sin quejas. Cuando ingresó en el hospital, mucha gente la visitaba y dejaba limosnas para que la trataran en la zona de pago, pues ella no poseía nada. Pero ella dijo que prefería morir como pobre. Melchorita ha sido declarada Sierva de Dios y su causa de beatificación está en proceso.

SIGAMOS LA OBRA DE JESÚS

Seguir la vocación hace gran diferencia en el mundo

El evangelio presenta la vocación frustrada del hombre rico y la de los apóstoles realizándose junto con Jesús. Melchorita también le respondió a Jesús, compartiendo su vida y lo poco que tenía, para aligerar el dolor de los más necesitados.

Dios llama a personas en todos los medios socioeconómicos a colaborar con él. Cualquiera que sea tu situación, escucha lo que Jesús desea de ti; responderle hace una gran diferencia para ti y los demás.

+ ¿CÓMO TE PIDE JESÚS QUE LO DES A CONOCER A OTRAS PERSONAS?

+ ¿A QUÉ PERSONAS TE PIDE QUE ATIENDAS CON ESPECIAL CUIDADO Y PARA ELLO TE HA DADO UNA SENSIBILIDAD PARTICULAR?

+ ¿DE QUÉ POSESIONES O ATADURAS NECESITAS LIBERARTE PARA PODER SEGUIR TU VOCACIÓN?

+ SI DECIDES NO RESPONDER A TU LLAMADO, ¿QUÉ PASARÁ CONTIGO Y CON LAS PERSONAS QUE DIOS QUIERE PONER A TU CUIDADO?

HAGAMOS VIDA
HEBREOS 4, 12-13

Para confiar más en la Palabra de Dios

1 Leer Hebreos 4, 12-13 para comprender el mensaje completo.

2 Leer el versículo 12 y terminar las frases incompletas sobre los siguientes mensajes:

La palabra de Dios es viva y eficaz.

+ YO LO HE EXPERIMENTADO PORQUE ME HA AYUDADO A ______
Y ______

La palabra de Dios es como espada de dos filos.

+ YO SIENTO LOS DOS FILOS DE SU PALABRA CUANDO "CORTA" ______

______

Y "ABRE ESPACIO" PARA ______

La Palabra de Dios penetra hasta el fondo del ser y ayuda a discernir.

+ NECESITO QUE ME AYUDE A ESCLARECER ESTA/S IDEA/S CONFUSA/S ______

Y A DISTINGUIR Y PURIFICAR ESTOS SENTIMIENTOS ______

3 Leer el versículo 13 y responder las siguientes preguntas:

+ ¿CÓMO TE AYUDA NO NECESITAR "APARENTAR" NI "OCULTAR" LO QUE ERES ANTE DIOS, PUES TE CONOCE A FONDO Y TE TIENE UN AMOR INFINITO? ______

+ ¿QUÉ SENTIMIENTOS Y ACCIONES DESPIERTA EN TI SABER QUE DIOS TE PEDIRÁ CUENTAS DE CÓMO USASTE LOS DONES Y BENDICIONES QUE TE DIO? ______

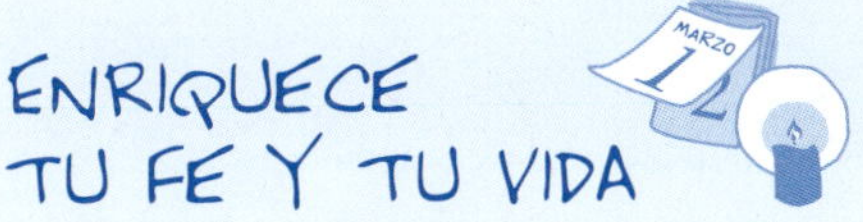

Sólo Dios es bueno

Creerse bueno/a, es una forma peligrosa de autocomplacencia, que algunos confunden con ser cristiano. Es apropiarse una cualidad que sólo corresponde a Dios: "Sólo Dios es bueno" (Mc 10, 18).

Toda bondad en nosotros viene de Dios y debe ser compartida con los demás como don suyo. Quien se enorgullece por sentirse bueno/a, se ciega ante su pecado y suele condenar a quienes califica de malos: ¿te pasa a ti esto?

En el evangelio de hoy, la persona que se acerca a Jesús era buena pero apegada al dinero. Jesús no se lo echó en cara, pero hizo dos cosas:

- Le hizo notar de manera clara y contundente que estaba ante un serio peligro de perder el tesoro más valioso: la vida en el reino de Dios.
- Con mirada cariñosa, lo invitó a elegir libremente entre la riqueza y él.

Reflexiona:

- ¿Reconoces que todo lo bueno en ti y en tu vida viene de Dios y si te pide que lo compartas ahí encontrarás tu realización plena como persona?
- ¿Qué ataduras tienes que ponen en peligro tu vida con Dios?

LA PALABRA DE DIOS ES VIVA, EFICAZ Y MÁS CORTANTE QUE UNA ESPADA DE DOS FILOS

Heb 4 12

JESÚS ME PREGUNTA Y YO LE RESPONDO
REFLEXIÓN SOBRE MARCOS 10, 17-30

Visualízate acercándote a Jesús y preguntándole como la persona en el evangelio de hoy, ¿qué tengo que hacer para alcanzar el reino de Dios?

Jesús te responde, ¿cómo has vivido mis dos grandes mandamientos del amor: "A Dios con toda tu alma, toda tu mente y todo tu corazón" y "al prójimo como a ti mismo/a", con todas las bendiciones y dones que has recibido?

Reflexiona sobre tu vida y respóndele a Jesús.

1. ¿Qué grandes bendiciones has recibido de Dios y cómo las has aprovechado?

Dios me ha bendecido con... ______________________________

____

Las bendiciones que más he aprovechado para el bien mío y el de los demás son...

____

____

2. ¿Qué dones y cualidades te ha dado Dios?

Los dones o tendencias innatas que destacan en mí son... ______________________________

____

Las cualidades o características en mi personalidad que más me ayudan son... ______

____

Los dones y cualidades que he desarrollado y usado mejor para el bien mío y el de los demás son... ______________________________

____

3. ¿Cuál es el motor que da energía a tu vida?

En la columna 1, lista las cinco actividades que realizas en cada semana y que son muy importantes en tu vida actual. En la columna 2, indica qué te motiva a realizarlas. En la columna 3, anota el nivel de esmero o cuidado que tienes para hacerla bien.

	Actividades importantes	Motivación principal	Nivel de esmero y cuidado
1.			
2.			
3.			
4.			
5.			

4. ¿Qué valores orientan tus decisiones y acciones?

Lo que siempre considero es...

Lo que considero la mayoría de las veces es...

5. ¿Qué aspectos de tu ser y tu actuar valoras más en ti?

Lo que más valoro de cómo soy es...

Lo que más valoro de cómo actúo es...

6. ¿Qué ataduras, idolatrías, malos hábitos... te invita Jesús a dejar atrás y en qué aspectos de tu vida necesitas crecer para ser mejor discípulo/a y apóstol suyo?

La bendición que no estoy aprovechando bien en estos momentos de mi vida es...

Los dones y cualidades que necesito desarrollar más y usar mejor son...

Mis motivaciones contrarias al evangelio son...

Los valores del evangelio que no suelo considerar al hacer mis decisiones son...

Lo que debo cambiar en mi forma de ser es...

La/s conducta/s más dañinas que debo cambiar son...

Pide a Jesús que te indique sobre cuál de los aspectos señalados en la pregunta anterior quiere que trabajes a partir de hoy.

Márcalo con una A para indicar tu deseo y disposición de hacerlo.

Identifica en tus respuestas a las preguntas del 1 al 5 todas las gracias que Dios te ha dado, y ve cómo te puedes apoyar en ellas, para tu conversión en el aspecto que acabas de marcar.

Anota esta última reflexión:

ACTIVIDAD COMUNITARIA

Conociéndonos más podemos ser mejores cristianos

Preparación

Llevar páginas de papelógrafo tituladas: (1) Bendiciones recibidas de Dios, (2) Dones personales recibidos de Dios, (3) Cualidades de la personalidad recibidas de Dios, (4) Motivaciones que provienen de Dios, (5) Valores del evangelio que guían la vida. Si el grupo es muy grande, llevar dos o tres juegos de páginas.

Actividad

1 Responder en silencio el cuestionario en las páginas 178-179.

2 En parejas:

- Compartir sus reflexiones personales.
- Ayudarse mutuamente a ver con más claridad su manera de ser y su proyecto de vida, a la luz del llamado personal que les hace Jesús.

3 En sesión plenaria:

- Cada persona escribe en los papelógrafos lo que respondió en los cinco aspectos.
- En silencio, leer las bendiciones, dones, cualidades, motivaciones y valores del evangelio en los miembros del grupo o comunidad juvenil.

4 En grupos pequeños, pensar:

- ¿Cómo usamos toda esta bondad y riqueza que proviene de Dios, para responder como comunidad juvenil a su llamado a ser discípulos misioneros entre la juventud?
- ¿Cómo podemos compartir mejor lo que Dios nos ha dado?

CELEBRAMOS NUESTRA FE

Orando por la respuesta de los jóvenes cristianos al llamado de Jesús

1 Entrar en procesión, llevando los papelógrafos y entonando un canto de alabanza a Dios. Colocar los papeles en al altar.

2 Invitar a que dos personas hagan, en voz alta, cada tipo de oración que se indica, según sean inspiradas por el Espíritu Santo. Las oraciones deberán tener dos características:

- Estar basadas en algún diálogo que hayan tenido en la sesión, sea con Jesús directamente, por medio de la Palabra de Dios o a través de sus compañeros.
- Ser hechas en nombre de todos los jóvenes cristianos que están tratando de seguir el llamado de Jesús.
- Todos responden: ¡Jesús, que todos seamos fieles seguidores tuyos!

3 Invitar a hacer los siguientes tipos de oración, dando tiempo para las tres oraciones cada vez:

- Oración de arrepentimiento y petición de perdón
- Oración de alabanza
- Oración de anhelo de su amistad y enseñanzas
- Oración de esperanza de alcanzar el Reino
- Oración de ofrecimiento
- Oración de petición de ayuda

4 Terminar entonando un canto de compromiso.

LA PASIÓN DE DIOS POR NOSOTROS: EL SERVICIO

Isaías 53, 10-11 • Salmo 33 (32) • Hebreos 4, 14-16 • Marcos 10, 35-45

EMPIEZA TU DIÁLOGO CON JESÚS

—Jesús, ser líder-servidor a veces definitivamente no funciona.

—¿Por qué no funciona: por culpa del líder o de los demás que prefieren otro tipo de líder?

+ MMM... POR CULPA DEL LÍDER, CUANDO

Y DE LOS MIEMBROS DEL GRUPO, CUANDO

—En los tres años que duró mi misión en la tierra, yo les mostré cómo ser líder-servidor. ¿Qué aspectos de mi tipo de liderazgo te atraen más y cuáles te molestan?

+ ME ATRAE MUCHO Y ;

PERO NO ME ACABA DE GUSTAR QUE Y

—Y, ¿cuáles piensas que eran los mayores problemas y retos que tenían mis discípulos, relacionados con su liderazgo en su pequeña comunidad?

+ EN PRIMER LUGAR

Y TAMBIÉN

CONTINÚA ORANDO DESDE TU CORAZÓN

Enséñanos a ser servidores como tú

Jesús, te dirijo esta oración en mi nombre y en el de los demás jóvenes cristianos,

AYÚDANOS A SABER SER LÍDERES-SERVIDORES COMO TÚ, EN ESPECIAL A ____________, ____________ Y ____________

También necesitamos aprender a compartir el liderazgo, sin abandonar cada uno su responsabilidad personal.

AYÚDANOS A SABER SER TODOS SERVIDORES UNOS DE OTROS, EN ESPECIAL A ____________, ____________ Y ____________

Que estas experiencias nos conviertan en auténticos servidores de tu evangelio, para que la gente te descubra a ti a través de nuestro actuar. Amén.

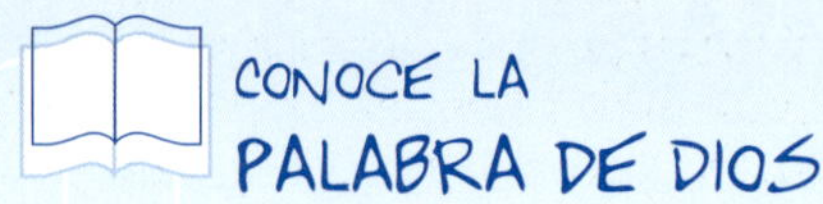

Leer Marcos 10, 35-45

+ FRENTE A LA PETICIÓN DE SANTIAGO Y JUAN, ¿QUÉ LES CONCEDIÓ JESÚS?

Este texto pertenece al tercer anuncio de la pasión, en Marcos. Jesús da enseñanzas importantes sobre la autoridad y el servicio, en función de la vida.

La petición de Santiago y Juan muestra que no han entendido a Jesús. No es claro si están pensando en una gloria terrena o en el reino de los cielos. Pero sí es evidente que están tratando de manipularlo para tener mejor posición que los demás discípulos (Mc 10, 35-37).

Después de preguntarles si están dispuestos a seguirlo en su pasión, la respuesta de Jesús es fuerte y desconcertante: les confirma que compartirán sus sufrimientos, pero no les asegura las posiciones que quieren (vv. 38-40). La indignación de los otros diez discípulos ante Santiago y Juan manifiesta su espíritu competitivo y ansia de poder (v. 41).

Jesús da sus dos enseñanzas clave; no está pidiendo algo extraordinario, sólo lo mismo que él ha hecho, a través del servicio y dando la vida por todos, es como nos rescata de la muerte (vv. 43-45):

- La autoridad en la comunidad de sus discípulos debe estar marcada por el servicio en función de la vida; no puede ser dictatorial ni opresora, como en los gobiernos mundanos.
- La importancia entre sus discípulos está marcada por el servicio, al grado de ser esclavo de todos, o sea, de no adquirir derechos por el hecho de servir.

PASAR POR LA TERRIBLE PRUEBA QUE YO VOY A PASAR

Mc 10 38

El servicio da sentido al sufrimiento

Leer la primera lectura: Isaías 53, 10-11. Estos versículos del cuarto poema de Isaías sobre el siervo del Señor apuntan al sufrimiento del Mesías durante su pasión.

El siervo de Dios es discriminado, ultrajado y maltratado. Parece que su sufrimiento no tiene sentido, pero no es así, está expiando los pecados de los demás. Es una persona grata a Dios, valiosa para la comunidad, pues obtiene para ella el perdón de sus pecados.

El dolor de Jesús por el rechazo a su mensaje, por como nos herimos unos a otros, por nuestra desidia y dureza de corazón..., no es en vano. Puso su vida entera a nuestro servicio, para que constatemos el amor y la justicia misericordiosa de Dios.

Cuando unimos nuestro dolor al de Jesús, lo ponemos al servicio del Reino. Por eso adquiere sentido y valor infinito; ya no es un sufrimiento estéril, sino capaz y dador de vida para nosotros, para quienes nos rodean y para otros miembros de la gran familia de Dios.

¿SABÍAS QUE...

Expiación, purificación, redención, salvación y liberación van de la mano

Expiación, purificación, redención, salvación y liberación, son palabras usadas con frecuencia en la Biblia. Están íntimamente ligadas y dan perspectivas complementarias para comprender y vivir el perdón misericordioso de Dios a nivel personal y como pueblo de Dios.

Expiación. Esta palabra viene del hebreo y significa "borrar". En el Antiguo Testamento suele referirse a acciones rituales para obtener el perdón de Dios. La mayoría de las veces se ofrecía a Dios un animal, siendo su sangre símbolo de purificación. A través de este rito se alcanzaba la bendición de Dios, que "borraba" la falta cometida. Por extensión, el sufrimiento era también visto como medio para expiar el pecado personal o del pueblo.

Purificación. Éste término se usa cuando se considera al pecado como una contaminación del mal a la bondad inicial con la que fuimos creados por Dios. En la Sesión 6 se habla de los ritos de purificación legal; eso es diferente. Aquí estamos hablando de la purificación interior, que nos deja libres del mal y restaura la bondad de Dios en nosotros.

Redención. Redimir quiere decir "rescatar" o "recuperar algo perdido". Suele implicar un pago en moneda o con otro tipo de bienes. El Antiguo Testamento habla de que Dios "rescata" a su pueblo de la esclavitud en Egipto y redime el alma personal o del pueblo de su dependencia del mal. En el Nuevo Testamento se usa para referirse a la salvación alcanzada por Jesús. Él nos "rescata", nos "redime" del pecado y la muerte, entregando su vida a cambio de estos dones, para restaurar nuestra relación con Dios en la tierra y alcanzarnos la vida eterna con él.

Salvación. Salvar significa "librar de una situación indeseable o del peligro de muerte". En el Antiguo Testamento, Dios se revela al pueblo como salvador de las manos de sus enemigos y del castigo merecido por su pecado. En el Nuevo Testamento, Jesucristo aparece como el único salvador, siendo el término que mejor comunica que la promesa de un mesías salvador, enviado por Dios, ha sido cumplida en él. Además, como los pueblos gentiles tenían dioses salvadores, entendían esta imagen mejor que la de redentor.

Liberación. Este concepto se relaciona con la libertad con que fuimos creados para decidir nuestra respuesta a Dios y escoger entre el bien y el mal, o sea, entre la bendición y el castigo de Dios o marginación de Dios; entre la vida y la muerte. La primera liberación de Israel fue la de Egipto, y la segunda, de Babilonia. Este exilio y el domino en manos de Babilonia eran vistos como castigo de Dios por los pecados del pueblo; por eso, la liberación por parte de un mesías enviado por Dios tenía la doble dimensión política y espiritual.

Los evangelios presentan a Jesús liberando del pecado por medio de milagros, y Pablo enfatiza la libertad ganada por Jesús, al vencer con su muerte y resurrección el poder del pecado. Esta liberación es fruto de su amor puesto al servicio de las personas, como individuos, y de su comunidad de discípulos, el nuevo pueblo de Dios. La liberación en la persona de Jesús es la pasión de Dios por el ser humano, para que tenga vida en plenitud.

Tres testigos del amor a Dios en el servicio al prójimo

En 2001, el papa Juan Pablo II beatificó a siete personas en la misma ceremonia. Aquí presentamos a tres de ellas, que son ejemplo de fe, confianza y esperanza en la salvación que viene de Dios y en la vivencia del amor en el servicio al prójimo.

Ignatius Maloyan. Ignatius fue arzobispo de la Iglesia católica de Armenia. Le gustaba visitar las congregaciones para animarlas en su fe, en particular en tiempo de guerra. Encontró en la Eucaristía la fuerza necesaria para realizar su ministerio sacerdotal con pasión y al servicio de los necesitados. Dio testimonio de amor, valentía y control de sí mismo, en las muchas pruebas que le tocó vivir. Murió como mártir, junto con su congregación de 400 personas.

Émilie Tavernier Gamelin. Émilie era canadiense y fue madre de familia. Al quedar viuda y sin sus hijos, por la muerte de todos, abre su casa a personas necesitadas y, poco a poco, va abriendo más casas, confiando en la Divina Providencia. Inventó diversas formas de ayudar a personas con distintas necesidades y fundó las Hermanas de la Providencia. Correspondía a la bondad de Dios con generosidad, lo que causó en ella un gozo profundo, incluso en momentos de adversidad.

Nikolaus Gross. Nikolaus nació en Alemania, era periodista y padre de familia; amaba mucho a su esposa y a sus siete hijos. Consciente de que la ideología nazi era contraria a la fe cristiana, puso su profesión al servicio de los derechos de las personas y escribió para fortalecer la fe de los trabajadores. Sus escritos cayeron en manos de la Gestapo, y murió mártir.

SIGAMOS LA OBRA DE JESÚS

Siendo servidores sin esperar recompensa

La enseñanza de Jesús es clara: "El que quiera ser importante entre ustedes, que sea su servidor" (Mc 10, 43). Los caminos para servir son innumerables; algunos fueron inaugurados hace siglos, otros están por ser abiertos. Algunos son personales, otros son vocaciones a crear comunidades servidoras.

+ ¿QUÉ COMUNIDADES CONOCES QUE RESPONDEN A LAS NECESIDADES DE HOY? ______ Y ______

+ ¿TE LLAMA DIOS A SERVIR A TRAVÉS DE ALGUNA DE ELLAS? ¿QUÉ TE ATRAE? ______

¿HAY ALGO QUE TE DETIENE? ______

+ ¿TE SIENTES LLAMADO/A A FUNDAR UNA OBRA DE SERVICIO NUEVA O YA LO ESTÁS HACIENDO? ¿A QUÉ NECESIDADES SE DEDICARÍA? ______

+ EN TU REALIDAD ACTUAL, ¿CUÁL ES EL SERVICIO MÁS RELEVANTE QUE PUEDES DAR? ______

¿CÓMO LO VES EVOLUCIONAR EN EL FUTURO? ______

ACTIVIDAD COMUNITARIA

Vocación al servicio organizado

1 Formar grupos de seis personas. En silencio, llenar el cuadro siguiendo estos pasos:

- Revisar los encabezados del cuadro y escribir, en las últimas columnas, dos categorías de personas que necesitan ayuda.
- Hacer el siguiente análisis tomando en cuenta tu personalidad y dones: (a) poner una palomita (✓) en las poblaciones que sientas más posibilidades de ayudar; (b) poner una cruz (+) en las que sientas que no puedes ayudar; (c) dejar en blanco el resto.
- Anotar qué te sientes llamado a hacer con las poblaciones que tienen la ✓. Pensar en algunas posibilidades a tu alcance y en ideales más amplios que requerirían ayuda o más capacitación de tu parte. Anotarlas en los cuadros de abajo.

2 En el pequeño grupo, compartir sus tablas y analizarlas: ¿Qué resalta en sus respuestas?

3 En sesión plenaria:

- Cada grupo pequeño comparte lo que resaltó en su análisis.
- ¿Qué encontraron en común?
- ¿Qué les dice su análisis como grupo de jóvenes cristianos?

Niños	Jóvenes	Adultos	Ancianos		

CELEBRAMOS NUESTRA FE

Disponiéndonos a servir en lo que Dios nos pida

1 Entrar en ambiente de oración.

2 Proclamar Marcos 10, 35-45.

3 Meditar en silencio sobre el comentario, "¿Sabías que...?", p. 183: ¿Cuáles son los dos conceptos bíblicos sobre nuestra salvación con un significado más profundo para ti? ¿Por qué? Tomar nota.

4 Continuar la meditación:

- ¿Cómo relacionas en tu vida personal el gran don de la salvación, tu fe y tu vocación al servicio de los demás?
- ¿De qué manera específica te llama Jesús a ser servidor/a de los demás? ¿Cómo respondes a su invitación?
- Prepara una breve oración que brote de tu meditación. Escríbela.

5 En grupos de cinco, orar unos por otros, con la oración que cada quien escribió. Dejar unos momentos de silencio después de cada una para preguntarse: ¿Qué aspectos de la oración de... puedo asumir como míos? Integrarlos en la oración que escribieron antes.

6 Terminar con un canto sobre el servicio como discípulos de Jesús.

30º Domingo Ordinario

¿QUÉ QUIERES QUE HAGA POR TI?

Jeremías 31, 7-9 • Salmo 126 (125) • Hebreos 5, 1-6 • Marcos 10, 46-52

EMPIEZA TU DIÁLOGO CON JESÚS

—¡Qué bueno que estás aquí para platicar! Quiero preguntarte: ¿Qué quieres que haga por ti? ¡Dime lo que más te impide ser una persona íntegra y crecer como discípulo/a mío!

—¡Es una pregunta difícil; déjame pensar!

—Sí, quédate en silencio y piensa, ¿qué quieres que haga por ti?

+ LO QUE MÁS NECESITO ES

+ A VECES SE ME OLVIDA QUE PUEDO CONFIAR EN TI CUANDO

+ ME DOY CUENTA DE QUE ME HACES MUCHA FALTA EN MOMENTOS COMO , , , Y

—Ve y dile a otros jóvenes, que también a ellos los invito a dialogar conmigo y confiar en mí.

CONTINÚA ORANDO DESDE TU CORAZÓN

Jesús, ¡Ayúdame! ¡Ten compasión de mí!

Jesús, gracias por haberme hecho esa pregunta.

TE PRESENTO MIS DEBILIDADES MÁS GRANDES

Y

Sé que con tu ayuda, al trabajar para superarlas, tú puedes convertirlas en medios de crecimiento para mí y de servicio para otros.

EL GRAN IDEAL DE MI VIDA ES

CON TU AYUDA, SERÁ POSIBLE QUE YO

Y

JESÚS, TE PIDO CON HUMILDAD SINCERA QUE

Y CON PASIÓN EN MI CORAZÓN QUE

Ayúdame a estar siempre abierto a ti y dame la fuerza de tu amor. Amén.

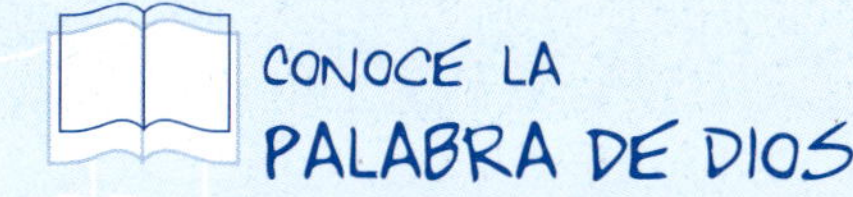

Leer Marcos 10, 46-52

En este texto resaltan el reconocimiento de Jesús por Bartimeo, su seguimiento después de su sanación y el significado de ésta como signo del Reino. El milagro está lleno de detalles:

- Jesús camina entre la multitud cuando un hombre marginado a la orilla del camino: grita "¡Hijo de David, Jesús, ten compasión de mí!" (v. 47). Es una confesión de fe completa; reconoce a Jesús como el Mesías.

- La gente intenta callarlo. Él insiste y grita aún más fuerte. Jesús responde firme: "Llámenlo" (v. 49). A veces, los seguidores de Jesús impedimos que la gente necesitada se acerque a él; la vemos como disruptiva del orden; pero Jesús vino para salvar, no a mantener un orden que no deje a la gente encontrarse con él y su amor liberador.

- La actitud de la gente cambia y lo alientan a acercarse a Jesús. De un salto —saliendo de su marginación— el ciego deja su manto, su única posesión y seguridad, y va a Jesús. Jesús necesita nuestra colaboración; sus seguidores tenemos el poder de que otras personas se acerquen o no a él.

- El diálogo fue sencillo y directo: "¿Qué quieres que haga por ti?" (v. 51). Bartimeo, llamándolo "Maestro", le pide la vista. Jesús lo sana y le dice, "Vete, tu fe te ha salvado" (v. 52). Bartimeo recupera la vista y se convierte en su discípulo. Jesús nos invita a reconocer lo que necesitamos en lo profundo del corazón y a expresarle nuestros deseos, aunque él los conoce; eso nos abre a su acción en nosotros y nos dispone a aceptar seguirlo y colaborar en su misión.

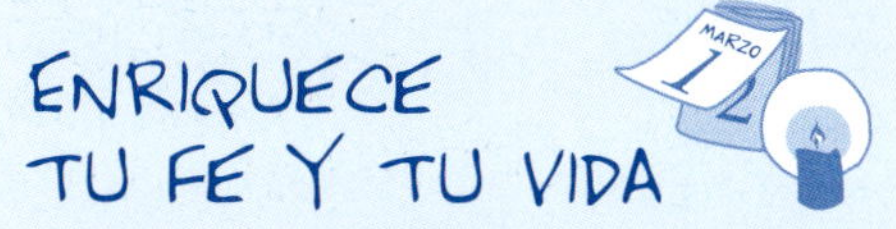

Recupera la vista y ayuda a que otros lo hagan

Los evangelios relatan varias curaciones de ciegos, pues la ceguera era una enfermedad muy extendida y curarla señalaba una nueva era. En el Antiguo Testamento, recuperar la vista era motivo de esperanza y signo de la llegada del Mesías (Is 42, 6-7). Los profetas anunciaban que el pueblo, cegado a la obra de Dios en él, recibiría una nueva luz que le ayudaría a encontrar de nuevo el camino de Dios.

También hoy día, nosotros mismos podemos experimentar ceguera ante la acción del Espíritu Santo. A veces creemos que vemos, que sabemos todo, o no somos capaces de reconocer nuestra ceguera... y nos quedamos inmovilizados al margen del camino, sin tener la iniciativa de pedir ayuda a Jesús y seguirlo de verdad.

La vocación de ser luz para otros suele ser más frecuente entre quienes estaban ciegos y fueron sanados. La experiencia de encontrar a Jesús y experimentar su amor compasivo debe llevar a una conversión radical en la vida, a un celo pastoral especial de mostrar a Jesús como la luz del camino y "la luz del mundo" (Jn 8, 12).

Serafín de Sarov (1759-1833)

Un hombre de oración y guía espiritual

Serafín es uno de los santos más venerados en Rusia. Se llamaba Prokhore y cambió su nombre a Serafín, que en hebreo significa "ardiente", "lleno de fuego", al hacer su consagración monástica.

Tenía tres años, cuando murió su padre. Su mamá asumió su negocio de construcción y él creció ayudándola. A los 10 años, contrajo una enfermedad mortal. Pero en un sueño, la Madre de Dios le dijo que sanaría; al pasar en procesión el icono milagroso de Nuestra Señora de Kursk, su mamá se lo acercó y él sanó.

Serafín era un joven fuerte, honesto y buen trabajador. Las muchachas lo admiraban mucho. Pero su vida más intensa sucedía en su interior; la oración y la lectura de la vida de los santos intensificaron su deseo de vivir en oración por el bien de la gente.

A los 18 años ingresó en el convento de Sarov, donde intensificó su vida espiritual. Volvió a caer enfermo por tres años y la Virgen María volvió a aparecérsele y lo sanó. Un año después de ordenado sacerdote, se convirtió en ermitaño y, mediante la oración continua, alcanzó una gran perfección espiritual.

En una ocasión fue asaltado y apaleado, al grado de quedar encorvado para toda la vida. No sólo perdonó a los asaltantes, sino que intercedió por ellos ante las autoridades, convencido de que podían cambiar su vida.

Ya mayor, descubrió su vocación a ser padre espiritual. Atendía a todos los que buscaban su consejo y dirección espiritual con alegría, una paz profunda y una disposición siempre abierta a todo tipo de persona.

SIGAMOS LA OBRA DE JESÚS

Desarrollando nuestra vida espiritual

Bartimeo fue sanado de su ceguera por Jesús y se convirtió en su discípulo gracias a que otros escucharon su grito y, obedeciendo a Jesús, lo llamaron. Serafín fue sanado de su enfermedad gracias a que su madre creyó en su visión y le llevó a la Virgen. Dios lo ayudó a crecer en su espiritualidad y le encomendó la misión de ser guía espiritual para otros.

+ CUANDO ORAS Y DIALOGAS CON JESÚS, ¿QUÉ HORIZONTES DE VIDA COMO DISCÍPULO SUYO SE ABREN ANTE TI? ______
Y ______

+ ¿CUÁL ES EL TEMA MÁS RECURRENTE QUE INSPIRA EL ESPÍRITU SANTO EN TU ORACIÓN? ______

+ ¿QUIÉNES TE HAN AYUDADO A LLEGAR A JESÚS Y ENSEÑADO A ORAR? ______

+ ¿CUÁL ES TU ESTILO DE ORACIÓN PREDILECTA Y DÓNDE LA HACES MEJOR? ______

______

+ SABIENDO QUE LA ORACIÓN ES MUY IMPORTANTE, ¿CÓMO PUEDES ENSEÑAR A OTROS JÓVENES A ORAR? ______

ENCARNEMOS EL MENSAJE DE JEREMÍAS 31, 7-9

Para tener una vida mejor como juventud

1 Leer Jeremías 31, 7-9. Recordar que Jeremías es el profeta del exilio, que anunció adversidades al pueblo debidas a su infidelidad a Dios. En esta ocasión le toca ser portador de buenas noticias: está hablando del retorno de los exiliados a Israel.

2 Volver a leer el versículo 7.

+ ¿QUÉ RAZONES HARÍAN GRITAR A LOS JÓVENES A SU ALREDEDOR, CON LA MISMA ALEGRÍA INTERIOR?

________________________________,

____

Y ______________________________

+ ¿DE QUÉ CEGUERAS DEBE CURARSE LA JUVENTUD, PARA VER LA VIDA CON LA MIRADA DE JESÚS?

________________________________,

________________________________ Y

____

3 Volver a leer el versículo 8.

+ ¿QUÉ "COJERAS" IMPIDEN A LA JUVENTUD ACTUAL CAMINAR ÁGILMENTE AL LADO DE JESÚS PARA TENER UNA VIDA MEJOR?

________________________________,

____

Y ______________________________

4 Volver a leer el versículo 9.

+ ¿QUÉ CAMINOS SON "LLANOS" O LIBRES DE ESTORBOS, PARA QUE LOS JÓVENES PUEDAN BEBER DEL AGUA DE VIDA ETERNA QUE NOS DA JESÚS?

________________________________,

____

Y ______________________________

Aprende a orar como Bartimeo

Bartimeo gritó a Jesús: "¡Hijo de David, Jesús, ten compasión de mí!" (Mc 10, 47). La mujer cananea lo persiguió gritándole: "¡Señor, socórreme!" (Mt 15, 25). Los leprosos le gritaban: "¡Jesús, Maestro, ten piedad de nosotros!" (Lc 17, 13).

Todas estas oraciones nacen como grito angustiado desde la profundidad de su ser. Por eso se conocen como oración del corazón. ¿Qué hay en ellas que despierta en Jesús una respuesta inmediata llena de compasión?

- Hay conciencia de la necesidad personal y fuerte deseo de resolverla.
- Hay humildad para reconocer que sólo con la ayuda de Dios habrá solución.
- Hay confianza completa en el poder de Jesús y en su compasión sin medida.

En ocasiones nuestra oración será igual, un grito desesperado pidiendo ayuda. Pero también podemos usar esta oración, de manera más serena, lanzándola desde el fondo del corazón, conscientes de que necesitamos su amor sanador para seguir en su camino. En este caso, podemos repetir una y otra vez cualquiera de esas frases, al estilo de un mantra, como se explica en la p. 131.

EL SEÑOR HA HECHO GRANDES COSAS POR NOSOTROS

Sal 126 3

ACTIVIDAD COMUNITARIA

Reflexión sobre la oración como personas y como grupo

1 Hacer la siguiente introducción e invitar a reflexionar en silencio:

Vamos a reflexionar sobre las dos actitudes que muestra el evangelio: querer callar a Bartimeo y alentarlo a acercarse a Jesús. Anoten sus respuestas para compartirlas y para meditarlas en la celebración.

- ¿En qué ocasiones y por qué razones has silenciado tu corazón cuando quiere gritar "¡Jesús, ten compasión de mí!"?
- ¿Cuándo te has alegrado de haberle gritado "¡Jesús, socórreme, por favor!"?
- ¿Alguna vez te ha impedido alguien que levantes tu oración a Jesús? ¿Cómo te has sentido?
- ¿Alguna vez has dificultado tú que otras personas se acerquen a Jesús? ¿En qué ocasiones? ¿Por qué?
- ¿Te gusta motivar a otras personas a orar con confianza? ¿Por qué?
- Si te gusta, ¿cómo lo haces y qué resultados has tenido?

2 Compartir, en cuchicheo de dos, lo que descubrieron en su reflexión.

3 En sesión plenaria, invitar a que varios jóvenes respondan a cada pregunta:

- Como grupo, ¿solemos dificultar o facilitar nuestra oración? ¿En qué ocasiones tendemos a hacer lo uno o lo otro?
- Como grupo, ¿qué tanto nos apoyamos para fomentar la oración en otras personas o en otros lugares?
- ¿Cómo podemos ayudarnos mutuamente a mejorar nuestra vida de oración y a promover la oración en otras personas?

CELEBRAMOS NUESTRA FE

Orando desde el fondo de nuestro corazón

1 Colocarse alrededor del altar; invitar a sentarse cómodos y a hacer un profundo silencio físico e interior. Conducir la siguiente meditación, haciendo una pausa larga en los puntos suspensivos y al final de cada párrafo. Invitar a que escriban su oración, si así lo desean.

Revisa lo que escribiste al iniciar tu diálogo con Jesús y en la oración al principio de la sesión... ¿Qué grito sale desde el fondo de tu corazón?

Repíteselo a Jesús en tu interior, varias veces, con toda la intensidad que te nazca..., consciente de la necesidad que tienes de él..., con humildad ante tu debilidad..., y con plena confianza en su poder para ayudarte... Haz silencio y deja que él te conteste.

Revisa ahora lo que escribiste al reflexionar sobre cómo seguir la obra de Jesús... ¿Qué oración sale de ahí? ¿Es una oración angustiosa, apasionada, tranquila...? Haz tu oración a Jesús... Haz silencio y deja que él te conteste.

Por último, revisa tu reflexión personal en la actividad comunitaria... ¿Qué le quieres decir a Jesús?... Haz silencio y deja que él te conteste.

2 Tomarse todos de la mano, como símbolo de su deseo de apoyarse mutuamente en su camino de oración. Invitar a hacer algunas oraciones espontáneas, centradas en los gritos de la juventud de hoy, que identificaron al encarnar el mensaje de Jeremías, y en sus respuestas a las preguntas sobre la oración en grupo, en la actividad comunitaria.

3 Terminar entonando un canto que exprese su confianza en Jesús.

31 º
Domingo
Ordinario

EL AMOR AL PRÓJIMO REFLEJA EL AMOR A DIOS

Deuteronomio 6, 2-6 • Salmo 18 (17) • Hebreos 7, 23-28 • Marcos 12, 28-34

EMPIEZA TU DIÁLOGO CON JESÚS

—Hoy tendremos nuestros diálogos sobre mi tema predilecto, el amor. ¿Qué imágenes evoca en ti esta palabra?

+ PIENSO EN ,
Y

+ VISUALIZO ,
Y

—Ahora dime, ¿qué es para ti lo más atractivo del amor?

+ LO QUE ME FASCINA ES

—Y, ¿cuáles son las dos experiencias más grandes y bellas de amor que has tenido en tu vida?

+ EN PRIMER LUGAR ;
DESPUÉS

—Continúa haciendo una oración, en la que des gracias a mi Padre por el amor que te ha concedido, me presentes a mí alguna herida causada por falta de amor, que necesite sanación, y pidas al Espíritu Santo que esta sesión sea fuente de mucho amor.

CONTINÚA ORANDO DESDE TU CORAZÓN

Te doy gracias y te pido la gracia

PADRE NUESTRO, QUE ERES EL AMOR, COMPASIÓN Y MISERICORDIA PLENA, TE DOY GRACIAS POR

A TI, JESÚS, QUE NOS DAS VIDA NUEVA CON TU INMENSO AMOR, TE PIDO QUE ME SANES DE

ESPÍRITU SANTO, QUE HACES ARDER CON TU AMOR LOS CORAZONES, DAME TU GRACIA PARA

AMÉN.

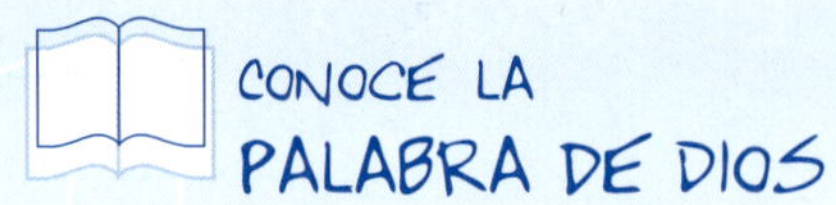

Leer Marcos 12, 28-34

+ ¿POR QUÉ UNE JESÚS ESTOS DOS MANDAMIENTOS EN UNO?

Jesús había estado discutiendo con los expertos en la ley de Moisés (Mc 11, 27 - 12, 24). Después, sólo queda uno, realmente interesado en sus enseñanzas, y le hace una pregunta clave ante la cantidad de leyes que tenía Israel: "¿Cuál es el primer mandamiento de todos?" (12, 28).

Jesús responde clara y decisivamente: "Amarás al Señor tu Dios con todo tu corazón, con toda tu alma, con toda tu mente y con todas tus fuerzas. El segundo es éste: Amarás a tu prójimo como a ti mismo. No hay otro mandamiento más importante que éstos" (vv. 30-31).

Ésta es la base del comportamiento moral del cristiano y de la fe encarnada: sólo amando a Dios con todo nuestro ser podemos amar al prójimo como a nosotros mismos, y sólo así amamos a Dios de verdad. En esto descansa la maravilla y el desafío de la ley del amor revelado en Jesús: siempre en relación con los demás en la caridad.

¡Escucha! El Señor nuestro Dios es el único Señor

Jesús empieza su respuesta sobre el mandamiento más grande diciendo: "Escucha, Israel, el Señor es nuestro Dios, el Señor es uno" (Dt 6, 4). Dios no se cansa de pedirnos que escuchemos su palabra.

Jesús prepara el camino para que su interlocutor reciba en profundidad el mensaje que le dará. Las palabras con las que abre su respuesta son la manera como comienza la oración del Shemá (Dt 6, 2-6), que es la primera lectura de este domingo.

Estamos ante la profesión de fe más profunda de Israel y la oración más común. Entre los judíos, es la primera oración que aprenden y la que rezan en su lecho de muerte; también la que rezan al despertar y acostarse los judíos piadosos.

El significado de sus primeras palabras es muy importante:

- La palabra shemá, que traducimos como "escucha", tiene una connotación de "oír para actuar".
- Al confesar que "El Señor es nuestro Dios, el Señor es uno", en el ambiente en que esta oración se creó y con el fervor que se decía, se proclama la fe en un solo Dios, cuando todos los pueblos vecinos eran politeístas.

Sólo hay un Dios. No hay necesidad de dividir el corazón, la mente, el culto, el actuar..., para dar gusto a diferentes dioses, como sucedía en las otras religiones. En la unidad de Dios, encontramos también la unidad del ser humano; no estamos divididos, fuimos creados para un solo Dios y todo nuestro ser se dirige hacia él.

Mercedes de Jesús Molina (1829-1883)

La Rosa del Guayas

Mercedes nació en Ecuador, en una familia adinerada dueña de haciendas. Quedó huérfana de padre a los dos años y de madre a los trece. Heredó, junto con tierras y bienes, la posibilidad de tener una sólida formación humana, cristiana, intelectual y artística.

Aunque adolescente, su personalidad bien integrada le ayudó a enfrentar la muerte de su madre. En su juventud, puso en acción todos sus dones para cautivar a los galanes: su hermosura y buenos modales, vestidos elegantes, voz preciosa, pericia en el piano... Parecía estar plenamente realizada.

A los 21 años, una mala caída de un caballo la llevó a una oración y reflexión más profunda. Dios le pidió "ser amor misericordioso donde hay dolor humano", lo que hizo al dedicarse al cuidado de niñas y adolescentes huérfanas y expuestas al peligro, y de mujeres no valoradas y ultrajadas en su dignidad.

El fuego divino del amor la llevó a donar sus bienes y, en una experiencia mística frente a un rosal, Dios le pidió que institucionalizara sus dones, para que se multiplicaran. Fundó el primer instituto religioso femenino del Ecuador, las Hermanas de Santa Mariana de Jesús, en honor a la santa patrona de su país.

Fue pionera en la educación de las mujeres, creando los planes de estudio y la metodología de enseñanza. Se esmeró por que las hermanas recibieran una formación integral y armónica, humana y espiritual, intelectual y pastoral, para que su apostolado proyectara del mejor modo posible el amor maravilloso de Dios hacia los desamparados.

Mercedes fue beatificada en 1985. Hoy existen hermanas Marianitas en más de 20 países.

SIGAMOS LA OBRA DE JESÚS

Proyectando el amor de Dios en el prójimo

El mandamiento del amor de Jesús es contundente y lo encierra todo. Mercedes lo vivió en plenitud. Proyectó su amor a Dios en el amor a las mujeres necesitadas. Su experiencia del amor privilegiado que recibió ella la llevó a crear un instituto donde las hermanas tuvieran el mismo nivel de formación..., para ponerlo al servicio de su prójimo.

Mercedes acogió a los pobres para hacerlos ricos en la fe y en el amor de Dios:

+ ¿QUÉ ESTÁS HACIENDO O PUEDES HACER PARA FORTALECER LOS DONES QUE DIOS TE HA DADO?

Mercedes se inspiró en Jesús y en la santa patrona de Ecuador:

+ ¿QUIÉN ES TU MODELO PREDILECTO DE LA ENCARNACIÓN DEL AMOR DE DIOS EN EL PRÓJIMO?

Mercedes trabajó para dignificar a las mujeres que habían degradado en su ser la imagen del Dios del amor.

+ ¿CÓMO AYUDAS TÚ A ELEVAR LA DIGNIDAD DE QUIENES SON MENOSPRECIADOS Y ULTRAJADOS EN LA SOCIEDAD?

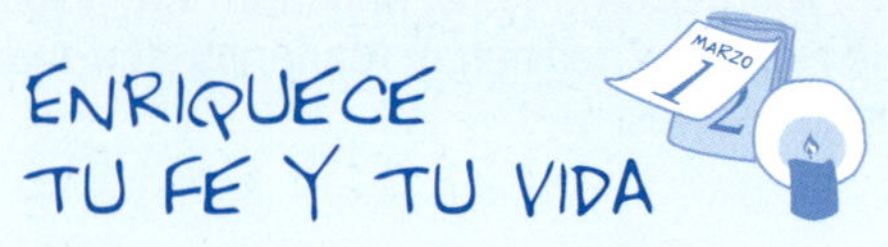

Inscritos para siempre en la escuela del amor

¡Qué trabajo nos cuesta amar de verdad! Pero, ¡vale la pena!

Amar es más profundo que querer y tener cariño. Amar es darse sin esperar nada a cambio, es una opción de querer lo mejor por los demás; y este tipo de amor sólo se da tras un proceso de madurez a lo largo de la vida.

El amor en la infancia

De niños esperamos ser amados, recibir cariño, atención, cuidado, protección... El amor de nuestros padres y quienes nos rodean nos da seguridad y confianza; nos permite ir creciendo en el amor.

Esto sucede cuando el amor de los padres es maduro y nos enseña a amar. La falta de amor suele generar personalidades rotas, hoscas, amargas, y el amor inmaduro tiende a originar hijos centrados en sí mismos, con el riesgo de convertirse en tiranos y manipuladores. Esta carencia de amor no ayuda al crecimiento íntegro de la persona.

El amor en la adolescencia

En la adolescencia el amor va tomando forma de amistad. Dirigido por el descubrimiento del yo en el tú, crece en la medida en que dos individualidades se van conociendo.

Es una etapa que los padres de familia deben empezar en la pubertad de los hijos. Implica un cambio paulatino de su función de autoridad al de amistad. Siendo sus amigos, van redescubriendo y madurando su ser, al tiempo que ofrecen a los hijos el ambiente afectivo y el marco de referencia, para que tengan éxito en su búsqueda de identidad, autonomía y como relacionarse con el otro sexo.

El amor entre padres y adolescentes es el contexto ideal donde aprenden a ser críticos ante los enamoramientos y atracciones físicas propias de su edad. La inmadurez o falta de amor de los padres distorsiona la comprensión y vivencia del amor por los adolescentes en esta etapa tan crucial de la vida. Por eso la madurez en el amor cristiano, como pareja y como padres, y las comunidades juveniles de fe, son esenciales.

El amor en la juventud

La juventud es una etapa privilegiada para madurar en el amor. En ella es posible superar las deficiencias del amor recibido en el hogar, si se cuenta con una pequeña comunidad de fe, una buena amistad o dirección espiritual adecuado.

En la etapa de la juventud la posibilidad de hacer amigos a un nivel profundo y de profundizar las amistades de etapas anteriores se incrementan, lo que ayuda al desarrollo de la propia identidad. Es el tiempo para descubrir la vocación y el proyecto personal de vida; la oportunidad para tomar conciencia del grado de madurez alcanzado en el amor, y aprender a amar como Jesús con la ayuda del Espíritu Santo.

Cuando dos adultos jóvenes llegan al matrimonio con suficiente madurez en su amor a Dios y al prójimo, el amor entre ellos tiene muchas más posibilidades de crecer. Esas parejas podrán superar mejor los problemas propios de la convivencia y de los retos provenientes de la vida y la sociedad, así como convertir su hogar en escuela de amor verdadero.

YO TE AMO, SEÑOR...
MI FUERZA SALVADORA Y FORTALEZA

Sal 18 1-3

ACTIVIDAD COMUNITARIA

Hacia una sanación y madurez en el amor

1 Crear ambiente de reflexión profunda y hacer la siguiente introducción:

El amor humano puede fallar, disminuir e inclusive extinguirse si no hay correspondencia. En contraste, el amor cristiano tiene la dinámica del crecimiento y madurez insertada en él, pues viene de Dios y va a Dios, al tiempo que abarca a los seres queridos, al prójimo e incluso a los enemigos.

Lo único que detiene el amor de Dios es apartarse de él. Si dejamos que el Espíritu Santo, el Espíritu de Amor, actúe en nosotros, el amor crece y se va purificando siempre.

2 Hacer la siguiente reflexión personal, en silencio:

- Lee el comentario: "Inscritos para siempre en la escuela del amor", p. 194, y subraya las ideas que más pueden ayudarte a crecer en el amor.
- Reflexiona: ¿Qué personas te han ayudado a crecer en el amor de Dios? ¿Cómo?
- Recuerda y perdona las heridas causadas por falta o por una mala comprensión del amor. Cuando eras niño o adolescente.
- Haz una oración que recoja tu reflexión. Escríbela para leerla en la celebración de fe.

3 En pequeños grupos, dialogar sobre su proceso de madurez en el amor: ¿Qué lo ha favorecido? ¿Qué lo ha dificultado? ¿Cómo se pueden ayudar en el grupo juvenil a crecer en el amor?

CELEBRAMOS NUESTRA FE

Nutriendo el amor cristiano en la comunidad juvenil

1 Entonar un canto sobre el amor que cree un ambiente de recogimiento y reflexión.

2 Proclamar Marcos 12, 28-34. Hacer una pausa para meditar.

3 Leer la siguiente introducción:

El amor de Jesús al Padre y a la humanidad entera, en particular a los pobres y pecadores, ha originado grandes santos y es el que anima a las familias auténticamente cristianas, convirtiéndolas en semillero de amor. Jesús dice que no tiene mérito amar a quien nos ama; también los paganos lo hacen. El amor cristiano va más lejos; se proyecta en el prójimo que Dios pone en nuestro camino, al grado de amar a quienes nos hacen daño, pues el amor de Dios es misericordia plena.

4 Invitar a orar en silencio y a que quienes deseen compartan su oración.

5 Cada dos o tres personas, entonar la estrofa del canto inicial.

6 Terminar con un abrazo mutuo, diciéndose: "Crece en el amor de Dios y construye con él la Civilización del Amor".

GENEROSIDAD: REFLEJO DE UN CORAZÓN DE FE

1 Reyes 17, 10-16 • Salmo 146 (145) • Hebreos 9, 24-28 • Marcos 12, 38-44

EMPIEZA TU DIÁLOGO CON JESÚS

—Jesús, ¡qué trabajo me cuesta ser generoso!

—¿Por qué se te dificulta tanto?

+ DÉJAME PENSAR. EN PRIMER LUGAR PORQUE ;

TAMBIÉN PORQUE ; ADEMÁS

—La generosidad nace del corazón, cuando nos dejamos inundar por el amor de Dios.

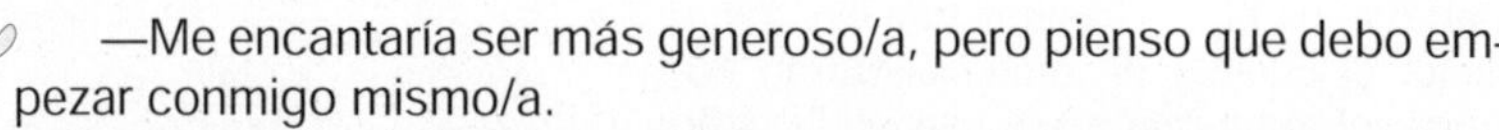

—Me encantaría ser más generoso/a, pero pienso que debo empezar conmigo mismo/a.

—¿Qué aspectos del cuidado a ti mismo están deteniendo tu generosidad?

+ PIENSO QUE PRIMERO DEBO CENTRARME EN

Y

—La generosidad es parte vital de mi mensaje, por eso hoy profundizaremos en ella.

CONTINÚA ORANDO DESDE TU CORAZÓN

Jesús, haz mi corazón tan generoso como el tuyo

Jesús,

Haz mi corazón tan generoso como el tuyo.

QUE SEA CAPAZ DE ENTREGAR MI TIEMPO PARA

QUE PUEDA DESPRENDERME DE

QUE PONGA MIS TALENTOS, EN ESPECIAL
AL SERVICIO DE

QUE DEL DINERO QUE TENGO,

AYÚDAME A NO JUSTIFICAR CON RAZONES SIN PESO EL SER EGOÍSTA.

PERDÓNAME POR NO HABER

Dame tu amor y tu fuerza, para ser fiel seguidor/a tuyo. Amén.

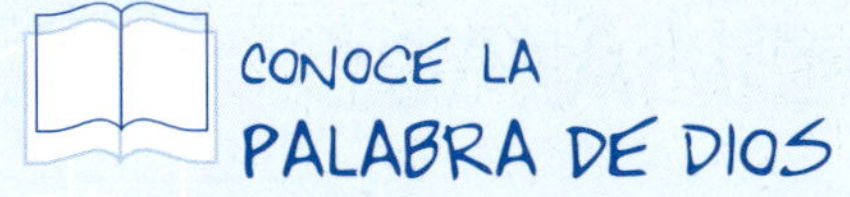

Leer Marcos 12, 38-44

+ ¿QUÉ MENSAJES IMPORTANTES DA JESÚS EN ESTE PASAJE?

Marcos sitúa este pasaje en medio de las discusiones de Jesús con los maestros de la ley. En los textos anteriores, Jesús debate su posición doctrinal; aquí señala la incongruencia en su vida en relación con lo que creen y predican: su vanidad, codicia, explotación del pobre e hipocresía religiosa.

Jesús no intenta convencer a los maestros de la ley, sino formar a sus discípulos, para que no se fíen de las apariencias personales y lo superficial de los acontecimientos. Para intensificar su enseñanza, da un ejemplo en el que contraste la limosna de los ricos, que dan de lo que les sobra, con la generosidad de la viuda, que da todo lo que tenía para vivir.

Jesús enseña que, para descubrir el verdadero valor del evangelio, hay que ir más allá de lo que vemos. No hay que dejarse engañar por lo deslumbrante de los poderosos e ignorar la vida de fe de las personas sencillas.

VIVE LA PALABRA

La fe y la confianza en Dios valen oro

El contraste entre la limosna de los ricos y de la viuda muestra el valor de la fe y la confianza en Dios. Jesús no pide a todos los ricos que donen todo su dinero, aunque a veces lo hace. Tampoco quiere que los pobres se queden sin nada para vivir. Lo que desea es que tengamos a Dios en el centro de nuestra vida.

Cuando Dios es el centro de nuestra vida, las demás cosas, incluso el dinero, adquieren su verdadero valor, que nunca puede ser superior a Dios. Cuando no damos a Dios su lugar, el dinero o cualquier otra cosa tienen el riesgo de convertirse en nuestros dueños e ídolos, quitarnos la libertad y limitar nuestra capacidad de decidir.

¿Por qué somos esclavos de la moda, el tipo de carro y los aparatos electrónicos? ¿Por qué la publicidad puede hacernos comprar lo que no necesitamos o incluso nos hace mal? ¿Por qué las casas están llenas de cosas que no se utilizan?

La viuda pobre era la figura más insignificante en la escala social judía. No tenía nada ni siquiera marido. Sin embargo, es la más rica y hermosa a los ojos de Jesús, porque en su pobreza se siente segura en las manos protectoras de Dios.

Pierre Toussaint (1766-1853)

Ejemplo de generosidad evangélica

Pierre nació en Haití, en una familia católica de esclavos de origen africano. Su amo lo enseñó a leer y a escribir. Cuando se mudó a Nueva York, se llevó a su esposa, dos hermanos y cinco esclavos; entre los esclavos estaba Pierre y su hermana, quienes nunca verían al resto de su familia.

Tenía Pierre 21 años cuando se inició como aprendiz de uno de los peluqueros más famosos entre las damas de la alta sociedad en Nueva York. Pronto se convirtió en un peluquero popular con ellas y con el tiempo se convirtió en una persona rica, pudiendo comprar la libertad de su hermana.

Su amo murió de pleuresía y la viuda se encontró en una gran pobreza al haber perdido sus propiedades e inversiones. Pierre siguió como esclavo para cuidarla y, discretamente, asumió todos los gastos de la casa con su salario de estilista. Quedó libre a los 41 años, a la muerte de ella. Se enamoró y se casó con una esclava jovencita, a quien compró su libertad.

Pierre y su esposa Juliette se dedicaron a ayudar a las personas necesitadas en los barrios pobres de Nueva York. Convirtieron su casa en hogar para los huérfanos, caja de crédito para los pobres, agencia de empleos y refugio para sacerdotes y viajeros sin dinero. También apoyaba a las religiosas Oblatas de la Providencia, y más tarde fueron benefactores del colegio de San Vicente de Paúl, la primera escuela católica en Nueva York para niños afroamericanos. Además, colaboraron en la construcción de la antigua catedral de San Patricio y, cuando falleció su hermana, adoptaron a su sobrina y la educaron como a su hija.

Pierre murió a los 87 años y fue enterrado en la catedral. Por su generosidad y santidad de vida, fue declarado Venerable por Juan Pablo II en 1996.

SIGAMOS LA OBRA DE JESÚS

Forjando un corazón generoso como el de Jesús

Jesús es la generosidad máxima. Por amor entregó su vida y vivió como profeta itinerante, sin casa ni posesiones. En el evangelio de hoy nos llama fuertemente a ser generosos también, y a evitar la codicia y la hipocresía en relación con lo que damos. Pierre Toussaint supo ser tanto un esclavo generoso con su ama, como una persona rica al servicio de los demás.

+ ¿QUÉ SERÍA PARA TI SER GENEROSO AL 100 %? ____________

+ ¿CÓMO VALORARÍAS TU GRADO DE GENEROSIDAD DE "CERO" A "CIEN"? ____________

La generosidad no sólo se mide en dinero, sino también en la entrega de las tres "T", tiempo, talento y tesoro:

+ ¿CUÁNTO TIEMPO PUEDES DEDICAR A AYUDAR A OTROS CADA MES? ____________

+ ¿QUÉ TALENTOS PUEDES PONER AL SERVICIO DE LOS DEMÁS? ____________, ____________ Y ____________

+ ¿DE QUÉ TESOROS O POSESIONES PUEDES DESPRENDERTE PARA AYUDAR A OTROS? ____________

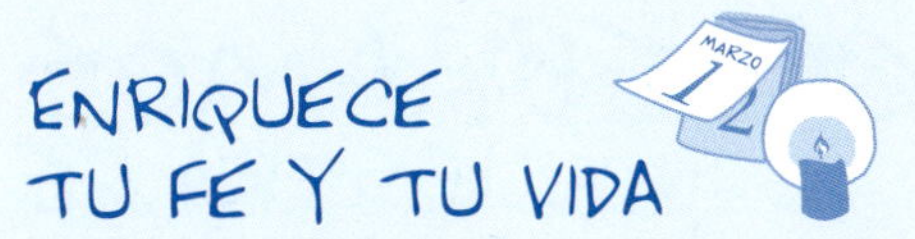

La generosidad traducida en obras

Las exigencias del evangelio se comprenden mejor al analizar en qué consiste la generosidad, el diezmo y la limosna, tres instrumentos que tenemos a la mano para convertir nuestra generosidad en obras.

Generosidad

La generosidad es el hábito o práctica de entregarse a los demás y darles su tiempo, energía, talentos y posesiones, sin esperar nada a cambio. Es fruto del amor, la compasión, la justicia y la responsabilidad social. La generosidad refleja pasión por la causa a la que se ayuda.

Jesús mismo nos inspira, modela y enseña, incluso a morir a nosotros mismos como el grano de trigo para dar nueva vida. Darse a sí mismo es la realidad misma de Dios, que se da en Jesús.

Ser generosos supone entender la situación del otro, con el fin de ayudar a resolver alguna necesidad o colaborar al bien común. Implica el desprendimiento inclusive de lo necesario, y no sólo de lo superfluo o lo que ya no se quiere.

Un ejemplo de generosidad comunitaria, es las organizaciones no lucrativas. Mediante esfuerzos de recaudación de fondos y largas horas de trabajo voluntario, ofrecen servicios gratuitos o subsidiados a la sociedad, en particular a las personas necesitadas.

Diezmo

El diezmo era un impuesto religioso y social en el pueblo de Israel. Con él se sustentaban los sacerdotes levitas y sus familias, quienes no podían tener propiedades. Sus ingresos provenían del 10 % de las ganancias de las otras tribus, una vez descontados los gastos de casa, vestido y alimento. Lo que restaba se distribuía a las viudas, huérfanos y extranjeros.

Hoy en día, la Iglesia católica usa una forma modificada de diezmo y las ofrendas de la comunidad para:

- Sustentar a los sacerdotes y pagar al personal del templo y los distintos ministerios.
- Pagar los gastos relacionados con el templo y los edificios al servicio de la comunidad: renta, luz, agua, materiales...
- Cubrir el costo de la formación de los seminaristas y la educación continua del clero y de los ministros laicos.
- Proveer ayuda a las personas necesitadas de la comunidad.
- Fundar obras que expandan el alcance del evangelio.

A los pobres, que viven a nivel de sobrevivencia, no se les pide el diezmo, aunque son libres de presentar su ofrenda. A quienes tienen ganancias, se les pide no gastar en lujos, pues el diezmo disminuye, y con ello lo que corresponde a la extensión del reino de Dios.

Limosna

La limosna es dinero dado a los pobres, enfermos, mendigos..., a cambio de nada. Cuando se da a la Iglesia se hace como ofrenda a Dios, para cubrir los gastos del culto divino y actividades pastorales. En general, las limosnas son un monto pequeño e insuficiente para cubrir las necesidades básicas de la persona o la causa a la que se ayuda.

ACTIVIDAD COMUNITARIA

Compartiendo nuestro tiempo, talento y tesoro

1 Formar cuatro grupos y asignarles los siguientes tópicos:

Grupo 1: Necesidades económicas

Grupo 2: Necesidades afectivas

Grupo 3: Necesidades espirituales

Grupo 4: Necesidades educativas

2 Dividir un papelógrafo en tres columnas. Titularlas: Necesidades, Contribuciones personales y Contribuciones como comunidad.

3 Hacer una lluvia de ideas sobre las necesidades de los niños y adolescentes en ambientes empobrecidos en la dimensión de la vida que les tocó. Escribirlas en la columna 1.

4 En silencio, pensar cuánto de tu tiempo, talentos y tesoro, podrías donar a mejorar su situación, y cómo podrías hacerlo. Escoger la manera más factible y dadora de frutos.

5 Compartir lo que cada quien pensó y escribirlo en la columna 2.

6 Analizar lo escrito anteriormente y reflexionar sobre ello. Escribir sus respuestas en la columna 3.

- ¿Cómo puede la comunidad juvenil ayudar a que sus miembros sean generosos con su tiempo, talentos y tesoro?
- ¿Qué acciones pueden hacer mejor como comunidad que individualmente?
- Escoger una acción específica a ser realizada como comunidad y elegir una persona o una obra a la que quieran enviar lo que reúnan en la colecta que harán en la celebración de fe.

7 En sesión plenaria, compartir lo más importante de su reflexión.

CELEBRAMOS NUESTRA FE

Encaminando nuestra vida hacia una mayor generosidad

1 Colocar una canasta en el altar y crear un ambiente de oración.

2 Proclamar 1 Reyes 17, 10-16.

3 Proclamar Marcos 12, 38-44.

4 Invitar a reflexionar:

- ¿Qué te dice Dios a través de estos pasajes?
- Con quién te identificas: ¿Con los maestros de la ley que gozan con el lujo y la fama, con los ricos que dan lo que no necesitan, o con la viuda que comparte desde su pobreza?

5 En silencio, leer el comentario "La generosidad traducida en obras", recordar las respuestas al comentario "Sigamos la obra de Jesús" y continuar la reflexión, preguntándole a Jesús:

- ¿Qué paso quieres que dé hacia una mayor generosidad con mi tiempo?
- ¿Qué talentos quieres que ponga al servicio de personas necesitadas, espiritual, afectiva o materialmente?
- ¿En qué medida quieres que aumente mi generosidad económica?

6 Proclamar el Salmo 146. La respuesta entre cada estrofa es: "Dichoso el que se apoya en Dios".

7 Para terminar, cada persona escribe un pagaré o vale de su tiempo, talentos y dinero que donarán, y pasa a colocarlo en el altar.

DICHOSO EL QUE...
PONE SU ESPERANZA
EN EL SEÑOR, SU DIOS
Sal 146 5

33º Domingo Ordinario

HOY ES EL TIEMPO PROPICIO

Daniel 12, 1-3 • Salmo 16 (15) • Hebreos 10, 11-14. 18 • Marcos 13, 24-32

EMPIEZA TU DIÁLOGO CON JESÚS

—Jesús, sé que tú estás con nosotros en todo momento, pero en ocasiones me cuesta trabajo encontrarte en la vida cotidiana.

—Dime en qué momentos sueles experimentar mi presencia y en cuáles te sientes apartado/a de mí.

+ ME ES FÁCIL DISTINGUIR TU PRESENCIA
+ ME CUESTA TRABAJO ENCONTRARTE
+ JESÚS, NO PERMITAS QUE ME APARTE DE TI EN MOMENTOS

COMO , ,

, Y

—Yo estoy contigo todos los días de tu vida, te des cuenta o no. Mientras más me conozcas y ores conmigo, más fácil podrás ver que estoy contigo en todo momento.

CONTINÚA ORANDO DESDE TU CORAZÓN

Jesús, ábreme a tu presencia siempre

ÁBREME LOS OJOS PARA VERTE EN

ÁBREME LOS LABIOS PARA DECIR TUS PALABRAS CUANDO

ÁBREME LOS OÍDOS PARA ESCUCHAR QUE TÚ

ÁBREME EL ENTENDIMIENTO PARA DISTINGUIRTE A TRAVÉS DE

ÁBREME LOS BRAZOS PARA RECIBIR

ÁBREME AL DESEO DE ACERCARME A LOS SACRAMENTOS PARA

ÁBREME EL CORAZÓN PARA AMAR COMO TÚ A

Jesús, quiero estar abierto a tu Palabra, quiero llenarme de ella, ser capaz de ponerla en práctica día a día, toda mi vida. Amén.

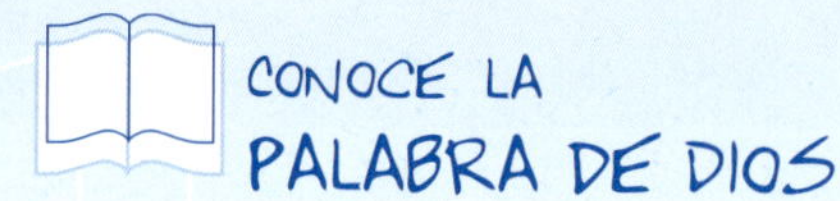

Leer Marcos 13, 24-32

+ ¿A QUÉ TE INVITA EL EVANGELIO?

En este discurso, Marcos reúne varias enseñanzas de Jesús que ayudan a la comunidad a mantener viva su esperanza, frente a la persecución que sufre y a su creencia de que pronto llegaría el final de los tiempos. Su mensaje es claro y consolador: "verán venir al Hijo del hombre entre nubes con gran poder y gloria" (Mc 13, 26).

El pasaje es de tipo apocalíptico, un género literario que utiliza la simbología para hacer una revelación. En este caso, revela la acción definitiva de Dios al final de los tiempos: el anuncio de un mundo nuevo y de una nueva creación, iniciados por Jesús a través de su vida y misterio pascual.

El evangelio inspira esperanza, alegría y responsabilidad, pues para el cristiano incluso lo catastrófico tiene un sentido positivo y esperanzador. Jesús transforma nuestra vida tan radicalmente que se produce un cataclismo en nuestro ser: muere la persona vieja y renace una nueva. ¡Estemos alertas para descubrir a Jesús siempre que venga a hablarnos!

Hay que ser como la higuera

La parábola de la higuera, relatada en el contexto del discurso de Jesús sobre su llegada al final de los tiempos, tiene dos mensajes muy bellos:

- Nos enseña a estar atentos a lo que ocurre en el mundo, como el campesino a las pequeñas señales en la naturaleza. Así descubriremos en los signos de los tiempos pistas o mensajes sutiles que nos abran para recibir a Jesús en nuestra vida diaria. Él mismo dice: "cuando vean que suceden estas cosas, sepan que el Hijo del hombre ya está cerca" (Mc 13, 29). Esa cercanía se da día a día, hasta que estemos plenamente unidos a él en la vida futura.

- Nos muestra la realidad de la vida: a lo árido y seco del invierno, le sigue la primavera. Recordemos que Jesús habla del invierno en Galilea, una zona donde los árboles de hojas caducas se quedan sin ellas, pareciendo estar muertos. Pero de su interior vuelve a brotar la vida, fresca y más fuerte, lista para dar más frutos.

Jesús quiere que en momentos difíciles tengamos más fe, que purifiquemos y fortalezcamos nuestra mente y corazón. En momentos de invierno, sequía o catástrofes, hemos de estar atentos para descubrir a Jesús en las situaciones que vivimos, fortalecer nuestra esperanza y compartir su amor con los que más sufren.

Cristo desea que siempre confiemos en su venida y superemos cualquier actitud pasiva, apoyados por la oración, los sacramentos y el ejercicio de la caridad. ¿Cómo enfrentas tú los momentos difíciles de la vida?

Mariana de Jesús Paredes (1618-1645)

La azucena de Quito

Mariana nació en Quito, Ecuador. Desde pequeña llevó una bonita amistad con Jesús en la oración y el servicio a los pobres.

Consagró a Dios su virginidad y llevó una vida austera, de oración y ayuno, para fortalecerse en la caridad. Su ideal era seguir a Jesús, aceptando la cruz de cada día.

A los 21 años ingresó en la Tercera Orden de Penitencia de San Francisco de Asís, donde continuó su apostolado: oraba por el prójimo, aconsejaba a personas que acudían a ella y ayudaba a los pobres. Tenía un don especial para que se reconciliaran las personas que se peleaban y para fomentar la conversión de algunos pecadores.

En una enfermedad le sacaron sangre y la echaron en una maceta, donde nació una bella azucena. De ahí su apodo.

En una ocasión hubo varios terremotos terribles que estaban causando muchas muertes. En un sermón, un sacerdote ofreció su vida para que cesaran, pero Mariana exclamó: "No, Señor; su vida es necesaria para salvar muchas almas. En cambio yo no soy necesaria; te ofrezco mi vida para que acaben estos terremotos". Aquella misma mañana ella cayó enferma, pero ya no hubo terremotos. Otra vez, en que una fuerte epidemia estaba matando a centenares de personas, volvió a ofrecer su vida para que cesara; desde ese día no murió más gente de ese mal.

Murió rodeada del cariño y la admiración de todo el pueblo quiteño. Por esos y otros milagros realizados después de morir, le dieron el título de "Heroína de la Patria". El papa Pío IX la beatificó y Pío XII la canonizó en 1950.

SIGAMOS LA OBRA DE JESÚS

Ofreciendo nuestra vida por la de otros

Jesús vino a traernos una vida nueva y a hacer de nosotros una nueva creación. A algunas personas, como a Mariana, Dios les pide que ofrezcan su vida por los demás de manera extraordinaria, para que otras personas lo encontraran a él, su amor y su paz. A todos nos pide que lo hagamos en la vida diaria y en momentos de necesidades especiales. ¿Cómo ofreces tu vida por los demás?

+ ¿QUÉ SUELES HACER EN SITUACIONES ESPECIALMENTE DIFÍCILES? ________
+ ¿POR QUIÉNES ORAS CON MÁS FRECUENCIA Y POR QUÉ? ________
+ ¿HAY OTRAS PERSONAS QUE NECESITAN TU ORACIÓN? ________
+ AYUNAR FORTALECE EL ESPÍRITU. ¿AYUNAS TÚ EN ALGUNAS OCASIONES? ________ ¿QUÉ SENTIDO TIENE AYUNAR? ________
+ ¿QUÉ DONES RESALTAN EN TI CUANDO HACES APOSTOLADO? ________ Y ________

Reconoce, vive y valora el kairós en el cronos

Llamamos kairós al "tiempo de Dios". Kairós significa "tiempo oportuno, tiempo correcto, tiempo de crisis o transición, tiempo esperado, medida de tiempo adecuada"; es un tiempo sin medida; corresponde a un momento de singular importancia. Bíblicamente se comprende como el tiempo de la gracia y la salvación.

El cronos es el tiempo cronológico. También fue creado por Dios, pero es interpretado por el ser humano: los minutos, horas, días, meses, años..., las estaciones, es el tiempo que podemos medir y organizar.

Los cristianos vivimos las dos formas de temporalidad. Cristo hace del cronos un kairós. Al encarnarse inició un nuevo tiempo, al realizar una nueva alianza con la humanidad, retomando amorosamente la creación y la historia, al redimirla con su propia vida. Por lo tanto nuestro tiempo se empapa del tiempo de Dios: el tiempo del amor.

En la Biblia, el tiempo de Dios se ve de dos maneras:

- Linealmente, como un proceso evolutivo o histórico que arranca de la creación y lleva a la plena comunión con Dios.
- Cíclicamente, como un proceso continuo y gradual de conversión en el que las personas y el pueblo pueden restablecer su alianza con Dios, dándose múltiples oportunidades de renovación personal y de la comunidad.

¿Cómo podemos vivir este tiempo?

Siguiendo a Cristo como modelo para nuestra vida. Al escuchar a Dios y responderle; al proponer nuevas formas de convivencia; al promover la justicia y la paz. Al asumir nuestra realidad, para que en ella crezca el reino de Dios. Al compartir el amor que hemos recibido..., al ser siempre signos de esperanza...

Sin embargo, el actuar de Dios a través de una gracia especial con frecuencia difiere del momento y la forma en que nosotros la queremos. Dios otorga estas gracias para nuestro bien y el de los demás, aunque a veces no las comprendemos y en otras ocasiones entendemos su sentido años después. Lo importante es que sintonicemos con el querer de Dios, lo que se facilita cuando buscamos un crecimiento espiritual continuo, de modo que nuestro querer sea un responder al llamado y al querer de Dios en su gracia.

¿SABÍAS QUE...

La escatología o final de los tiempos está marcada por la esperanza y el llamado a la conversión

Al discurso que pronuncia Jesús sobre el final de los tiempos se le conoce como "Discurso escatológico". La escatología reflexiona sobre lo referente al final de los tiempos en dos dimensiones: una sobre el fin de todo lo creado; la otra sobre el futuro del ser humano, desde la fe en su resurrección. Ambas dimensiones implican una renovación total en la persona de Cristo durante su segunda venida gloriosa, donde el reino de Dios llega a su plenitud.

La escatología bíblica está marcada por la esperanza; fue avanzando al unísono que la revelación de Dios en la historia. Es importante conocer sus perspectivas diferentes en el Antiguo y el Nuevo Testamento, para comprender y valorar mejor el gran regalo de Cristo.

La escatología en los escritos del Antiguo Testamento:

- Perspectiva nacionalista: al final de los tiempos, el pueblo de Israel triunfará sobre todas las demás naciones.

- Perspectiva mesiánica: hacia el final de los tiempos llegará un salvador enviado por Dios para salvar al pueblo del dominio y la opresión de otros pueblos, y restaurar la unidad el reino de David.

- Perspectiva profética antes y durante el exilio: el final se verá afectado por el comportamiento moral del pueblo; el día del Juicio Final, Dios premiará a quienes le son fieles y castigará sólo a los infieles.

- Perspectiva profética postexílica: el pecado fue expiado en el exilio y Dios promoverá una segunda creación del pueblo, que incluso en ocasiones señala la incorporación del pueblo pagano en los nuevos designios de Dios.

- Perspectiva profética apocalíptica: el retraso del cumplimiento de las promesas de Dios llevó a la transferencia de la esperanza a la vida en el mundo futuro, una Jerusalén celestial, edificada por Dios para los elegidos, aquellos que se mantuvieron fieles a él.

La escatología en los escritos del Nuevo Testamento:

- En los evangelios sinópticos —Mateo, Marcos y Lucas— la historia termina con Jesús de Nazaret. El evangelio de hoy presenta los signos de que los días finales han llegado: Jesús regresará pronto entre las nubes, la manifestación del Hijo del hombre estará acompañada de trastornos cósmicos, que acompañan el fin de Jerusalén como la ciudad de Dios y la expansión del evangelio en tierras paganas. Para nosotros, esto resalta la cercanía de este tiempo en la historia humana y la participación de todos.

- El evangelio de Juan, escrito muchos años después que los sinópticos, avanza la reflexión sobre el proyecto de Jesús. Como el desenlace de la historia previsto por los primeros cristianos no sucedía, Juan reflexionó con más profundidad el discurso sobre la historia y la promesa de su segunda venida o parusía.

  Para Juan, la vida eterna es ya un presente; quien cree en Cristo ha pasado ya de la muerte a la vida. La parusía tiene dos dimensiones: una personal, en la que Cristo sale al encuentro de la persona en el momento de su muerte, para llevarla al gozo eterno con el Padre, y una comunitaria, en la que Cristo pondrá fin a la historia humana, resucitará a los muertos y juzgará a las personas teniendo como medida la vivencia de su evangelio.

- Las cartas paulinas muestran también la evolución en el pensamiento teológico, según avanzó el tiempo. En las primeras cartas, su visión coincide con la de los evangelistas sinópticos. En las últimas, probablemente escritas por sus discípulos, se reconoce a la Iglesia como el lugar donde Cristo realiza la salvación.

- El Apocalipsis, con su lenguaje simbólico, también presenta varias visiones sobre el final de los tiempos. Aparece un periodo mesiánico más o menos largo antes de que se dé el desenlace de la historia. El reino de mil años, precedido por los dolores del Mesías y de la "primera resurrección", es símbolo de la poderosa expansión de la Iglesia y de su martirio, lo cual puede tener una muy larga duración. Al final de la historia, Cristo devolverá al Padre toda la creación, para que "Dios sea todo en todos".

Mensaje central de la escatología cristiana:

El Catecismo de la Iglesia Católica resume la fe sobre nuestro fin personal, al afirmar que la resurrección de Jesús nos abre el acceso a una nueva vida, en la que nos devuelve la gracia de Dios. Esa nueva vida es una realidad desde ahora, por la justificación de nuestra alma, saboreando así ya los prodigios del mundo futuro, hasta el momento de la vivificación de nuestro cuerpo.[23]

El reino de Dios, presente ya a través de la predicación y signos de la Iglesia, no ha llegado a su plenitud, pues aún no le están sometidas todas las cosas de este mundo. El tiempo presente está marcado por el Espíritu Santo y por el testimonio de los cristianos, así como por las dificultades y el impacto del mal.[24]

Antes de la venida gloriosa de Cristo y el triunfo total de su Reino, la Iglesia sufrirá un último asalto de las fuerzas del mal, que será vencido para siempre por Cristo, mediante el Juicio Final. No será un éxito terreno de la Iglesia, sino que entrará en la gloria del Reino a través de esta última Pascua, en la que Cristo revelará la disposición secreta de los corazones y retribuirá a cada persona según sus obras y la aceptación de su gracia.[25]

El mensaje escatológico es una llamado a la conversión y a la esperanza en el tiempo oportuno de la salvación. Nos habla de la urgencia de ella y nos compromete a trabajar hoy, en el tiempo presente, por la justicia y por todos los valores del Reino.

ACTIVIDAD COMUNITARIA

La presencia de Dios en mi vida

Preparación

Llevar páginas de papel partidas por la mitad en dirección horizontal; una pieza por participante.

Actividad

1 Invitar a que cada quien haga la línea de su vida, en silencio, según se explica a continuación:

- Trazar una línea como la que se presenta abajo. Representa el cronos, el tiempo que conocemos. En el extremo izquierdo escribir la fecha de su nacimiento y en el extremo derecho la fecha de hoy; después, dividir equitativamente la línea de acuerdo con su edad.

- Pensar en momentos de kairós, de gracias especiales que han tenido a lo largo de su vida. Anotarlos en la etapa correspondiente. Recordar momentos de distintos tipos de gracia, y anotar los que son propios de su experiencia personal.

Gracia generadora de alegría, en que gozaste la presencia liberadora de Dios. Dibuja una carita feliz ☺.

Gracia dadora de amor, una situación en que Dios mostró de manera especial su predilección por ti. Dibuja una flor ✱.

Gracia en momentos de cruz, en que pasaste alguna dificultad que te hizo madurar como cristiano/a. Dibuja una cruz ✝.

Gracia favorecedora de mayor amistad con Jesús, un acontecimiento que te hizo crecer en tu relación con Jesús. Dibuja un corazón ♥.

Gracia a través de algún don particular, una ocasión en la que pudiste palpar a Dios obrando a través de ti. Dibuja un sol ☀.

Gracia en situación de duelo, alguna vez que en medio de la tristeza sentiste el amor compasivo de Dios. Dibuja una carita triste ☹.

2 Compartir en parejas, dos momentos que marcaron un cambio radical en su vida por la presencia de Dios en ella.

3 Colocar todas las papeletas en la pared, una debajo de la otra. Observarlas con cuidado y reflexionar en silencio por unos minutos:

- ¿Hay alguna etapa de la vida en que hubo más kairós en sus vidas?

- ¿Qué tipos de gracias sobresalen?

- ¿Por qué creen que la vida de los miembros de su comunidad está marcada de esa manera por la presencia de Dios?

4 En sesión plenaria, invitar a que algunos jóvenes compartan su reflexión.

LÍNEA DE GRACIAS ESPECIALES EN MI VIDA

___ / ___ / ___ Fecha de nacimiento ——————————— ___ / ___ / ___ Hoy

CELEBRAMOS NUESTRA FE

Nutriéndonos con la oración para ser peregrinos de Esperanza

Preparación

Llevar lo siguiente: (a) fotos de diferentes acontecimientos actuales de cualquier índole: locales, mundiales, favorables, catastróficos, políticos, naturales, comerciales, económicos, sociales...; (b) dos barras de luz fluorescente para emergencias; (c) un cirio o vela grande y (d) velas pequeñas o veladoras para cada participante.

Celebración

1 Colocarse en círculo alrededor del altar y crear un ambiente de oración y recogimiento.

2 Encender el cirio y decir en voz alta: "Éste es Cristo, luz del mundo".

3 Invitar a los participantes a dar gracias a Dios por su presencia en su vida; hacer referencia a la actividad comunitaria; iniciar su oración de la siguiente manera:

> "Jesús, te doy gracias por estar en mi vida en un momento de..."

4 Un/a joven dirige la siguiente meditación, mientras otro/a coloca las fotos en el centro del círculo:

> Somos muy afortunados, Jesús ha estado y está presente en nuestra vida.
>
> Observemos los acontecimientos del mundo, veamos en las fotos que voy a colocar en el centro; ésta es la realidad en la que vivimos.
>
> Los invito a que cada quien identifique tres signos de los tiempos, a través de los cuales les habla Jesús hoy. Pueden moverse para ver las fotos.

5 Invitar a algunas personas a compartir los signos de los tiempos que identificaron en las fotografías.

6 Continuar la meditación, haciendo una pausa después de cada párrafo:

> En su visita a México, el papa Juan Pablo II dijo a los jóvenes:
>
> "Jóvenes, no pierdan la esperanza, son peregrinos de esperanza,... pues esta esperanza se fundamenta en la victoria de Jesucristo sobre el pecado y la muerte. Dejen que su corazón se embriague de la vida que les ofrece Jesús; en él está su auténtica juventud. Él nos enseña a renacer a una vida nueva".[26]
>
> Éste es un buen momento para hacer vida lo que hemos reflexionado en esta sesión.
>
> Hay una realidad, un grupo de jóvenes creyentes y dos invitaciones:
>
> - Jesús nos pide estar alertos a estos signos y que estar preparados para recibir a Dios en nuestra vida cotidiana.
> - El Papa nos invita a ser peregrinos de esperanza, como un camino para cumplir la voluntad de Jesús.
>
> Mediten y oren unos momentos sobre estas invitaciones.
>
> Conforme se sientan dispuesto/a a ser peregrinos/as de la esperanza, tomen una veladora y enciéndala del cirio grande.

7 Cuando todo el grupo haya prendido su veladora, romper las barras fluorescentes y rociar a todos los asistentes con el líquido.

8 Concluir la meditación, mientras una persona apaga las luces u obscurece el lugar.

> Con esta luz que hemos recibido todos, sellamos nuestro compromiso. Es una luz que no se nota a plena luz del día; de nosotros depende que nuestra vida dé testimonio de las maravillas que hace Jesús en nosotros.

9 Terminar con un canto de ofrecimiento o gratitud a Dios.

EL CIELO Y LA TIERRA PASARÁN, PERO MIS PALABRAS NO PASARÁN

Mc 13 31

34º Domingo Ordinario

TÚ LO HAS DICHO, SOY REY

Daniel 7, 13-14 • Salmo 93 (92) • Apocalipsis 1, 5-8 • Juan 18, 33-37

EMPIEZA TU DIÁLOGO CON JESÚS

—Jesús, hoy es tu fiesta como Cristo Rey, pero es muy triste verte coronado de espinas.

—¿Cómo prefieres verme al dialogar conmigo? ¿Bajo qué imagen llego más a tu corazón?

+ CUANDO TE EVOCO EN MI MENTE, TE VEO
+ CUANDO PLATICO CONTIGO, ME GUSTA VERTE
+ CUANDO SIENTO TU AMOR, TE IDENTIFICO COMO

—Todas y cada una de las maneras de verme se deben al hecho de que vine a instaurar el reino de mi Padre, a dar testimonio de él con mi presencia...

—Y si ya eres Rey, ¿por qué seguimos pidiendo que venga tu Reino?

—¿Recuerdas cómo expliqué a mis discípulos la naturaleza de mi Reino?

+ LES DIJISTE QUE TU REINO

—Hoy es una bella oportunidad para que comprendas mejor mi Reino, y también tú llamado a ser rey y sacerdote en el Bautismo. Continuemos platicando sobre esto.

CONTINÚA ORANDO DESDE TU CORAZÓN

Vénganos tu Reino

VÉNGANOS TU REINO DE LA VERDAD ANTE

VÉNGANOS TU REINO DE JUSTICIA CONTRA

VÉNGANOS TU REINO DE PAZ PARA

VÉNGANOS TU REINO DE LA ESPERANZA EN

VÉNGANOS TU REINO DE AMOR ENTRE

Ven, Señor Jesús, Rey del Universo, reina con todo tu poder en mi corazón, el mundo y la historia. Amén.

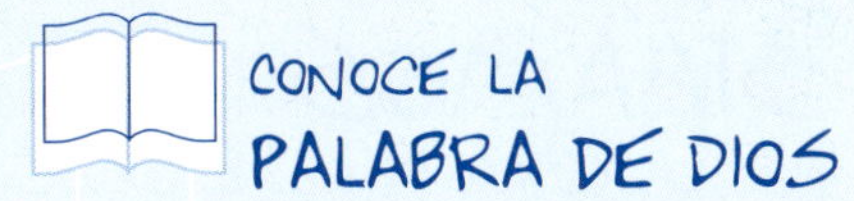

Leer Juan 18, 33-37

+ ¿QUÉ HECHOS RESALTAN EN EL PASAJE?

Este domingo, la Iglesia cierra el ciclo litúrgico al celebrar a Cristo Rey. El evangelio presenta el juicio que llevó a Jesús a su muerte.

Pilatos dice a Jesús que los judíos, en particular los jefes de los sacerdotes, lo han acusado y le pregunta qué ha hecho. Jesús aprovecha para explicar que su reino no es de este mundo (Jn 18, 35-36); no tiene ejército, pues no es un mesías político, como muchos esperaban.

Al decir, "Soy rey... mi misión consiste en dar testimonio de la verdad... para eso he nacido y he venido al mundo" (v. 37), Jesús expresa que en él se revela la verdad sobre Dios, el ser humano y la relación entre ambos. Su frase, "Todo el que pertenece a la verdad escucha mi voz" (v. 37), y la pregunta al aire de Pilatos, "¿Y qué es la verdad?" (v. 38), señalan la diferencia entre quienes tienen fe en el Dios revelado en Jesús y los que buscan la verdad sólo filosóficamente.

El reino de Cristo no se identifica con los reinos civiles, pero se inicia en este mundo. Jesús vino a salvar al mundo (3, 16-17; 4, 42), es la luz del mundo (8, 12; 12, 46). Su mandamiento del amor es la fuerza más poderosa del mundo (13, 34-35).

El reinado de Jesús se realiza en el corazón de las personas, en su vida y en la vida de la comunidad cristiana al reconocerlo y aceptarlo como Señor. Es fruto de la fe, que da la certeza del amor misericordioso y liberador de Dios, como anticipo de lo que se cumplirá en plenitud en la vida futura.

El reino de Cristo se encarna en los reinos mundanos

Cristo es Rey "para ser testigo de la verdad". Sólo en él se revela la verdad del Dios de la vida y el sentido de todo lo creado: él es el principio y fin de todo. Él mismo afirma: "yo soy el camino, la verdad y la vida" (Jn 14, 6).

El reino de Cristo es la meta del ser humano y el fin de su historia. En Cristo converge todo esfuerzo por la realización auténtica y plena de la persona, la historia y las culturas, al dejar que el amor de Dios sea el motor de la vida, caracterizada por el servicio y la reconciliación.

El objetivo de Cristo es distinto al de los reinos políticos. Por eso la Iglesia no puede alinearse con agendas políticas o nacionalistas ni entrar en competencia de poder. Tampoco puede quedarse al margen de sus sistemas y acciones, pues los valores del Reino deben encarnarse en cualquier realidad socioeconómica y política para ordenarlas según el plan de amor de Dios.

Albertina Ramírez Martínez (1898-1979)

Servidora de Cristo Rey

Albertina nació en Nicaragua. Era nieta del primer presidente constitucional de su país y se crió en un ambiente religioso y político a la vez.

El amor caracterizó su vida. Quiso intensamente a sus padres, amó por encima de todo a Dios y proyectó su amor en el servicio a los más pobres.

De joven, fundó una casa para atender a niñas en situación de riesgo con los recursos de su familia. Después, guiada por el ideal de que Cristo fuera reconocido como Rey en el corazón de toda persona, fundó la Congregación de las Siervas Misioneras de Cristo Rey.

Quería formar una gran milicia en la Iglesia, para proclamar y difundir el reino de Cristo, fuente de auténtica promoción humana. Tuvo poco apoyo de su Iglesia local y tuvo que recurrir a Roma, pues en su época sólo había misioneros varones y misioneras extranjeras.

Al optar por el reino de Cristo, abrazó la pobreza. Se abandonó a la Divina Providencia, como una forma de desafiar al mundo que se cree autosuficiente.

Amaba el silencio y la oración, lo que originó en ella una profunda vida interior, que la dotó de una espiritualidad firme y tenaz. Deseaba "que Cristo quede formado en todos, y cada persona sea otro Cristo", pues la realeza de Cristo es un misterio que sólo se vive a través del servicio y la entrega.

Por toda Nicaragua y en otros países de América Central, fundó escuelas rurales, guarderías para niños de madres solteras, obras de evangelización y catequesis. Sus virtudes heroicas y su fama de santa llevaron a declararla Sierva de Dios y abrir su causa de canonización.

SIGAMOS LA OBRA DE JESÚS

Que viva Cristo Rey en, entre y a través de nosotros

El reinado de Cristo no es etéreo, sino una realidad en el corazón de las personas y en la manera como se dirige la vida de los grupos sociales, en particular de la comunidad eclesial. Es un estilo de vida según los valores que predicó Jesús.

Albertina entendió y vivió el reino de Jesús, y supo llevarlo a la vida de otras personas. Su ideal era que Cristo quede formado en todos, y cada persona sea otro Cristo: .

+ ¿CÓMO DAS A JESÚS SU LUGAR COMO SEÑOR DE TU VIDA? ________

+ ¿CÓMO REFLEJAS CON TU VIDA A JESÚS, QUIEN VIVE EN TI POR MEDIO DE SU ESPÍRITU DESDE TU BAUTISMO? ________

+ ¿CUÁLES SON LOS TRES MEDIOS ADECUADOS PARA CONSTRUIR EL REINO HOY DÍA, EN PARTICULAR ENTRE LA JUVENTUD?

________, ________

Y ________

+ ¿QUÉ HACES Y QUÉ PUEDES HACER PARA QUE CRISTO REINE EN EL CORAZÓN DE MÁS PERSONAS Y, A TRAVÉS DE ELLAS, EN LA HISTORIA DE TU PUEBLO Y NACIÓN?

________, ________

Y ________

¿SABÍAS QUE...

Jesús nos hizo reino de sacerdotes

Leer la segunda lectura del día de hoy: Apocalipsis 1, 5-8.

En este texto —al comienzo del libro de la esperanza cristiana, que revela la victoria total de Cristo sobre el mal— el autor proclama la liberación que nos alcanzó Jesús con su propia sangre (Ap 1, 5). Inmediatamente después afirma que Jesús nos ha constituido en reino y nos ha hecho sacerdotes para Dios, su Padre (v. 6).

Nuestro Bautismo nos hace partícipes del sacerdocio de Cristo y de su reinado. Nuestro sacerdocio, por estar ligado a la victoria del reino de Dios, recibe el nombre de sacerdocio real. Lo ejercemos día a día y en las grandes coyunturas de la vida, y de él depende la realización de los designios de Dios en la historia y que Cristo reine en el mundo.

Cuando nuestro entorno presenta desafíos al Reino, nuestra acción sacerdotal conlleva una actitud de conquista sobre el poder del mal, guiada y movida por el Espíritu Santo. Es, por lo tanto, un sacerdocio dinámico y activo, que renovamos y fortalecemos al rendir culto a Dios en la Eucaristía, signo de servicio y reconciliación. Por eso en la misa ofrecemos los frutos de nuestro trabajo por el Reino y salimos de ella para seguir construyéndolo en nuestra jornada diaria. Ser sacerdotes y reyes va unido y se proyecta en la caridad y el culto a Dios en la historia.

ENTRA EN ORACIÓN

Cristo Jesús, libéranos para poder construir tu Reino

Cristo Jesús, rey liberador de todo lo que nos impide ser realmente humanos:

Libéranos del afán consumista que nos sacia, valora las posesiones más que el ser y causa vidas vacías de sentido, para que, alimentados por el evangelio, seamos capaces de orientar nuestra vida hacia la construcción de tu Reino y su justicia.

Libéranos de estructuras y sistemas en que las personas son tratadas como un producto en serie, para que, usando nuestra creatividad, seamos capaces de organizar nuestra sociedad de manera dadora de vida y promotora de desarrollo personal.

Libéranos de los prejuicios que causan racismo, clasismo, marginación, discriminación, para que, animados, por el amor, seamos capaces de transformar criterios y hábitos que hieren a las personas y causan en ellas baja estima, incluso delante de Dios.

Libéranos de la violencia que siembra de sangre nuestro planeta, las calles de las ciudades y los hogares de nuestras familias, para que, llenos de paz interior, seamos capaces de resolver conflictos por medios pacíficos y fomentar la reconciliación.

Libéranos del miedo que nos paraliza, debilita y puede reducirnos a marionetas de otros, para que, con el poder de tu Espíritu, seamos capaces de actuar conscientemente, con libertad, energía y valor, siendo así colaboradores de la historia de salvación.

Libéranos de la esclavitud ante la gratificación inmediata, el éxito fácil, el brillo del poder, del dinero y la riqueza, para que, sin ataduras, seamos capaces de dedicar nuestro tiempo, energías, recursos y talentos a crear la Civilización del Amor.

Libéranos del egoísmo que lleva a una ambición desmedida, la envidia, el egocentrismo, la avaricia, la ingratitud, la rivalidad, para que, descubriendo a Cristo en el prójimo, seamos capaces de dar su lugar al otro y de ser generosos, solidarios, comprensivos y compasivos.

Libéranos del sufrimiento por enfermedad, soledad, muerte de los seres queridos, rupturas familiares, para que, fortalecidos por ti, seamos capaces de llevarlos con paz y de acompañar y dar consuelo a otros en sus experiencias dolorosas.

Libéranos de la desesperación causada por depresiones, frustraciones, desengaños, fracasos, angustias, infortunios, para que, alimentados de esperanza cristiana, podamos ver la vida con la mirada de Dios y ofrecerle los problemas con entereza y valor redentor.

Libéranos de la muerte que termina nuestra jornada en la tierra, para que, con fe y esperanza, alcancemos para siempre la vida nueva donde ya no habrá ni luto ni llanto ni muerte ni dolor, pues lo de antes ha pasado y Dios lo hace todo nuevo.

Jesús, liberador soberano y universal, tu reino es un reino de libertad y vida; sin liberación no puede haber vida, y sin vida la liberación no es nada. Hoy, en tu fiesta de Cristo Rey, nos acogemos a tu protección como Señor nuestro y renovamos nuestro compromiso como siervos tuyos, conscientes de que nos corresponde buscar el reino de Dios y su justicia, con la convicción de que todo lo demás se nos dará por añadidura. Amén.

ACTIVIDAD COMUNITARIA

La dinámica del reino de Cristo

Preparación

Llevar un póster grande de Cristo Rey que pueda ser moldeable; puede copiarse el de la p. 213. Llevar para cada participante: un papel anaranjado de la mitad de una página, uno de papel celofán transparente, del mismo tamaño, y una etiqueta para direcciones.

Actividad

1 En grupos de tres, hacer el siguiente ejercicio:

- Leer el comentario, "¿Sabías que...?'", de la p. 211. Subrayar los mensajes más importantes, y tenerlos en cuenta en toda la actividad.
- Identificar seis fuerzas del mal que hieren, esclavizan, detienen el desarrollo..., de la juventud. Escribirlas.
- Identificar seis fuerzas del bien que existen en los jóvenes que tratan de seguir a Jesús. Escribirlas.

2 En grupos de seis: compartir lo que escribieron y elegir las seis fuerzas del mal y las seis fuerzas del bien que consideran más activas entre los jóvenes con quienes conviven. Escribir las fuerzas del mal en las papeletas anaranjadas y las del bien en las etiquetas; pegar éstas en los papeles transparentes. Cada joven deberá quedarse con una papeleta de cada tipo.

3 En sesión plenaria:

- Invitar a colocar sus papeletas anaranjadas sobre Cristo Rey, con masking tape, para que se despeguen fácilmente. Estas papeletas simbolizan las piezas con que la sociedad construye los reinos que destruyen el plan de amor de Dios.
- Una persona lee en voz alta cada ladrillo e invita a que un/a joven que tenga en su papel transparente una fuerza del bien con la que se pueda vencer a la del mal, pase a suplirla, dejando ver el cuerpo de Cristo actuando en la historia.
- Continuar con este proceso hasta que no existan piezas del reino de Dios con que suplir los ladrillos de los reinos contrarios a él.
- Reflexionar: ¿Qué aprendimos al hacer este ejercicio?

TODO EL QUE PERTENECE A LA VERDAD ESCUCHA MI VOZ

Jn 18 37

CELEBRAMOS NUESTRA FE

Viviendo y promoviendo el reino de Cristo

1 Entrar en procesión, entonando una canción sobre Cristo Rey y llevando su imagen con las papeletas de celofán pegadas. Colocarse en semicírculo frente a la imagen de Jesús.

2 Un miembro del grupo hace la siguiente monición:

> Jesús, hoy hemos terminado el año litúrgico y celebramos la fiesta en donde recordamos que tú eres el Rey de la Verdad. Nos hemos dado cuenta de que contamos con muchos dones para construir tu Reino, pero que hay fuerzas contrarias a tu evangelio que también nos atraen o están destruyendo a muchos de nuestros compañeros.
>
> Queremos asumir nuestro rol de reino sacerdotal para que realmente reines en nuestro mundo. Ayúdanos a ser miembros activos de tu cuerpo presente en nuestra historia.

3 Invitar a que tres jóvenes pidan perdón por pecados de acción y tres por pecados de omisión con los que frecuentemente se destruye el reino de Dios.

4 Hacer la oración en la p. 211, rezándola a dos coros, alternando cada petición de liberación. Rezar juntos la parte final.

5 Invitar a hacer unos minutos de silencio y oración para pensar en algunos compromisos personales para crear un mundo donde brille el amor, la justicia y la paz que provienen de Dios.

6 En procesión, pasar de dos en dos a firmar la imagen de Cristo Rey, simbolizando su disposición a estar al servicio de su Reino. Conforme avanzan y al regresar a su lugar continar en oración como servidores del Rey de Reyes.

7 Invitar a que dos jóvenes hagan una oración que recoja la experiencia de toda la sesión. Todos contestan: "Te damos gracias por habernos elegido para estar al servicio del reino del Padre y te pedimos que nos envíes tu Espíritu, para que nos ayude a cumplir nuestra misión".

8 Terminar con el mismo o con otro canto sobre Cristo Rey.

APÉNDICE METODOLÓGICO

EL LIDERAZGO COMO BASE DE LA EFICACIA DE DSJ

En la adolescencia y la juventud se va tomando la vida en las propias manos. Son las etapas con mayor impacto en el proceso de madurez personal y suponen un crecimiento continuo en la capacidad de dirigir la propia vida por el camino del bien. Esto quiere decir que, en la base fundamental de nuestro ser y quehacer, está nuestra capacidad de ser líderes, agentes de nuestro propio destino.

En la juventud se desarrolla fuertemente nuestra personalidad; se deciden los valores que guiarán la vida; se descubre la vocación personal, y se empieza a forjar conscientemente el proyecto de vida. No cabe duda de que la juventud es la etapa privilegiada para poner los cimientos y empezar a forjar líderes cristianos sólidos y capaces.

La meta de Diálogos Semanales con Jesús (DSJ) —desarrollar una espiritualidad capaz de dar sentido cristiano a la vida de los jóvenes— requiere enfoques metodológicos y de liderazgo coherentes con ella. Para que la Lectio Divina genere los procesos de conversión personal y transformación social inherentes para llevar la Palabra de Dios a la práctica, requiere ser dirigida adecuadamente. De ahí la importancia de manejar los aportes y procesos de DSJ con una metodología de liderazgo compartido y corresponsable.

Este liderazgo siempre debe hacerse con el espíritu de servicio del que nos dio ejemplo Jesús. De hecho, muchas comunidades y movimientos apostólicos prefieren hablar de servidores, en lugar de líderes. El término más adecuado sería líder servidor, ya que el solo concepto de servidores también puede aplicarse a personas que no desarrollan ni ejercen funciones de liderazgo en la Iglesia o en la sociedad. Ser servidores del evangelio al estilo de Jesús es ser líderes, pues Jesús es el líder más grande que ha existido en la historia.

La pastoral juvenil, sea en parroquias, colegios católicos, movimientos apostólicos..., debe ser un semillero de líderes cristianos para la Iglesia y la sociedad. Centrar todo liderazgo en la persona responsable de los grupos o en un grupo pequeño de líderes selectos, sea en la escuela, la parroquia, un movimiento apostólico..., es quitar a la mayoría de los jóvenes la oportunidad de crecer como líderes cristianos, seguidores auténticos de Jesús, conscientes, libres y responsables de sus actos.

EL LIDERAZGO DE LA JUVENTUD CRISTIANA

Todas las cualidades humanas de un líder son propias de un buen cristiano y todos los jóvenes las necesitan, tanto en su juventud como para su vida adulta. Ninguna de estas cualidades está fuera de la posibilidad de ser adquirida por la inmensa mayoría de los jóvenes.

TODO BUEN LÍDER TIENE LAS SIGUIENTES CARACTERÍSTICAS:

+ Es inteligente, capaz de observar críticamente su realidad, encontrar soluciones adecuadas para mejorarla y responder con creatividad a los desafíos que se le presentan.

+ Es carismático, tiene dones que le permiten llevar un liderazgo en sus áreas fuertes, sin sentirse menos por sus incapacidades en sus áreas débiles.

+ Tiene una visión inspiradora, que motiva a otros y genera confianza gracias a su integridad personal.

+ Es capaz de guiar a otras personas, iluminando el camino, acompañándolas en las buenas y en las malas, y apoyándolas en los momentos difíciles.

El liderazgo cristiano es propio de todo bautizado. Todos hemos recibido el llamado a ser líderes al estilo de Jesús: seguidores del plan de Dios para la humanidad y líderes que llevan a otros hacia el Padre, bajo la guía de Jesús en la comunidad que fundó, la Iglesia, e impulsados por el Espíritu Santo.

SER LÍDER AL ESTILO DE JESÚS ES:

+ Tener la visión del Padre para toda la humanidad, como la meta hacia dónde ir y hacia dónde llevar a las personas a las que Dios nos encarga.

+ Reconocer que el único y verdadero líder es Jesús, que él es "el camino, la verdad y la vida" que nos debe guiar a todos a nivel personal y de la comunidad de fe.

+ Tener el espíritu del buen pastor, unos respecto a otros, en la comunidad de fe y hacia las ovejas perdidas.

+ Actuar como miembros del cuerpo de Cristo, en el ambiente en que vivimos, invitando a otros a hacer lo mismo con nuestro testimonio de vida, palabras y hechos.

+ Abrirse a la obra del Espíritu Santo, quien da a cada persona y comunidad de fe los dones y carismas necesarios para crecer como comunidad y cumplir con nuestra misión.

+ Confiar en la oración, la reflexión y la acción personal y comunitaria, a través de la cual Dios va mostrando el camino del crecimiento personal y la construcción de su Reino.

+ Ser capaz de conducir una comunidad de fe, valorando a cada persona, respetando su proceso de vida y buscando el bien de todos.

+ Poder facilitar reflexiones críticas que, partiendo de la realidad de la vida e iluminadas con la Palabra de Dios y las enseñanzas de la Iglesia, encuentren la manera de extender el reino de Dios y construir la Civilización del Amor.

Los contenidos de DSJ, animados por la expectativa de forjar en los adolescentes y jóvenes este tipo de liderazgo, generan procesos muy ricos de desarrollo personal, crecimiento espiritual, comunión eclesial y evangelización misionera. De ahí la importancia de usar un enfoque de liderazgo compartido al usar este material.

EL LIDERAZGO COMPARTIDO EN LA IMPLEMENTACIÓN DE DSJ

La dinámica cultural, sicosocial y espiritual actual exige la formación de un liderazgo cristiano sólido y comprometido, y esto no se logra de la noche a la mañana. Además, tanto en la familia como en el ambiente académico y empresarial se promueven enfoques de análisis crítico, creativo y corresponsable para responder a una realidad cada día más compleja.

El enfoque y los contenidos espirituales, teológicos, eclesiológicos y pastorales que animan DSJ, aunados a espacios y procesos adecuados, pueden ayudar significativamente al desarrollo de adolescentes y jóvenes auténticamente cristianos. La efectividad de DSJ depende, en gran medida, de que los jóvenes puedan implementar una Lectio Divina profunda y llevar a la práctica las mociones que el Espíritu genere en su vida personal y como comunidad de fe.

Si los jóvenes no se ven a sí mismos como líderes, es difícil que asuman responsabilidad por tareas y procesos que están en sus manos, lo que va en detrimento de su desarrollo actual y del liderazgo en la Iglesia y la sociedad, ya de adultos. Por otro lado, si se ve al líder como el mejor individuo, se crea una competencia destructiva entre los jóvenes con cualidades innatas de líder, lo que conlleva a confrontaciones que separan en lugar de unir y anulan la posibilidad de producir el espíritu comunitario propio de una comunidad de fe. Además, si nadie considera que tiene las cualidades ideales para ser líder, se crea un vacío de liderazgo, característico de los tiempos actuales en los diversos ámbitos sociales.

Debido a todo esto se recomienda que, al ofrecer procesos de formación en la fe, como DSJ, se trabaje, la mayor parte del tiempo, en grupos pequeños y se manejen éstos con un liderazgo corresponsable. Así todos los jóvenes tendrán la oportunidad de facilitar reflexiones y momentos de oración, habilidades que favorecen su desarrollo y tienen repercusiones muy positivas para su vida personal, eclesial y cívica.

Queda fuera de este apéndice metodológico trabajar a fondo los fundamentos, cualidades y procesos de liderazgo compartido. A continuación se indica la dinámica básica del liderazgo compartido para conducir las sesiones de DSJ, y algunos ejemplos de cómo usar el material de las sesiones con esta perspectiva.

USO DE LOS LIBROS

Para que DSJ alcance su objetivo se necesita usar el material con frecuencia, de preferencia semanalmente. Por lo tanto, conviene que todos los miembros del grupo tengan su libro. Si se fuera a usar ocasionalmente, habría que fotocopiar la sesión completa para cada participante.

TAMAÑO Y ESTABILIDAD DE LOS GRUPOS

El liderazgo compartido funciona mejor cuando la mayor parte de la sesión se lleva a cabo en grupos pequeños, de 6 a 12 jóvenes. En general los adolescentes pueden manejar bien grupos de 6 a 8 jóvenes y los jóvenes pueden hacerlo hasta de 12 personas.

Conviene desde el principio formar estos grupos. Se recomienda que los grupos sean más o menos estables, para que los jóvenes se conozcan, adquieran confianza y aprendan a trabajar juntos. Si los grupos son estables, con el tiempo adquirirán las características de una pequeña comunidad de fe.

COORDINADOR/A O ASESOR/A RESPONSABLE DEL GRUPO O DE DSJ

La manera y el nivel de calidad con que se coordinen las sesiones tiene una importancia vital. La persona responsable de coordinar DSJ debe:

+ Decidir qué ejercicios se harán en cada sesión, según el tiempo con que se cuente, las características del grupo y las necesidades de los jóvenes.

+ Asignar un tiempo adecuado para cada ejercicio que se realizará, de modo que todos puedan llevarlos a cabo en el mismo tiempo.

+ Formar los grupos pequeños en que se trabajará el material inicial para la Lectio Divina, asignar un coordinador/a del grupo y cuidar que el proceso sea dirigido bajo un liderazgo corresponsable.

+ Asegurar que se tengan todos los materiales necesarios para la "Actividad comunitaria" y "Celebramos nuestra fe".

+ Escribir en un papelógrafo los ejercicios que se harán y el tiempo destinado para cada uno de ellos, para que todos los grupos pequeños puedan trabajar al unísono.

+ Asignar los roles de liderazgo que se requieren en las "Actividades comunitarias" y "Celebramos nuestra fe", y coordinar dichas partes o asignar a un/a joven para que las coordine.

+ Asesorar a los jóvenes responsables de los distintos procesos, e indicar cómo hacerlo, pero no asumir sus roles.

LIDERAZGO COMPARTIDO EN LOS GRUPOS PEQUEÑOS

Las sesiones de DSJ están compuestas de dos partes:

La primera parte está diseñada para manejarse en grupos pequeños o para ser lectura individual. A continuación se explica el proceso para los grupos pequeños.

La segunda parte consiste en la "Actividad comunitaria" y "Celebramos nuestra fe", con sus propios procesos grupales.

Los roles de liderazgo con que se manejan los procesos en grupos pequeños son los siguientes:

+ Coordinador/a del grupo pequeño:

- Cuida que todos tengan el material para trabajar y que se siga el proceso adecuado.
- Reparte los roles entre los compañeros/as, tiene cuidado de que en cada sesión los roles se repartan de distinta manera, para que todos puedan ejercitarse en cada uno de ellos.
- Invita a todos a empezar la sesión con recogimiento y abriendo su mente y corazón al Espíritu Santo.

- En la primera parte de la sesión, en caso de que una reflexión resulte eficaz y dé frutos, pregunta al grupo si desea continuar con ella, en lugar de hacer el siguiente ejercicio. En la "Actividad comunitaria" y "Celebramos nuestra fe" se asegura de que se siga el proceso a tiempo, aunque la reflexión quede incompleta, pues en estos casos el bien de la comunidad tiene prioridad sobre el grupo pequeño.

+ Facilitador/a de la oración:

- Empieza ofreciendo a Dios la preparación o el inicio del diálogo con Jesús: "En el nombre del Padre, el Hijo y el Espíritu Santo". Si la comunidad lo desea, dirige este momento y la oración que le sigue, leyéndolos en voz alta; si prefiere hacerlo en silencio, sólo crea el ambiente de oración adecuado. Si hay otra oración en la primera parte de la sesión, la dirige también.
- En los Tiempos Fuertes lee en voz alta el comentario "Prepárate para dialogar con Jesús" y deja unos minutos de silencio para que cada uno responda la pregunta en su interior. Después, invita a que todos lean en voz alta la oración.
- En el Tiempo Ordinario, lee la parte del diálogo que le corresponde a Jesús, tanto en la sección "Empieza tu diálogo con Jesús", como en "Continúa orando desde tu corazón", haciendo una pausa para que los jóvenes escriban su parte del diálogo.

+ Facilitador/a de la reflexión:

- En la sección "Conoce la Palabra de Dios": (a) invita a que alguien lea en voz alta el texto bíblico; (b) al terminar la lectura hace la pregunta indicada en el libro y permite que varios jóvenes la respondan, cuidando que no sean siempre los mismos; (c) acepta las respuestas de cada uno y no permite que se creen discusiones; (d) si hay dudas u opiniones contradictorias, las anota y las presenta después a la persona responsable del grupo; (e) lee en voz alta el comentario que explica la lectura o invita a que alguien lo haga.
- Para los otros comentarios: (a) los lee en voz alta, invita a alguien a hacerlo o a que se lean en silencio; (b) si hay preguntas, deja tiempo suficiente para que cada quien las responda; (c) al final, facilita un intercambio de ideas, preguntando qué fue lo más importante en ese comentario, qué aprendieron, cómo cambia su visión de la vida y/o qué desafíos les presenta.
- Es importante que en las reflexiones todos o varios jóvenes tengan la oportunidad de expresar sus ideas. Para que no hablen sólo las mismas personas, se sugiere usar el "Método de la invitación personalizada". Éste consiste en que el facilitador/a invita a una persona a hablar, ésta a otra y así sucesivamente. Una persona puede abstenerse de responder en ese momento y se le debe respetar, si así lo desea.

+ Cronometrista:

- Es responsable de cuidar que la sesión fluya según el horario acordado.
- Avisa al coordinador/a y a la comunidad cuando queda poco tiempo para una reflexión.

+ Secretario/a:

- Es responsable de tomar nota en los procesos que requieren trabajo en común y de escribir las contribuciones del grupo en papelógrafos, cuando así se requiera.
- Tiene cuidado de escribir lo que dijeron sus compañeros, no sus propias ideas.
- Lee al grupo lo que escribió y reporta a la asamblea general, cuando se requiere.

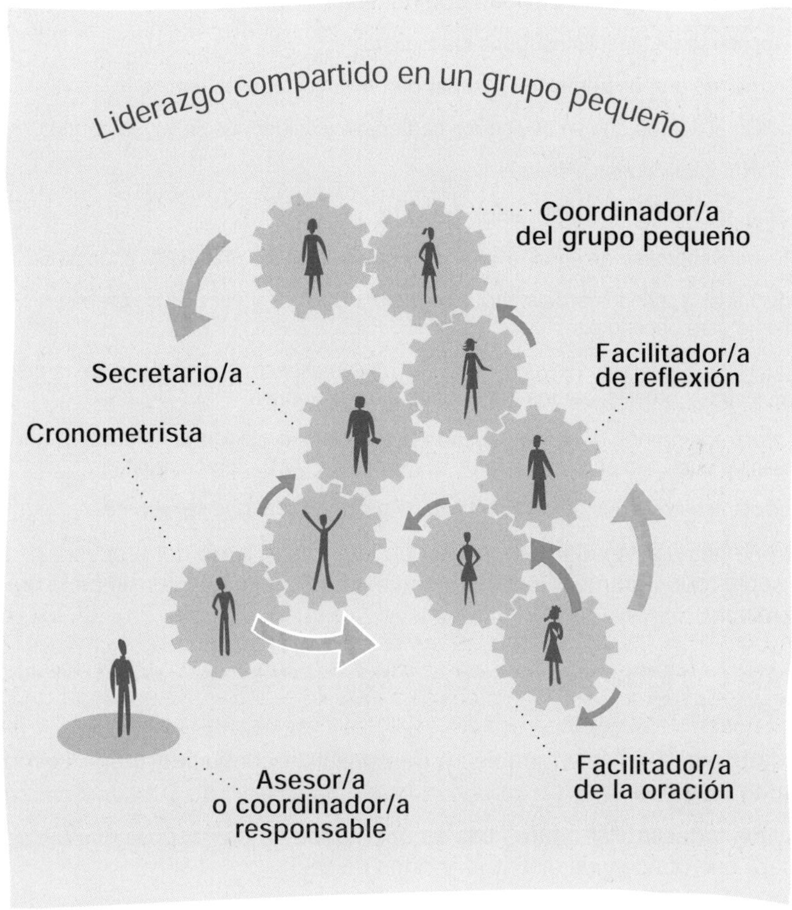

LIDERAZGO COMPARTIDO EN LAS ACTIVIDADES DEL GRUPO ENTERO

Conscientes de que el líder no es "el mejor individuo", sino todo aquel que contribuye con su liderazgo a llevar con éxito un proceso comunitario, es importante que, además de aprender a ser líderes en grupos pequeños, los jóvenes se sientan seguros manejando procesos más amplios. Las "Actividades comunitarias" y "Celebramos nuestra fe" están diseñadas con esta meta en mente; también para favorecer reflexiones críticas, planificación de acciones, meditaciones y oraciones comunitarias profundas.

Ambas actividades exigen creatividad y participación de todos los miembros del grupo. Los roles que se requieren son los siguientes y deben ser realizados de manera similar a como se indicó anteriormente:

+ Responsable general: El ideal es dar oportunidad a que todos los miembros del grupo coordinen estas actividades, bajo una asesoría que les permita hacerlo con éxito.

+ Coordinador/a de la Actividad comunitaria:

- Asegurarse de tener listos todos los materiales.
- Formar los grupos pequeños y cuidar que lleven a cabo las tareas.
- Indicar el tiempo que se dedicará a cada paso y cuidar que se vayan dando.
- Facilitar las sesiones plenarias.

+ Facilitador/a de la Celebración de la fe:

- Responsabilizarse de erguir el altar y de que existan los materiales especiales.
- Identificar a quienes proclamarán la Palabra de Dios y ver que se preparen adecuadamente para hacerlo bien.
- Identificar a diferentes jóvenes para que dirijan aspectos particulares de la celebración, tales como: rituales, cantos, reflexiones o meditaciones.
- Formar los grupos pequeños cuando sea necesario, dando preferencia a que sean los mismos que en la primera parte de la sesión o la "Actividad comunitaria".
- Indicar el tiempo que se dedicará a cada paso y cuidar que se respete.

+ Cronometrista: Ayudar a mantener el tiempo a lo largo del proceso, de manera discreta, sobre todo durante "Celebramos nuestra fe", para no interrumpir la oración de forma prematura.

AL LLEVAR DSJ CON UN SISTEMA DE LIDERAZGO COMPARTIDO, ES LÍDER QUIEN:

+ Contribuye a crear un ambiente de confianza conducido a una Lectio Divina comunitaria y fructífera.

+ Ayuda a desarrollar a otros líderes, facilitando su proceso de madurez a través de la riqueza que ofrecen los distintos aportes de DSJ.

+ Aprende a manejar procesos corresponsables, dejando ideas y hábitos que promueven liderazgos unipersonales y dictatoriales.

+ Contribuye a que la comunidad desarrolle una visión y un propósito compartido que le dé sentido, ayude al crecimiento de todos y adquiera los valores y habilidades necesarios para guiar el presente y crear el futuro según el plan de Dios.

+ Permite que todos compartan sus experiencias, pensamientos y opiniones, para orientar a la comunidad siguiendo las prioridades del evangelio.

+ Está siempre dispuesto a escuchar, a compartir para bien de la comunidad, a promover que otros hablen y a no hablar cuando no tiene nada de valor que agregar.

+ Se preocupa de que las reflexiones y momentos de oración sean profundos y sinceros.

+ Enseña a jóvenes que recién se incorporan al grupo a trabajar con el espíritu de liderazgo compartido y los asesora para que se sientan cómodos y seguros en su rol de líder corresponsable.

ÍNDICES DETALLADOS

CICLO B

LIBROS 3 Y 4

HECHOS Y ENSEÑANZAS EN LA SAGRADA ESCRITURA

Todas las historias y enseñanzas de este índice provienen de las lecturas dominicales del Ciclo B y se enlistan en orden bíblico. Las que tienen asterisco (*) están comentadas y corresponden al libro y página de la serie Diálogos Semanales con Jesús indicados ahí. Las que no tienen asterisco, el libro y página se refieren a la sesión en la que aparece la lectura, aunque no esté comentada.

Antiguo Testamento

Pentateuco e históricos

Profetas

Salmos

Libros sapienciales

Nuevo Testamento

Evangelios

Hechos de los Apóstoles y cartas

APORTES PARA COMPRENDER Y VIVIR MEJOR LOS SACRAMENTOS

Bautismo

Confirmación

Reconciliación

Eucaristía

Sacramento del Orden

Para varios sacramentos

Vocación

Matrimonio

Unción de los enfermos

APORTES PARA LA FE Y LA VIDA

Las palabras en este índice están incluidas en las lecturas de la Sagrada Escritura y/o en los comentarios.

B

N

O

Q

R

MARZO
12

TESTIGOS DE LA FE

CELEBRACIONES DE LA FE

María

Meditación

Perdón

Profetas

Reconciliación

Vida cristiana

Vocación sacerdotal

ORACIONES Y MEDITACIONES

Acción de gracias

Adoración y alabanza

Apoyo ante las debilidades

Compromiso cristiano

Fe y confianza

Himnos

Meditaciones

Para el perdón

Petición

Unión con Dios

Oración de diversos tipos en una sola

ACTIVIDADES COMUNITARIAS

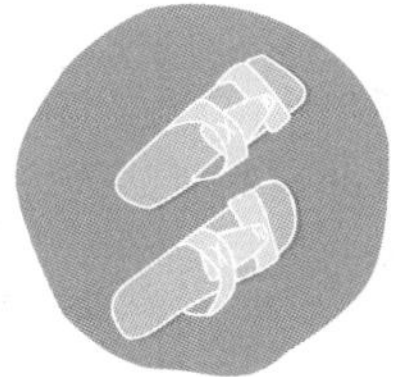

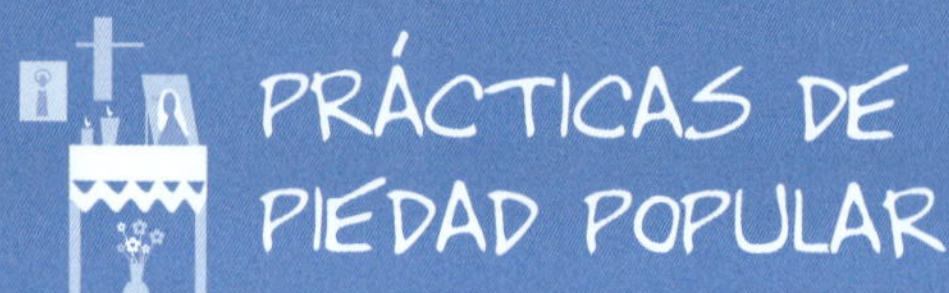

PRÁCTICAS DE PIEDAD POPULAR

SÍMBOLOS BÍBLICOS

Celebración	Lecturas
DOMINGO 1 DE ADVIENTO	IS 63 16-17.19; 64 2-7 SAL 79 1 COR 1 3-9 MC 13 33-37
DOMINGO 2 DE ADVIENTO	IS 40 1-5.9-11 SAL 84 2 PE 3 8-14 MC 1 1-8
INMACULADA CONCEPCIÓN	GN 3 9-15.20 SAL 97 EF 1 3-6.11-12 LC 1 26-38
DOMINGO 3 DE ADVIENTO	IS 61 1-2.10-11 LC 1 46-54 1 TES 5 16-24 JN 1 6-8.19-28
12 DICIEMBRE NUESTRA SEÑORA DE GUADALUPE	ZAC 2 14-17 SAL 95 LC 1 39-45
DOMINGO 4 DE ADVIENTO	2 SM 7 1-5.8-16 SAL 88 ROM 16 25-27 LC 1 26-38
25 DICIEMBRE NAVIDAD MISA DEL DÍA	IS 52 7-10 SAL 97 HEB 1 1-6 JN 1 1-18
LA SAGRADA FAMILIA	ECLO 3 2-6.12.14 SAL 127 COL 3 12-21 LC 2 22-40
1º ENERO SANTA MARÍA MADRE DE DIOS	NM 6 22-27 SAL 66 GAL 4 4-7 LC 2 16-21
EPIFANÍA DEL SEÑOR	IS 60 1-6 SAL 71 EF 3 2-6 MT 2 1-12
DOMINGO 1 BAUTISMO DEL SEÑOR	IS 42 1-4.6-7 SAL 28 HCH 10 34-38 MC 1 7-11
DOMINGO 2 ORDINARIO	1 SM 3 3-10.19 SAL 39 1 COR 6 13-15.17-20 JN 1 35-42
DOMINGO 3 ORDINARIO	JON 3 1-5.10 SAL 23 1 COR 7 29-31 MC 1 14-20
DOMINGO 4 ORDINARIO	DT 18 15-20 SAL 94 1 COR 7 32-35 MC 1 21-28
DOMINGO 5 ORDINARIO	JOB 7 1-4.6-7 SAL 145 1 COR 9 16-19.22-23 MC 1 29-39
DOMINGO 6 ORDINARIO	LV 13 1-2.44-46 SAL 30 1 COR 10 31 – 11 1 MC 1 40-45
DOMINGO 7 ORDINARIO	IS 43 18-19. 21-22. 24-25 SAL 40 2 COR 1 18-22 MC 2 1-12
DOMINGO 8 ORDINARIO	OS 1 16.17. 21-22 SAL 102 2 COR 3 1-6 MC 2 18-22
MIÉRCOLES DE CENIZA	JL 2 12-18 SAL 50 2 COR 5 20 – 6 2 MT 6 1-6.16-18
DOMINGO 1 DE CUARESMA	GN 9 8-15 SAL 24 1 PE 3 18-22 MC 1 12-15
DOMINGO 2 DE CUARESMA	GN 22 1-2.9-13.15-18 SAL 116 ROM 8 31-34 MC 9 2-10
DOMINGO 3 DE CUARESMA	EX 20 1-17 SAL 18 1 COR 1 22-25 JN 2 13-25
SAN JOSÉ	2 SM 7 4-5.12-14.16 SAL 88 ROM 4 13.16-18.22 MT 1 16.18-21.24
DOMINGO 4 DE CUARESMA	2 CR 36 14-16.19-23 SAL 136 EF 2 4-10 JN 3 14-21
DOMINGO 5 DE CUARESMA	JR 31 31-34 SAL 51 HEB 5 7-9 JN 12 20-33
DOMINGO DE RAMOS	IS 50 4-7 SAL 21 FLP 2 6-11 MC 14 1 – 15 47
JUEVES SANTO	EX 12 1-8.11-14 SAL 115 1 COR 11 23-26 JN 13 1-15
VIERNES SANTO	IS 52 13 – 53 12 SAL 30 HEB 4 14-16; 5 7-9 JN 18 1 – 19 42
DOM. DE PASCUA RESURRECCIÓN DEL SEÑOR	HCH 10 34.37-43 SAL 117 COL 3 1-4 JN 20 1-9
DOMINGO 2 DE PASCUA	HCH 4 32-35 SAL 117 1 JN 5 1-6 JN 20 19-31
DOMINGO 3 DE PASCUA	HCH 3 13-15.17-19 SAL 4 1 JN 2 1-5 LC 24 35-48
DOMINGO 4 DE PASCUA	HCH 4 8-12 SAL 117 1 JN 3 1-2 JN 10 11-18
DOMINGO 5 DE PASCUA	HCH 9 26-31 SAL 22 1 JN 3 18-24 JN 15 1-8
DOMINGO 6 DE PASCUA	HCH 10 25-35.44-48 SAL 97 1 JN 4 7-10 JN 15 9-17
LA ASCENSIÓN DEL SEÑOR	HCH 1 1-11 SAL 47 EF 1 17-23 MC 16 15-20
DOMINGO DE PENTECOSTÉS	HCH 2 1-11 SAL 104 1 COR 12 3-7.12-13 JN 20 19-23
LA SANTÍSIMA TRINIDAD	DT 4 32-34.39-40 SAL 33 ROM 8 14-17 MT 28 16-20
FIESTA DEL CUERPO DE CRISTO	EX 24 3-8 SAL 115 HEB 9 11-15 MC 14 12-16.22-26
DOMINGO 9 ORDINARIO	DT 5 12-15 SAL 80 2 COR 4 6-11 MC 2 23 – 3 6
DOMINGO 10 ORDINARIO	GN 3 9-15 SAL 129 2 COR 4 13 – 5 1 MC 3 20-35
DOMINGO 11 ORDINARIO	EZ 17 22-24 SAL 91 2 COR 5 6-10 MC 4 26-34
DOMINGO 12 ORDINARIO	JOB 38 1.8-11 SAL 106 2 COR 5 14-17 MC 4 35-41
DOMINGO 13 ORDINARIO	SAB 1 13-15; 2 23-24 SAL 29 2 COR 8 7. 9. 13-15 MC 5 21-43
DOMINGO 14 ORDINARIO	EZ 2 2-5 SAL 122 2 COR 12 7-10 MC 6 1-6
DOMINGO 15 ORDINARIO	AM 7 12-15 SAL 84 EF 1 3-14 MC 6 7-13
DOMINGO 16 ORDINARIO	JR 23 1-6 SAL 22 EF 2 13-18 MC 6 30-34
DOMINGO 17 ORDINARIO	2 RE 4 42-44 SAL 144 EF 4 1-6 JN 6 1-15
DOMINGO 18 ORDINARIO	EX 16 2-4.12-15 SAL 77 EF 4 17. 20-24 JN 6 24-35
DOMINGO 19 ORDINARIO	1 RE 19 4-8 SAL 33 EF 4 30 – 5 2 JN 6 41-51
ASUNCIÓN DE MARÍA	AP 11 19; 12 1-6.10 SAL 44 1 COR 15 20-27 LC 1 39-56
DOMINGO 20 ORDINARIO	PROV 9 1-6 SAL 33 EF 5 15-20 JN 6 51-58
DOMINGO 21 ORDINARIO	JOS 24 1-2.15-18 SAL 33 EF 5 21-32 JN 6 60-69
DOMINGO 22 ORDINARIO	DT 4 1-2.6-8 SAL 14 SANT 1 16-18. 21-22. 27 MC 7 1-8. 14-15. 21-23
DOMINGO 23 ORDINARIO	IS 35 4-7 SAL 145 SANT 2 1-5 MC 7 31-37
DOMINGO 24 ORDINARIO	IS 50 5-9 SAL 114 SANT 2 14-18 MC 8 27-35
DOMINGO 25 ORDINARIO	SAB 2 12. 17-20 SAL 53 SANT 3 16 – 4 3 MC 9 30-37
DOMINGO 26 ORDINARIO	NM 11 25-29 SAL 18 SANT 5 1-6 MC 9 38-43. 45. 47-48
DOMINGO 27 ORDINARIO	GN 2 18-24 SAL 127 HEB 2 8-11 MC 10 2-16
DOMINGO 28 ORDINARIO	SAB 7 7-11 SAL 89 HEB 4 12-13 MC 10 17-30
DOMINGO 29 ORDINARIO	IS 53 10-11 SAL 32 HEB 4 14-16 MC 10 35-45
DOMINGO 30 ORDINARIO	JR 31 7-9 SAL 125 HEB 5 1-6 MC 10 46-52
DÍA DE TODOS LOS SANTOS	AP 7 2-4.9-14 SAL 23 1 JN 3 1-3 MT 5 1-12
DOMINGO 31 ORDINARIO	DT 6 2-6 SAL 17 HEB 7 23-28 MC 12 28-34
DOMINGO 32 ORDINARIO	1 RE 17 10-16 SAL 145 HEB 9 24-28 MC 12 38-44
DOMINGO 33 ORDINARIO	DN 12 1-3 SAL 15 HEB 10 11-14. 18 MC 13 24-32
JESUCRISTO, REY DEL UNIVERSO	DN 7 13-14 SAL 92 AP 1 5-8 JN 18 33-37

CALENDARIO LITÚRGICO 2005-2025

Año	Ciclo	1er Domingo de Adviento	Epifanía-Reyes*	2º Domingo del Tiempo Ordinario	Miércoles de Ceniza	Pascua	Pentecostés	Tiempo Ordinario (3er Domingo después de Pentecostés)	Jesucristo, Rey del Universo
2005	A	28 Nov-04	2 Ene	16 Ene	9 Feb	27 Mar	15 Mayo	10º Dom Ord - 5 Jun	20 Nov
2006	B	27 Nov-05	8 Ene	15 Ene	1 Mar	16 Abr	4 Jun	12º Dom Ord - 25 Jun	26 Nov
2007	C	3 Dic-06	7 Ene	14 Ene	21 Feb	8 Abr	27 Mayo	11º Dom Ord - 17 Jun	25 Nov
2008	A	2 Dic-07	6 Ene	20 Ene	6 Feb	23 Mar	11 Mayo	9º Dom Ord - 1 Jun	23 Nov
2009	B	30 Nov-08	4 Ene	18 Ene	25 Feb	12 Abr	31 Mayo	12º Dom Ord - 21 Jun	22 Nov
2010	C	29 Nov-09	3 Ene	17 Ene	17 Feb	4 Abr	23 Mayo	11º Dom Ord - 13 Jun	21 Nov
2011	A	28 Nov-10	2 Ene	16 Ene	9 Mar	24 Abr	12 Jun	14º Dom Ord - 3 Jul	20 Nov
2012	B	27 Nov-11	8 Ene	15 Ene	22 Feb	8 Abr	27 Mayo	11º Dom Ord - 17 Jun	25 Nov
2013	C	2 Dic-12	6 Ene	20 Ene	13 Feb	31 Mar	19 Mayo	10º Dom Ord - 9 Jun	24 Nov
2014	A	1 Dic-13	5 Ene	19 Ene	5 Mar	20 Abr	8 Jun	13º Dom Ord - 29 Jun+	23 Nov
2015	B	30 Nov-14	4 Ene	18 Ene	18 Feb	5 Abr	24 Mayo	11º Dom Ord - 14 Jun	22 Nov
2016	C	29 Nov-15	3 Ene	17 Ene	10 Feb	27 Mar	15 Mayo	10º Dom Ord - 5 Jun	20 Nov
2017	A	27 Nov-16	8 Ene	15 Ene	1 Mar	16 Abr	4 Jun	12º Dom Ord - 25 Jun	26 Nov
2018	B	3 Dic-17	7 Ene	14 Ene	14 Feb	1 Abr	20 Mayo	10º Dom Ord - 10 Jun	25 Nov
2019	C	2 Dic-18	6 Ene	20 Ene	6 Mar	21 Abr	9 Jun	13º Dom Ord - 30 Jun	24 Nov
2020	A	1 Dic-19	5 Ene	19 Ene	26 Feb	12 Abr	31 Mayo	12º Dom Ord - 21 Jun	22 Nov
2021	B	29 Nov-20	3 Ene	17 Ene	17 Feb	4 Abr	23 Mayo	11º Dom Ord - 13 Jun	21 Nov
2022	C	28 Nov-21	2 Ene	16 Ene	2 Mar	17 Abr	5 Jun	13º Dom Ord - 26 Jun	20 Nov
2023	A	27 Nov-22	8 Ene	15 Ene	22 Feb	9 Abr	28 Mayo	11º Dom Ord - 18 Jun	26 Nov
2024	B	3 Dic-23	7 Ene	14 Ene	14 Feb	31 Mar	19 Mayo	10º Dom Ord - 9 Jun	24 Nov
2025	C	1 Dic-24	5 Ene	19 Ene	5 Mar	20 Abr	8 Jun	13º Dom Ord - 29 Jun+	23 Nov

ABREVIATURAS BÍBLICAS

Libro	Abreviatura	Libro	Abreviatura
Abdías	Abd	3 Juan	3 Jn
Ageo	Ag	Judas	Jds
Amós	Am	Judit	Jdt
Apocalipsis	Ap	Jueces	Jue
Baruc	Bar	Lamentaciones	Lam
Cantar de los Cantares	Cant	Levítico	Lv
Carta de Jeremías	CJr	Lucas	Lc
Colosenses	Col	1 Macabeos	1 Mac
1 Corintios	1 Cor	2 Macabeos	2 Mac
2 Corintios	2 Cor	Malaquías	Mal
1 Crónicas	1 Cr	Marcos	Mc
2 Crónicas	2 Cr	Mateo	Mt
Daniel	Dn	Miqueas	Miq
Deuteronomio	Dt	Nahum	Nah
Eclesiastés	Ecl	Nehemías	Neh
Eclesiástico	Eclo	Números	Nm
Efesios	Ef	Oseas	Os
Esdras	Esd	1 Pedro	1 Pe
Ester	Est	2 Pedro	2 Pe
Éxodo	Ex	Proverbios	Prov
Ezequiel	Ez	1 Reyes	1 Re
Filemón	Flm	2 Reyes	2 Re
Filipenses	Flp	Romanos	Rom
Gálatas	Gal	Rut	Rut
Génesis	Gn	Sabiduría	Sab
Habacuc	Hab	Salmos	Sal
Hebreos	Heb	1 Samuel	1 Sm
Hechos de los Apóstoles	Hch	2 Samuel	2 Sm
Isaías	Is	Santiago	Sant
Jeremías	Jr	Sofonías	Sof
Job	Job	1 Tesalonicenses	1 Tes
Joel	Jl	2 Tesalonicenses	2 Tes
Jonás	Jon	1 Timoteo	1 Tim
Josué	Jos	2 Timoteo	2 Tim
Juan	Jn	Tito	Tit
1 Juan	1 Jn	Tobías	Tob
2 Juan	2 Jn	Zacarías	Zac